北大社"十三五"职业教育规划教材

高职高专财经商贸类专业"互联网+"创新规划教材

商 务 谈 判

（第 2 版）

祝拥军◎主　编

苏士萍　张　佳　◎副主编
陆　继　于　音

尤凤翔◎主　审

内容简介

本书以商务谈判活动过程为基本线索，内容涉及商务谈判基本技能和商务谈判的准备、开局、报价、磋商、让步、签约及谈判的发展工作等，环环相扣，前后衔接，基本覆盖了商务谈判学中所有的实践环节内容。本书在讲解理论的同时结合案例进行分析，便于学生真正理解所学知识。本书的亮点是谈判游戏的设置，其目的是使学生通过实际操练体会谈判理论的指导意义，获得比较接近实际的真实体验。

本书可作为高职高专经济管理类专业的教材，也可作为社会上企业在职人员的培训教材。

图书在版编目(CIP)数据

商务谈判/祝拥军主编. —2版. —北京：北京大学出版社，2017.9
（高职高专财经商贸类专业"互联网+"创新规划教材）
ISBN 978-7-301-28734-7

Ⅰ. ①商… Ⅱ. ①祝… Ⅲ. ①商务谈判—高等职业教育—教材 Ⅳ. ①F715.4

中国版本图书馆 CIP 数据核字（2017）第 216393 号

书　　　名	商务谈判（第2版）
著作责任者	祝拥军　主编
策划编辑	蔡华兵
责任编辑	蔡华兵
数字编辑	陈颖颖
标准书号	ISBN 978-7-301-28734-7
出版发行	北京大学出版社
地　　　址	北京市海淀区成府路 205 号　100871
网　　　址	http://www.pup.cn　新浪微博：@北京大学出版社
电子信箱	pup_6@163.com
电　　　话	邮购部 62752015　发行部 62750672　编辑部 62750667
印　刷　者	北京虎彩文化传播有限公司
经　销　者	新华书店
	787 毫米×1092 毫米　16 开本　11.25 印张　264 千字
	2012 年 5 月第 1 版
	2017 年 9 月第 2 版　2021 年 1 月第 2 次印刷
定　　　价	35.00 元

未经许可，不得以任何方式复制或抄袭本书之部分或全部内容。
版权所有，侵权必究
举报电话：010-62752024　电子信箱：fd@pup.pku.edu.cn
图书如有印装质量问题，请与出版部联系，电话：010-62756370

前　　言

在高等职业教育中，商务谈判这一学习领域所对应的是企业的中低层营销岗位，如销售代表、营销主管、区域经理、采购代表、外销员等。商务谈判能力对应的岗位群如下图所示，使学生掌握这些商务谈判能力，就是本书所要达到的主要目标。

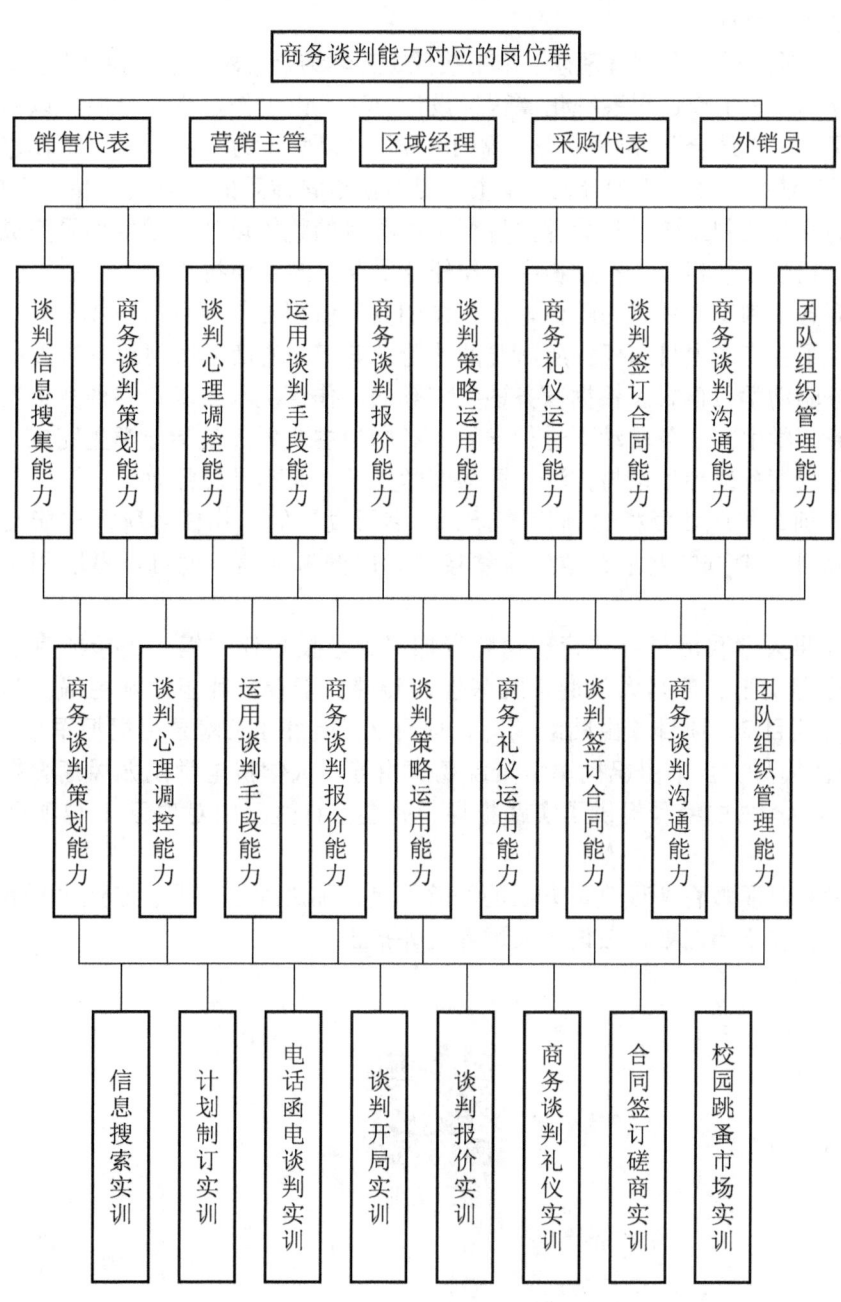

本书第 1 版于 2012 年 5 月出版以来，多次印刷，市场反应良好。本书是在第 1 版的基础上修订而成的，主要对项目 1 和项目 7 进行了修改，还对其他项目中繁琐的细节和差错进行了修改，并融入"互联网+"的元素。

本书的总体设计思路和做法是：将各个学习项目所涉及的内容细分成若干个具体的技能和任务对学生进行训练，各个项目按照工作过程组成了完整的商务谈判工作过程。编者在设计工作任务及理论知识时，注重教材的理论性和完整性，以使学生在商务谈判方面具备一定的可持续发展能力，较好地解决和实现了高职教材一直提倡但又难以解释和实现的理论"必需、够用"的问题和要求。

本书的主要特点如下：

（1）体现了最新的高职教育理念。本书按照"工学结合"人才培养模式的要求，采用"基于工作过程导向——工作过程系统化课程"设计方法，以工作过程为导向，以项目和任务为载体，体现了"工学结合""融教、学、做于一体""以学生为主体"的高职教育理念。

（2）以商务谈判工作过程为导向。本书不是按照学科体系的逻辑关系和先后顺序编写的，而是以实际的商务谈判工作过程为导向进行学习项目的整体设计。学生如果完成了某项目的学习和训练，就学会了相应工作过程中工作任务所要求的主要技能。

（3）以商务谈判工作项目为载体。以具体的商务谈判工作项目为载体设计工作任务，项目和任务包含了要完成项目和任务所需要的技能及其相关的商务谈判理论与方法。

（4）任务驱动学习模式。根据商务谈判实际的工作情况与要求，将商务谈判工作内容设计成工作任务。学生在任务驱动下进行学习，教师的主要任务是指导学生完成具体任务，讲解与任务有关的商务谈判理论与方法，即强调学生学，而不是教师教。

（5）技能训练与职业资格培训相结合。本书所设计的工作任务所需技能及其训练方法符合职业资格证书考试的要求，学生无须接受专门的考证辅导就可以考取相应的职业资格证书。

本书由苏州大学政治与公共管理学院祝拥军副教授担任主编，由康斯克泵业（苏州）有限公司苏士萍女士，苏州大学商学院张佳、陆继、于音老师担任副主编。其中，项目 1 由于音编写，项目 2、项目 5 由陆继编写，项目 3、项目 4 及附录由祝拥军编写，项目 6、项目 7 由张佳编写。全书由祝拥军负责统稿，由苏州大学机电学院尤凤翔教授进行审定。苏士萍女士还为本书的编写提供了实践指导，并在修订过程中对项目 1 与项目 7 的内容进行了补充修订。

由于编者在高职教育课程改革方面的经验不足，加之理论水平、专业水平和知识层面有限，本书难免存在不当之处，敬请广大读者批评指正。

编　者
2017 年 1 月

【资源索引】

目　录

项目 1　认识谈判 1

任务 1.1　商务谈判的概念 2
- 1.1.1　谈判与商务谈判 2
- 1.1.2　商务谈判的特征 3
- 1.1.3　商务谈判的构成要素 4

任务 1.2　商务谈判的分类与内容 5
- 1.2.1　商务谈判的分类 5
- 1.2.2　商务谈判的内容 8

任务 1.3　商务谈判的原则、评价标准与基本程序 10
- 1.3.1　商务谈判的原则 10
- 1.3.2　商务谈判的评价标准 12
- 1.3.3　商务谈判的基本程序 12

任务 1.4　了解商务谈判的理论 15
- 1.4.1　动态博弈谈判理论 15
- 1.4.2　需要谈判理论 18
- 1.4.3　谈判的利益合作理论 22
- 1.4.4　谈判实力理论 23
- 1.4.5　原则式谈判理论 25

基本训练 27

项目 2　商务谈判准备 30

任务 2.1　谈判前的信息准备 31
- 2.1.1　谈判信息调查的内容 31
- 2.1.2　商务谈判调查的手段 36

任务 2.2　谈判前的组织准备 38
- 2.2.1　商务谈判人员应具备的基本素质 38
- 2.2.2　谈判小组的结构与规模 40

任务 2.3　商务谈判的方案制定 41
- 2.3.1　商务谈判目标的确定 42
- 2.3.2　拟订谈判计划的要求 42
- 2.3.3　安排谈判议程 43
- 2.3.4　选择谈判地点 44

任务 2.4　模拟谈判 46
- 2.4.1　模拟谈判的重要性 47
- 2.4.2　模拟谈判的主要任务 47
- 2.4.3　模拟谈判的方法 47
- 2.4.4　模拟谈判时应注意的问题 48

基本训练 49

项目 3　商务谈判开局 52

任务 3.1　商务谈判开局气氛 53
- 3.1.1　商务谈判气氛的概念与类型 ... 53
- 3.1.2　影响商务谈判开局气氛选择的因素 54
- 3.1.3　商务谈判的开局方式 55
- 3.1.4　营造商务谈判开局气氛 55

任务 3.2　商务谈判开局策略 60
- 3.2.1　商务谈判的开局策略 61
- 3.2.2　策划开局策略时应考虑的因素 63

基本训练 64

项目 4　商务谈判报价与磋商 67

任务 4.1　报价 68
- 4.1.1　报价及报价的基础 68
- 4.1.2　报价的形式 69
- 4.1.3　报价的原则 69
- 4.1.4　报价先后的利弊与技巧 71
- 4.1.5　报价策略 72

任务 4.2　讨价与还价 74
- 4.2.1　讨价 75
- 4.2.2　还价 77

任务 4.3　冲突与僵局的调解 80
- 4.3.1　商务谈判中的僵局 82
- 4.3.2　商务谈判僵局产生的原因 82
- 4.3.3　突破谈判僵局的策略与技巧 ... 85

基本训练 87

项目 5　商务谈判让步 93

任务 5.1　向对方让步的策略 94
- 5.1.1　让步的内容与原则 95
- 5.1.2　让步的方式 96
- 5.1.3　让步的基本策略 98

任务 5.2　迫使对方让步的策略 99
- 5.2.1　迫使对方让步的基本策略 100
- 5.2.2　迫使对方让步时要注意的问题 106

任务 5.3　阻止对方进攻的策略 107
- 5.3.1　阻止对方进攻的基本策略 107
- 5.3.2　阻止对方进攻时要注意的问题 110

基本训练 111

项目 6　商务谈判的成交与签约 115

任务 6.1　商务谈判的成交 116
- 6.1.1　商务谈判的终结 116
- 6.1.2　结束谈判的技术准备 118

任务 6.2　商务谈判的签约 119
- 6.2.1　商务合同的概念、特点与种类 120
- 6.2.2　商务合同的构成 121
- 6.2.3　商务合同签订的方式 123
- 6.2.4　商务合同签订的过程 124
- 6.2.5　商务合同的履行 124

基本训练 126

项目 7　国际商务谈判 129

任务 7.1　国际商务谈判概述 130
- 7.1.1　国际商务谈判的概念与特征 ... 131
- 7.1.2　国际商务谈判的原则 133

任务 7.2　跨国谈判中文化的作用 134
- 7.2.1　文化对沟通理解的影响 134
- 7.2.2　不同文化背景下谈判风格的差异 138

基本训练 150

附录　商务谈判典型案例 153

参考文献 175

项目 1

认 识 谈 判

  小胡是一位计算机程序员，他有一个新的计算机游戏开发设想，并相信这个游戏会获得巨大的成功。然而，编这个游戏程序要花费很长时间，在此期间他需要一份工作以维持生计。小胡的朋友玛利亚是一家计算机公司的经理，她和她的同事都认为小胡的想法不错，但只能提供给他 1 万美元。小胡需要花 9 个月来设计游戏，虽然 1 万美元能够维持生活，但作为报酬是不够的。小胡建议把 1 万美元作为预付款，他和玛利亚的公司按 1∶3 的比例分取将来的利润。通过谈判，最终双方以 1∶4 的比例达成了协议。这个游戏伴随着大规模的营销手段投放市场后，取得了巨大的成功，为双方赚了不少钱。

  小胡清楚地知道计算机公司不可能提供更多的资金，而自己开发软件投放市场又面临较大的风险，并且严重缺乏资金，最好的办法是双方结成利益联盟，并达成共识：如果投资失败双方就把损失减少到最低，如果投资成功双方就最大限度地获取利润。

【案例分析】

任务 1.1 商务谈判的概念

【学习目标】

知 识 目 标	技 能 目 标
掌握商务谈判的概念、特征、类型及原则。 掌握商务谈判的基本程序。	熟练运用商务谈判的基本程序。 熟练运用商务谈判的基本原则

【导入案例】

2013 年，我国光伏产业从业者近 50 万，总产值超过 3 000 亿元，占据全球 70%以上份额，中国光伏与欧美发达国家同步参与国际竞争，十年间从赶上到快速发展，再到高速发展，并经过经济危机的考验，已牢牢掌握行业的全球话语权。面对中国光伏产品的强大竞争力，2011 年以来，欧美先后发起"双反"调查，通过设置贸易壁垒打压中国光伏产品。2013 年 5 月，欧盟委员会在谈判中试图对中国的涉案光伏产品征收高达 47.6%的平均关税。在这个关键时刻，中国政府在中欧光伏贸易争端案中给予中国企业强力支持，最终，包括德国在内的 18 个欧盟成员国投票反对制裁中国光伏产业。此案涉及中国重大经济利益，如果处理不好，不仅会损害中方利益，也必然会伤及欧方利益，影响中欧合作大局。中方坚决反对贸易保护主义和滥用贸易救济措施，坚决维护中国的利益。希望双方通过对话解决贸易争端，而不是打贸易战，因为贸易战没有赢家。这个电话改变了欧盟原定立场，对最终谈判结果起到了关键性作用。

同年 6 月 5 日，欧盟委员会公布了对中国光伏产品反倾销调查的初裁结果，决定对涉案的中国光伏产品征收 11.8%的临时反倾销税。尽管这一结果并不能令人满意，但较之前欧盟原定的 47.6%的平均关税，欧盟还是在关键时刻做出了巨大让步。

1.1.1 谈判与商务谈判

1. 什么是谈判

谈判是人们为了各自的目的而进行的相互协商的社会交往活动。产生谈判的原因有三个：一是追求利益；二是谋求合作；三是寻求共识。追求利益是谈判的目标；谋求合作是解决争议和冲突的必要条件；寻求共识是谈判成功的有效途径。谈判的结果是一种"妥协"，这种妥协往往并不平等和公平。由于谈判双方各自在实力、地位和技巧上存在差距，谈判的结果往往是不平等的，双方所得的实际利益也不尽相等。但无论谈判的结果怎样"不公平"，只要这是一场成功的谈判，即双方都已认可，那么，谈判就是"公平"的。

2. 什么是商务谈判

商务谈判是谈判的一种。所谓商务谈判，是指为实现商品或劳务的交易目标，而就交易条件进行相互洽谈协商的经济活动。这种活动由于谈判双方的目的都是要从对方那里获得某种或几种满足，其常以双方各有让步、妥协为结局，实现互利互惠，所以任何一方想要造成全赢或全输的结局，都会阻碍谈判的切实展开。只有明确商务谈判的特点，遵循商务谈判的原则，才能更好地把握商务谈判，并运用商务谈判为经济活动服务。

1.1.2 商务谈判的特征

1. 谈判对象的广泛性

任何商品流通客观上都是没有地区和国家界线的，只要是商品，从逻辑上讲都可以出售给任何人。因此，无论是卖方还是买方，其谈判交易的对手遍及全国甚至全世界。同时，为了使交易更加有利，也需要广泛地接触交易对象。

2. 谈判目标的经济性

商务谈判是以获得经济利益为基本目的，且这一目的十分明确，在满足经济利益的前提下才涉及其他非经济利益。在商务谈判中，谈判者都比较注意谈判所涉及的产品或技术的成本、效率和效益。人们也通常以获取经济利益的好坏来评价一项商务谈判的成功与否，不讲求经济效益的商务谈判就失去了其价值和意义。

3. 谈判价值的转换性

商务谈判涉及的因素很多，谈判者的需求和利益表现在众多方面，但价值几乎是所有商务谈判的核心内容。这是因为在商务谈判中价值的表现形式——价格，最直接地反映了谈判双方的利益，讨价还价甚至成了谈判的代名词。谈判双方在其他利益上的得与失，在很多情况下或多或少都可以折算为一定的价格，并通过价格的升降得到体现。需要指出的是，在商务谈判中，一方面要以价格为中心，坚持自己的利益，另一方面又不能仅仅局限于价格，应该拓宽思路，设法从其他方面争取应得的利益。

案例阅读

柯达全球副总裁、大中华区副主席叶某曾以出色的谈判技艺促成了柯达项目的落地，并缔造了一种"柯达模式"，被视为跨国公司与内地政府合作的典范。据叶某回忆，当时内地感光行业的效益很低，多家感光厂商虽然在政府的安排下与柯达合作，但如何达成共识的确存在很大的困难。

"谈判不能忘记自己的原则，但又不能一厢情愿，只顾自己的利益。谈判成功在于找到大家的共通点，就好像两个圆形叠在一起，中间便有一个交集，双方应寻求把互惠互利的交集尽量放大，然后再将这个共通点作为与另一家厂商谈判的基础。如此一个一个地去谈，最后便会找到一个各方都愿意接受的点。"在这种思想的指导下，"98协议"面世，即厦门福达、汕头西元、无锡阿尔梅与柯达合资，上海、天津、辽阳的三家企业在合资公司三年基建期内，不与其他外商合作。柯达在这个协议基础上，成功地获准在华投资12亿美元建立感光材料基地。

【案例分析】

4. 合同条款的严密性与准确性

商务谈判的结果是由双方达成一致的合同来体现的。合同条款实质上反映了各方的权利和义务，合同条款的严密性与准确性是保障谈判获得各种利益的重要前提。若不注意合同条款的严密与准确，就会被谈判对手在条款措辞上引入陷阱，这样不仅会使到手的利益丧失殆尽，而且还可能为此付出惨重的代价，这在商务谈判事件中屡见不鲜。

1.1.3 商务谈判的构成要素

1. 谈判主体

谈判主体是指参加谈判活动的双方人员。小到个人、企业或其他组织，大到国家甚至国际组织，都可以成为商务谈判的主体。各主体之间还可以相互交叉直接进行商务谈判，如个人与组织、组织与国家、国家与国际组织之间等进行商务谈判。

2. 谈判议题

谈判议题是指在谈判中双方所要协商解决的问题。这种问题，可以是立场观点方面的，也可以是基本利益方面的，还可以是行为方面的。

形成谈判议题，需要具备如下条件：一是它对于双方的共同性，即这一问题是双方共同关心并希望得到解决的；二是需要具备可谈性，即谈判的时机要成熟；三是谈判议题必然涉及双方或多方的利害关系。

3. 谈判方式

谈判方式是指谈判人员之间对解决谈判议题所持的态度或方法。谈判的方式很多，依据不同的标准，可以做出以下两种分类：

（1）以心理倾向性为标准，谈判方式可划分为常规式（多用于固定客户之间的交易）、利导式（通常使用将计就计、投其所好的谋略）、迂回式（利用某些外在条件间接地作用于对手）和冲击式（使用强制手段给对方施加压力）。

（2）以谈判者所取的策略、态度为依据，谈判方式可划分为软弱型、强硬型和软硬兼具型三种。软弱的谈判者希望避免冲突，随时准备为达成协议而让步，希望圆满达成协议，却总是为遭受对方的压制而深感其苦；强硬的谈判者对己方提出的每一项条件都坚守不让，他们采取的是寸利必争的策略，以获得最大利益的满足；软硬兼具的谈判方式也可以看作是"原则谈判法"，它是根据价值来取得协议，根据公平的标准来做决定，采取灵活变通的方法，以寻求谈判双方各得其利、均有所益的最佳方案。正因为如此，现代谈判学认为，"原则谈判法"是一种理想的、广泛适用的策略。

4. 谈判约束条件

谈判约束条件归纳起来大体上有如下方面：①谈判是个人之间举行还是小组之间举行；②谈判的参加者是两方还是多于两方；③某一方的谈判组织内部意见是否一致；④作为谈判的代表人物，其谈判的权限究竟有多大；⑤谈判的最终协议是否需要批准；⑥是否还有与谈判议题相关联的问题；⑦谈判有没有时间的限制；⑧秘密谈判还是公开谈判；等等。

以上几个方面，不同程度地影响、制约着谈判的进行，因此，通常也把它们作为谈判活动的构成要素。

任务 1.2　商务谈判的分类与内容

【学习目标】

知　识　目　标	技　能　目　标
熟悉商务谈判的分类及其特点。 掌握商务谈判的内容	能够区分商务谈判的类型并熟练掌握其特点

【导入案例】

　　日本某公司向中国某公司购买电石。这是它们之间进行交易的第 5 个年头，谈价时，原本日方已将每吨价格压低了 30 美元，现在又要在此基础上再压低 20 美元，即从 410 美元/吨压到 390 美元/吨。据日方描述，它们已拿到多家报价，有 430 美元/吨，有 390 美元/吨，也有 370 美元/吨。据中方了解，370 美元/吨是个体户的报价，430 美元/是生产能力较小的工厂的报价。

　　中方供货厂厂长与中方公司的代表共 4 人组成了谈判小组，由中方公司代表为主谈。谈判前，该厂长与中方公司代表达成了价格共同的意见，工厂的电石可以 390 美元/吨成交，因为工厂需订单连续生产。中方公司代表向其主管领导汇报，分析价格形势。主管领导认为，它们是大公司，讲质量、讲服务，因此价格不能取最低，谈判中可以灵活，但步子要小；若在 400 美元/吨以上拿下则可成交，拿不下时把价格定在 405～410 美元/吨；然后，其再出面沟通，请工厂配合。

　　中方公司代表将此意见向厂长转达，并达成共识和厂长一起在谈判桌前争取应得的利益，中方公司代表为主谈。经过交锋，价格仅降了 10 美元/吨，在 400 美元/吨成交，比厂长的预估成交价高了 10 美元/吨。工厂厂长十分满意，日方也满意。

【案例分析】

1.2.1　商务谈判的分类

1. 国内商务谈判与国际商务谈判

1）国内商务谈判

国内商务谈判是指国内各种经济组织及个人之间所进行的商务谈判，包括国内的商品购销谈判、商品运输谈判、仓储保管谈判、联营谈判、经营承包谈判、借款谈判和财产保险谈判等。由于谈判双方处于相同的文化背景中，语言相同，观念一致，避免了因文化的差异可能对谈判所产生的不利影响，所以谈判的主要问题在于怎样调整双方的不同利益，寻找更多的共同点。这就需要商务谈判人员充分利用商务谈判的策略和技巧，发挥谈判人员的能力和作用。

2）国际商务谈判

国际商务谈判是指不同国家政府及各种经济组织之间所进行的商务谈判，包括国际产品贸易谈判、易货贸易谈判、补偿贸易谈判、各种加工和装配贸易谈判、现汇贸易谈判、技术贸易谈判、合资经营贸易谈判、租赁业务贸易谈判和劳务贸易谈判等。无论是从谈判技术还是从谈判内容看，国际商务谈判远比国内商务谈判复杂得多。这是由于谈判人员来自不同的国家，其语言、信仰、生活习惯、价值观念、行为规范、道德标准乃至谈判的心理都有着极大的差别，而这些方面的因素都会对国际商务谈判起到很大的影响。

案例阅读

案例一：张先生就职于某大公司销售部，工作积极努力，成绩显著，三年后升任销售部经理。一次，公司要与美国某跨国公司就开发新产品问题进行谈判，公司将接待安排的重任交给张先生负责，张先生为此也做了大量的、细致的准备工作。经过几轮艰苦的谈判，双方终于达成协议。可就在正式签约的时候，客方代表团一进入签字厅就拂袖而去，项目失败，张先生也因此被调离岗位。原来在布置签字厅时，张先生错将美国国旗放在签字桌的左侧。中国传统的礼宾位次是以左为上，以右为下，而国际惯例的礼宾位次是以右为上，以左为下。

案例二：我国 13 名不同专业的专家组成一个代表团，去美国采购约 3 000 万美元的化工设备和技术。美方送给专家们每人一个小纪念品。纪念品的包装很讲究，是一个漂亮的红色盒子，红色代表发达。可当专家们高兴地按照美国人的习惯当面打开盒子时，每个人的脸色却显得很不自然——里面是一顶高尔夫帽，但颜色却是绿色的。最后，专家们没有与其签订合同。美方打算签完合同后，带大伙去打高尔夫。而"戴绿帽子"是一种忌讳的说法，不与其签订合同，不是因为他们的"侮辱"，而是因为他们对工作太粗心。连这种忌讳都搞不清，怎么能把几千万美元的项目交给他们？

【案例分析】

2．商品贸易谈判与非商品贸易谈判

1）商品贸易谈判

商品贸易谈判是指商品买卖双方就商品的买卖条件所进行的谈判，包括农副产品的购销谈判和工矿产品的购销谈判。

农副产品的购销谈判是指以农副产品为谈判客体的明确当事人权利和义务关系的谈判。而工矿产品的购销谈判是联系产、供、销各个环节，沟通全国各个部门，活跃经济的最基本的谈判形式。

2）非商品贸易谈判

非商品贸易谈判是指除商品贸易之外的其他商品谈判，包括工程项目谈判、技术贸易谈判、资金谈判等。

工程项目谈判是指工程的使用单位与工程的承建单位之间的商务谈判。技术贸易谈判是指对技术有偿转让所进行的谈判。资金谈判是资金供需双方就资金借贷或投资内容所进行的谈判，主要内容有货币、利率、贷款、保证条件、还款、宽限期、违约责任等。

3. 中小型谈判与大型谈判

1）中小型谈判

中小型谈判包括业务很小的一对一的谈判（即谈判双方都是一个人）和少于7人的谈判，通常适用于项目较小或比较次要的谈判。中小型谈判中更多的、更常见的是小组谈判，通常以3人为宜，也可以为5人。这类谈判对谈判人员的要求较高，要选择有主见、有决断能力、有谈判经验并善于单兵作战者。

2）大型谈判

大型谈判一般指涉及重大项目的谈判，组成的谈判团人数一般不少于7人。谈判人员需经过精心挑选，有一两名负责人作为谈判的总指挥，其余为一般谈判人员，并要聘请有关的专家和顾问。在大型谈判中，全体人员各司其职、相互配合、共同作战。这类谈判的程序比较严密，时间较长，一般还要分为若干层次和阶段。

4. 主场谈判、客场谈判、主客场轮流谈判与中立地点谈判

1）主场谈判

主场谈判又称主座谈判，是指在自己的所在的国家、城市或办公地等进行的谈判。其优势是对环境熟悉，可以随时增减谈判力量，随时检索各种谈判所需资料，从而在心理上形成一种安全感和优越感。

2）客场谈判

客场谈判又称客座谈判，是在谈判对手所在的国家、地方或者办公场所等组织的一种谈判。客方在心理上和提供资料等方面都会感到不利。但有时主方感到在本地谈判不方便或为了主动表示合作的愿望，也可以主动提出或接受对方邀请去客场谈判。

3）主客场轮流谈判

主客场轮流谈判是一种在商务交易中谈判地点互易的谈判。主客场轮流谈判的出现，说明交易是不寻常的，它可能是大宗商品买卖，也可能是成套项目的买卖。

4）中立地点谈判

中立地点谈判指既不在己方也不在对手所在地，而是在一个中立地点进行的谈判。由于双方都想占据主场谈判之利，或者双方冲突性较大、关系微妙，在主、客场谈判均不合适时，只能选择在中立地点谈判。

5. 传统式谈判与现代式谈判

根据谈判理论、评价标准的不同，商务谈判可分为传统式谈判（输-赢式谈判）和现代式谈判（赢-赢式谈判）。在输-赢式谈判中，倘若己方是赢家，对手必定是输家；倘若己方是输家，则对手必定是赢家。而在赢-赢式谈判中，参与谈判各方能通过彼此的鼎力合作而各得其利，也能因为彼此之间的相互冲突而各受其害。

【拓展知识】

6. 长桌谈判与圆桌谈判

根据谈判桌的类型，商务谈判可分为长桌谈判和圆桌谈判。一般来说，由两方参加的对等谈判称为长桌谈判，如一般情况下的双方商品买卖的谈判。由多方参加的对等谈判称为圆桌谈判，如多方会谈。

7. 马拉松式谈判与闪电式谈判

按照谈判的时间长短,商务谈判可分为马拉松式谈判和闪电式谈判。马拉松式谈判是指谈判的时间长,有时要经过很多次商谈,甚至几年或几十年,如我国加入世界贸易组织(WTO)的谈判。闪电式谈判是指谈判的时间很短,双方很快就达成一致意愿。

> **案例阅读**
>
> 中德双方曾就在我国建立职教研究所进行过一次重要会谈。会谈前期进行得非常顺利,但就是否在天津建所的问题上出现了异议。德方表示,如果天津职教隶属教育部,他们表示同意,如果隶属劳动部,他们则无法同意。天津代表表示,他们为此要进行研究并征求上级的意见。但德方却坚持,一定要立即给出明确的答复。由于中方不可能马上提出明确的意见,德方表示无法考虑合作并认为谈判到此结束,同时要求天津代表团立刻离开谈判驻地。此事一度对中德贸易产生了极其负面的影响。

【案例分析】

1.2.2 商务谈判的内容

1. 合同之内的谈判

1)价格谈判

价格谈判是商务谈判的核心,也是谈判中最敏感、最艰难的部分,还是商务谈判策略与技巧的集中体现。商务谈判的失败往往是价格谈判的失败。价格谈判包括价格术语、价格计量、单价与总价、相关费用等方面的内容。

2)交易条件谈判

交易条件的谈判是指围绕价格为中心的相关构成条件的谈判,它们与价格相辅相成、相互影响,并可以通过价格体现出来,是谈判者利益的重要组成部分。交易条件主要包括交易标的、数量、品质、包装、付款方式、服务内容、交货方式、保险、运输等。

3)合同条款的谈判

合同条款是构成一份完整、有效的合同所必不可少的部分,是价格和交易条件的补充与完善,是履行合同的保证。它主要包括双方的责权约定、违约责任、纠纷处理、合同期限、补充条款、合同附件等。

2. 合同之外的谈判

合同之外的谈判是指关于合同内容以外事项的谈判,是谈判的一个重要组成部分,为谈判直接创造条件,影响着合同本身的谈判效果,也要加以重视。

1)谈判时间的谈判

谈判时间不同,对双方的影响则不同。谈判时间可能是一方决定的结果,也可能是双方协商的结果。因此,谈判者要尽量争取于己方有利的时间。

2)谈判地点的谈判

一般来说,主场谈判比客场谈判对己方更为有利。谈判地点设在哪一方,往往由谈判实力强的一方决定,但也可以通过谈判策略进行争取。

3）谈判议程的谈判

谈判的议题对谈判结果的影响是显而易见的，它是谈判策略的重要组成部分，往往由双方协商确定。

4）其他事宜的谈判

其他事宜的谈判包括谈判参加人员的确定、谈判活动的相关规定、谈判场所的布置等。在其他事宜的谈判中，往往也可以通过协商去争取于己方更有利的条件。

3．技术贸易谈判

技术贸易是指有偿的技术转让，即通过买卖方式，把某种技术从卖方转给买方的行为。技术是一种特殊产品，不像一般商品那样具有可见的形状，可以计量、检验质量，必须"凝结"在劳动力和生产资料中才能变为物质的力量，才能充分体现其使用价值。

技术贸易谈判是指技术的接受方（即买方）与技术的转让方（即买方）就转让技术的形式、内容、质量规定、使用范围、价格条件、支付方式，以及双方在转让中的一些权利、责任和义务关系问题所进行的谈判。

技术交易谈判一般分为两个部分，即技术谈判和商务谈判。技术谈判是供受双方就有关技术和设备的名称、型号、规格、技术性能、质量保证、培训、试生产验收等问题进行商谈，受方通过谈判可以进一步了解对方的情况，了解技术和设备是否符合本单位的实际和要求，最后确定引进与否。商务谈判是供受双方就有关价格、支付方式、税收、仲裁、索赔等条款进行商谈，通过商谈确定合理的价格、有效的途径与方法，以及如何将技术设备顺利地从供方转移到受方。

4．劳务合作谈判

劳务合作作为经济合作的重要组成部分，已经得到了国内外的普遍关注和重视。20世纪70年代以来，国际劳务合作高速发展，市场竞争十分激烈。我国的国际劳务合作事业从1979年开始起步，并在改革开放政策的推动下不断发展，现在已成为我国出口创汇的重要途径。

劳务合作谈判是指劳务合作双方就劳务提供的形式、内容、时间、劳务价格、计算方法、劳务费的支付方式，以及有关合作双方的权利、责任、义务关系等问题所进行的谈判。

由于劳务本身不是具体的商品，而是一种通过人的特殊劳动，将某种生产资料改变其性质或形状，满足人们的一定需求的劳动过程，所以，劳务合作谈判与一般货物买卖谈判有着明显的不同。

劳务合作谈判的基本内容是围绕着某一具体劳动力供给方所能提供的劳动者的情况和需求方所能提供给劳动者的有关生产环境条件和报酬、保障等实质性的条款，其基本内容有劳动力供求的层次、数量、素质、职业、工种、技术水平、劳动地点（国别、地区、场所）、时间、劳动条件、劳动保护、劳动工资、劳动保险和福利。

任务 1.3 商务谈判的原则、评价标准与基本程序

 【学习目标】

知 识 目 标	技 能 目 标
掌握商务谈判的原则。 熟练掌握商务谈判的基本程序	能够熟练运用商务谈判的原则

  【导入案例】

欧洲史密斯公司作为 B 工程公司的代理来到我国,与某化工工程公司进行出口工程设备的贸易谈判。中方对史密斯公司的报价提出意见:建议史密斯公司认真考虑改善价格,因为我国市场目前工程设备竞争很激烈,而 B 工程公司的设备又是第一次进入我国市场,所以需要一个市场接受与适应的阶段。史密斯公司代表听完中方的意见后对价格做了一番解释,并极力表明其委托人的价格非常合理,不肯降价。中方化工工程公司对史密斯公司价格的条件又做了详细分析,史密斯公司接着又做了一番解释。如此这般,一上午时间过去了双方谈判毫无结果。

中方化工工程公司认为史密斯公司傲慢固执,史密斯公司则认为中方化工工程公司既毫无购买诚意又没有理解能力,相互埋怨之后,双方不欢而散。

【案例分析】

1.3.1 商务谈判的原则

1. 平等原则

平等是商务谈判得以顺利进行和取得成功的重要前提。没有平等,就不可能有真正意义的谈判。在现代谈判中,平等互利是一条最基本的原则。平等互利指的是,谈判的双方在法律地位上一律平等,所享有的权利、义务应当对等,双方根据各自的需要与可能,进行对等交易、互通有无、互惠互利。如果一方带着想彻底击败另一方的想法来参与谈判,那么在心理上还没有做好谈判的准备;如果对方发现不能得到某些预期的利益,或者得到的比给予的少得多,那么谈判一般也不能顺利进行。因此,谈判的双方都应在平等的基础上,满足对方的某些需要。

然而,即使是一个共赢的谈判,谈判者的谈判空间仍然很大。也就是说,客观上无法排除实际谈判中存在某些不平等的因素,有时在一些对抗性比较强的谈判中很难做到双方完全平等。但是无论如何,必须遵循和维护平等互利这一原则,尽可能体现出各方的互利和互惠。

2. 真诚原则

真诚对于谈判者而言极其重要。言而有信,以诚相待,才能促成谈判的顺利进行,并达

成良好的结果；相反，如果双方顾虑重重，互相猜疑，谈判气氛高度紧张，那么就很难取得良好的谈判结果。只有谈判双方真诚合作，谈判才能取得成功。

同时，谈判过程中需要注意使用礼貌用语。国际著名语言学家杰弗里·利奇提出了言语交际的礼貌原则，根据礼貌原则中的选择程度等级来看，如果话语内容使听话人得益，说话人的话说得越直率，强求听话人接受的愿望就越明显，话语就越能表达出热情的内容；如果话语内容只使说话者得益，则说话人的话就要说得间接一些，要给听话人留有较大的自由选择余地，从而体现出话语的礼貌得体。

3．机动原则

在谈判中坚持合作互利，但不排除采取机动的战略战术。在不放弃一些重大原则的前提下，对如何谋求双方的一致以实现整体目标，一定的机动性是必需的。特别是要根据不同的谈判对象及不同的环境和条件，因事、因地、因人制宜地运用各种谈判策略、谈判技巧。如果没有实现整体目标的机动性，谈判成功的可能将变得很小，己方的目标也就无从实现。

4．守信原则

守信原则是决定商务谈判进程及其结果的首要内容，是建立起谈判双方彼此间相互尊重、相互信赖关系的关键点。因此，守信是参加商务谈判的一项重要原则。所谓守信，即言必行、行必果。它要求谈判者遵守谈判中的承诺，不能出尔反尔。当然，谈判者在谈判过程中切忌轻易许诺，这是守信的重要前提。只有守信，才能取得对方的信任，从而建立一种诚挚和谐的谈判气氛，进而促使谈判的成功。

案例阅读

在美国的一个边远小镇上，由于法官和法律人员有限，所以组成了一个由12名农夫组成的陪审团。按照当地的法律规定，只有当这12名陪审团成员都同意时，某项判决才能成立，并具有法律效力。有一次，陪审团在审理一起案件时，其中11名陪审团成员已达成一致看法，认定被告有罪，但最后1名认为应该宣告被告无罪。由于陪审团内意见不一致审判陷入了僵局。其中11名企图说服最后1名陪审团成员，但是这位成员是个年纪很大、头脑很顽固的人，就是不肯改变自己的看法。从早上到下午审判依然不能结束，11个农夫有些心神疲倦，但最后1个还没有丝毫让步的意见。

就在11个农夫一筹莫展时，突然天空布满了阴天，一场大雨即将来临。此时正值秋收，各家各户的粮食都晒在场院里。眼看一场大雨即将来临，11名陪审团成员都在为自家的粮食着急，都希望赶快结束这次判决，尽快回去收粮食。于是他们对最后1个农夫说："老兄，你就别再坚持了，眼看就要下雨了，我们的粮食在外面晒着，赶快结束判决回家收粮食吧。"可那个农夫丝毫不为之所动，坚持说："不行，我们是陪审团的成员，要坚持公正，这是国家赋予我们的责任，岂能轻易做出决定？在我们没有达成一致意见之前，谁也不能擅自做出判决！"这令那几个农夫更加着急。为了尽快结束这令人难受的讨论，11个农夫开始动摇了，他们开始考虑改变自己的立场。这时，一声惊雷动摇了11个农夫的心，他们再也忍受不住了，纷纷表示愿意改变自己的观点，转而投票赞成最后1名陪审团成员的意见，宣告被告无罪。

按理说，11个人的力量要比1个人的力量大。可是由于那1名陪审团成员坚持己见，更由于大雨的即将来临，使那11个人在不经意中为自己定了一个最后期限：下雨之前，改变自己的观点，转而投向另一方。

【案例分析】

5. 守法原则

守法是指在商务谈判及其合同签订的过程中，应遵守国家的法律、政策、条令；在对外贸易谈判中，还应该遵守国际法则和对方国家的有关法规。遵守法律，是人类社会最基本的准则。在谈判过程、达成协议及协议的执行过程中，只有符合法律、法规的要求才能实现。任何与法律、法规相抵触的商务谈判，不管交易双方的主观意愿如何，都是不应该进行的。随着社会主义市场经济体制的建立和对外开放的进一步扩大，国内外的商务谈判将会在越来越广的范围内受到法律的约束，离开法律，任何谈判将寸步难行。

1.3.2 商务谈判的评价标准

1. 实现谈判目标

谈判目标的实现是衡量商务谈判成功的首要标准，根据谈判各方不同的具体情况，应重点考虑如何使既定目标得以实现。

2. 提高谈判效率

通常一场谈判有三种成本：一是为了达成协议所做的让步，也就是预期谈判收益与实际谈判收益的差距，这是谈判的基本成本；二是人们为谈判所耗费的各种资源，如投入的人力、物力、财力和时间等，这是谈判的直接成本，关系到谈判的效率高低；三是因参加该项谈判而占用了资源，失去了其他获利机会，损失了有望获得的其他价值，即谈判的机会成本。在这三种成本中，由于人们常常特别注重谈判桌上的得失，所以往往较多地注重第一种成本，而忽视第二种成本，对第三种成本考虑得更少，降低了谈判的效率。

效率高的谈判使双方都有更多的精力拓展商务机会，而争辩式谈判往往局限了双方更多的选择方案。有时甚至是无谓地消耗时间，从而给谈判各方带来压力，增加谈判不成功的风险。一场以过多的时间、精力和财力来达到预定目标的谈判，不一定是成功的谈判。在谈判过程中必须考虑到效率的问题，目前，理论上和实际工作中对效率的认识都归结为商务谈判中投入和产出之比。

3. 建立良好的人际关系

谈判是人们之间的一种磋商交流活动，因此，对于商务谈判而言，谈判的结果不只是体现在最终成交的价格高低、利益分配的大小，以及风险与收益的关系上，它还应体现在人际关系上，即还要看谈判是否促进和加强了双方的友好合作关系。一个谈判者应该具有战略眼光，不计较也不过分看重某一场谈判的得失，而是要着眼于长远和未来。虽然在某一次的谈判中利益少了一些，但如果保持良好的合作关系，长远的收益将足以补偿当前的损失。因此，即使谈判失败，"生意不成友情在"也应该是一条普遍适用的基本法则。

总的来说，所谓成功的商务谈判，都是在与对手建立良好的人际关系的前提下，以富有效率的方式达成谈判目标。

1.3.3 商务谈判的基本程序

1. 商务谈判准备阶段

商务谈判直接影响组织的交易活动目标的实现，并关系到组织的经济利益和生存发展。

谈判前的准备阶段工作对谈判的顺利进行和取得成功至关重要。商务谈判前的准备阶段，应当包括以下七项工作。

1）确定谈判目标

谈判目标是商务谈判的方向和底线。如果目标不确定或不明确，就无法选择谈判对象、制订谈判计划、进行谈判。因此，在商务谈判之前首要的任务是确定谈判目标。当然，初期的目标还可以根据谈判对象的筛选、谈判背景的进一步调查进行适当的修改。

2）选择谈判对象

选择谈判对象，即选择谈判对手。应根据己方的交易目标和与对方商务的依赖关系，通过直接或间接的先期探寻，在若干候选对象中进行分析、比较和谈判的可行性研究，找到己方目标与对象条件的最佳结合点，以实现优化选择。

3）组建谈判团队

商务谈判是一项有目标、有计划、有组织的活动，必须依靠具体的谈判人员去实现。因此，组建好谈判团队，是谈判前最重要的准备工作。在很多情况下，某些组织在即将进行的谈判中本具有相当的优势，但由于缺乏优秀的谈判人员和协调有序的谈判团队，反而会导致谈判的失败。因此，组建好谈判团队，是谈判取得成功的组织保证。

4）谈判背景调查

对谈判背景的调查研究，应以"知己知彼"为原则。背景调查是谈判准备阶段的信息准备，要注重从多种渠道获取信息，建立谈判对象档案，并以动态的观点分析问题。谈判背景调查包括对己方的背景调查，尤其要做好对谈判对象的背景调查。调查的内容应包括环境背景、组织背景和人员背景等。

5）谈判方案的制定

谈判方案是谈判前预先对谈判目标、谈判策略和相关事项所做的设想及其书面安排。它既是谈判前各项主要准备的提纲挈领，又是正式谈判阶段的行动指南。谈判方案是重要文件，应注意它的保密性，最好只由主管领导和谈判团队成员参阅。

6）谈判物资准备

商务谈判物资条件的准备工作主要包括三个方面，即谈判场所的选择、谈判会场的布置和食宿安排。

7）模拟谈判

模拟谈判是正式谈判前的彩排。具体模式为：将谈判团队成员分为两部分，一部分人员扮演对方角色，模拟对方的立场、观点和风格，与另一部分己方人员对阵，预演谈判过程。模拟谈判可以帮助己方谈判人员从中发现问题，对既定的谈判计划进行修改和完善，使谈判计划更为实用和有效；同时，能使谈判人员获得谈判经验，锻炼谈判能力，从而提高谈判的成功率。

2. 商务谈判阶段

完成商务谈判的准备工作后，便可以按照谈判计划的时间和地点进入正式谈判阶段。这个阶段，就是谈判当事人为实现预定的交易目标，就交易条件与对方协商的阶段，它是全部谈判程序的中心和关键。

谈判阶段通常包括以下三个环节：

（1）开局。开局是指谈判双方从见面开始，到进入交易条件的正式磋商之前的过程。

（2）磋商。磋商即按照已达成一致的谈判通则，开始就实现交易目标的各项交易条件进行具体协商、讨价还价，它是谈判阶段的核心和最具有实质意义的步骤。

（3）协议。协议即协商议定，是谈判各方经过磋商，达到了共同利益和预期目标，而拟订协议书并签字生效。

3．商务谈判履约阶段

达成协议是谈判各方反复磋商取得的共识。谈判达成一致的条件具有不可更改性，即只要谈判各方达成协议、签字生效就不能再随意更改。因此，达成协议标志着谈判阶段的基本完成。但是，达成协议又只是交易合作的开始，许多合同内容如交货、支付等都只能是后续工作，因此，从实现交易目标的角度看，达成协议绝不是大功告成。

完整的商务谈判程序，必须包括履约阶段。履约阶段的主要工作是检查协议的履行情况，做好沟通并认真总结。如一方违约，应按照协议索赔；如出现争议，需按照协议仲裁。只有在合同期内，全部的协议条款都得到了落实，谈判各方的交易目标及其交易合作才真正实现。

综上所述，商务谈判的程序如图 1.1 所示。

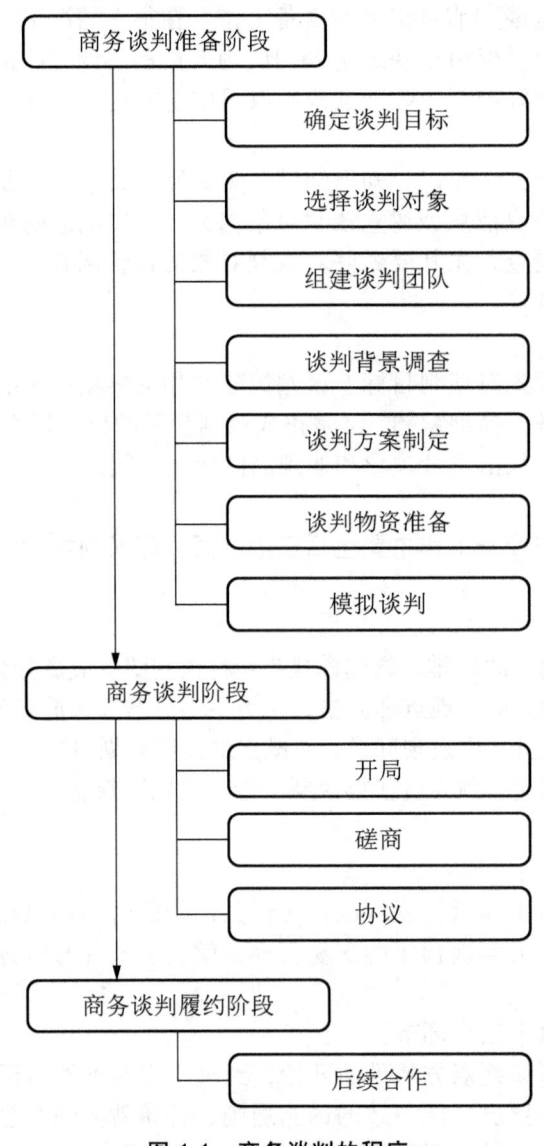

图 1.1　商务谈判的程序

任务1.4　了解商务谈判的理论

【学习目标】

知 识 目 标	技 能 目 标
掌握商务谈判的理论。 熟练运用商务谈判的主要理论	能够把商务谈判的主要理论运用到实践中

【导入案例】

　　1967年中东战争结束后，以色列占领了埃及西奈半岛6平方公里的土地。为协助双方解决争端，美国等国家多次以协调人身份督促双方通过谈判解决争端。但遗憾的是，谈判进行了11年未取得实质性进展，因为双方都坚持自己的利益和谈判立场，不肯作丝毫妥协。对于埃及来说，被占领的西奈半岛是埃及领土不可分割的一部分。鉴于国际上承认的领土完整和国家主权原则，埃及有权利要求以色列无条件地归还被占领土。对于以色列来说，占领西奈半岛是出于对以色列安全问题的考虑，因为几次针对以色列的武装进攻都是从这一地区开始的，所以以色列坚持应当控制这一区域。

　　1978年埃以双方再次恢复谈判，地点是美国的戴维营。此次和谈不同于以往所有谈判的一点是，双方摒弃了传统的思维模式而采用全新的双赢理念来指导谈判。双方在双赢理念的影响下重新审视各自的利益和要求，同时从对方的角度了解对方的利益和要求，双方有了新的认识和发现。埃及的主要利益在于恢复领土主权，保持领土完整而不在于威胁以色列的安全；而以色列对于领土扩张并不感兴趣，它的主要利益在于保证国家的安全。基于这样的观念，双方达成了共识，提出了一个双方都能接受的解决方案：以色列归还占领的埃及领土；作为回报，埃及将西奈半岛的大部领土划为非军事区。这样，一场持续了11年的谈判终于画上了圆满的句号，而这次谈判只用了短短的12天。

【案例分析】

1.4.1　动态博弈谈判理论

1. 博弈论的产生与发展

　　国际商务动态博弈谈判理论是将商务谈判看作一个动态博弈谈判的过程，它具有丰富的理论内涵，在这里我们只是初步地揭开这个理论的一角。那么，在这个动态谈判过程中如何进行谈判呢？谈判就是博弈，我们从博弈论的含义与发展出发，来初步构建国际商务动态博弈谈判理论，尽管只是其中的一小部分，但是还是可以领略到其中的一些"真谛"。

　　什么是博弈论？博弈论又被称为对策论。古语有云："世事如棋。"生活中每个人都如同棋手，其每一次行为就像在一张看不见的棋盘上布一个子，精明慎重的棋手们相互揣摩、相互牵制、人人争赢，呈现出诸多精彩纷呈、变化多端的棋局。博弈论是研究棋手们"出棋"

招数中理性化、逻辑化的部分，并将其系统化为一门科学。换句话说，博弈论就是研究个体如何在错综复杂的相互影响中得出最合理的策略。事实上，博弈论正是衍生于古老的游戏，如象棋、扑克牌等。人们将具体的问题抽象化，通过建立完备的逻辑框架、体系研究其规律及变化。以最简单的二人对弈为例，若甲、乙双方都精确地记得自己和对手的每一步棋且都是最理性的棋手，甲出子的时候，为了赢棋，要仔细揣摩乙的想法，而乙出子时也要揣摩甲的想法，所以甲还要想到乙在揣摩他的想法，乙当然也知道甲想到了他在揣摩甲的想法。按照诺贝尔经济学奖获得者罗伯特·奥曼的说法，博弈论就是研究互动决策的理论。所谓互动决策，即各行动方（即局中人）的决策是相互影响的，每个人在决策的时候必须将他人的决策纳入自己的决策考虑之中，当然也需要把别人对于自己的考虑纳入考虑之中，在如此迭代考虑的情形中进行决策，从而选择最有利于自己的策略。

博弈论思想古已有之，我国古代的《孙子兵法》不仅是一部军事著作，还是一部较早的博弈论专著。人们对博弈局势的把握最初只停留在经验上，没有向理论化方向发展，其正式发展成一门学科则是在 20 纪初。1928 年，冯·诺伊曼证明了博弈论的基本原理，从而宣告了博弈论的正式诞生。1944 年，冯·诺伊曼和摩根斯坦共著的划时代著作《博弈论与经济行为》将二人博弈推广到 n 人博弈结构，并将博弈论系统地应用于经济领域，从而奠定了这一学科的基础和理论体系。谈到博弈论就不能忽略博弈论天才纳什，纳什的开创性论文《n 人博弈的均衡点》《非合作博弈》等，给出了纳什均衡的概念和均衡存在的定理。此外，其他人的研究也对博弈论发展起到了推动作用。

【拓展知识】

博弈论既是现代数学的一个新分支，也是运筹学、经济学、管理学、谈判学的一个重要组成内容。博弈论的应用领域十分广泛，在经济学、政治学（国内、国际）、军事战略问题、进化生物学及当代的计算机科学等领域都已成为重要的研究和分析工具。此外，它还与会计学、统计学、数学基础、社会心理学及诸如认识论与伦理学等哲学分支有重要联系。

2．博弈的要素与类型

1）博弈的要素

（1）局中人。在一场竞赛或博弈中，每一个有决策权的参与者都成为一个局中人。只有两个局中人的博弈现象称为"两人博弈"，而多于两个局中人的博弈称为"多人博弈"。

（2）策略。一局博弈中，每个局中人都会选择实际可行的、完整的行动方案，即方案不是某阶段的行动方案，而是指导整个行动的一个方案，一个局中人的一个可行的、自始至终全局筹划的一个行动方案，称为这个局中人的一个策略。如果在一局博弈中，局中人都总有有限个策略，则称为"有限博弈"，否则称为"无限博弈"。

（3）得失。一局博弈结局时的结果称为得失。每个局中人在一局博弈结束时的得失，不仅与该局中人自身所选择的策略有关，而且与全局中人所取定的一组策略有关。因此，一局博弈结束时，每个局中人的"得失"是全体局中人所取定的一组策略的函数，通常称为支付函数。

（4）次序。各博弈方的决策有先后之分，且一个博弈方要做不止一次的决策选择，这时就出现了次序问题。即使其他要素相同，但次序不向，博弈也不同。

（5）博弈涉及均衡。均衡就是平衡的意思，在经济学中，均衡是指相关量处于稳定值。

在供求关系中，如果某一商品市场在一定价格下，想以此价格购买此商品的人均能买到，而想卖的人均能卖出，此时，该商品的供求便达到了均衡。在一个策略组合中，所有的参与者都会面临这样一种情况，当其他人不改变策略时，此时的策略是最好的。也就是说，此时如果改变策略，支付将会降低。在均衡点上，每一个理性的参与者都不会有单独改变策略的冲动。

2）博弈的类型

（1）合作博弈是指研究人们达成合作时如何分配合作得到的收益，即收益分配问题。

（2）非合作博弈是指研究人们在利益相互影响的局势中如何选择决策使自己的收益最大，即策略选择问题。

（3）完全信息和不完全信息博弈。参与者对所有参与者的策略空间及策略组合下的支付有充分了解称为完全信息；反之，则称为不完全信息。

（4）静态博弈和动态博弈。静态博弈是指参与者同时采取行动，或者尽管有先后顺序，但后行动者不知道先行动者的策略；动态博弈是指双方的行动有先后顺序并且后行动者可以知道先行动者的策略。

3."智猪博弈"与"囚徒困境"

1）"智猪博弈"

猪圈里有两头猪，一头大猪，一头小猪。猪圈的一边有个踏板，每踩一下踏板，在远离踏板的猪圈的另一边的投食口就会落下少量的食物。如果有一只猪去踩踏板，另一只猪就有机会抢先吃到另一边落下的食物。当小猪踩动踏板时，大猪会在小猪跑到食槽之前刚好吃光所有的食物；若是大猪踩动了踏板，则还有机会在小猪吃完落下的食物之前跑到食槽，争取吃到另一半残羹。那么，两头猪各自会采取什么策略？答案是：小猪将选择"搭便车"策略，也就是舒舒服服地等在食槽边，而大猪则为一点残羹不知疲倦地奔忙于踏板和食槽之间。

原因何在？因为小猪踩踏板将一无所获，不踩踏板反而能吃上食物。对小猪而言，无论大猪是否踩动踏板，不踩踏板都是好的选择。反观大猪，已明知小猪是不会去踩动踏板的，自己亲自去踩踏板还会吃上食物，所以只好亲力亲为了。"小猪躺着大猪跑"的现象是由于故事中的游戏规则所导致的，规则的核心指标是：每次落下的食物数量、踏板与投食口之间的距离。

如果改变一下核心指标，猪圈里还会出现同样的"小猪躺着大猪跑"的现象吗？

（1）改变方案一：减量方案。仅投食原来食物的一半分量，结果是小猪和大猪都不去踩踏板了。小猪去踩，大猪将会把食物吃完；大猪去踩，小猪也会把食物吃完。谁去踩踏板，就意味着为对方贡献食物，所以谁也不会有踩踏板的动力了。如果目的是想让猪们多去踩踏板，则这个游戏规则的设计显然是失败的。

（2）改变方案二：增量方案。投食为原来食物的一倍分量。结果是小猪和大猪都会去踩踏板。由于对方不会一次把食物吃完，所以谁想吃谁就会去踩踏板。小猪和大猪相当于生活在物质相对丰富的社会，所以竞争意识不会很强。对于游戏规则的设计者来说，这个规则的成本相当高（每次提供双份的食物）；而且，因为竞争不强烈，想让猪们多去踩踏板的效果并不好。

（3）改变方案三：减量加移位方案。投食仅为原来食物的一半分量，但同时将投食口移到踏板附近。这时，小猪和大猪都在拼命地抢着踩踏板。等待者不得食，而多劳者多得，每次的收获刚好消费完。对于游戏设计者来说，这是一个最好的方案，成本不高，但效果最好。

"智猪博弈"的故事给了竞争中的弱者（小猪）以等待为最佳策略的启发。但是对于社会而言，因为小猪未能参与竞争，小猪"搭便车"时的社会资源的配置并不是最佳状态。为使资源最有效配置，规则的设计者是不愿看见有人"搭便车"的。政府如此，公司的老板也是如此。而能否完全杜绝"搭便车"现象，就要看游戏规则的核心指标设置是否合适。许多人并未读过"智猪博弈"的故事，但是却在自觉地使用小猪的策略。例如，等待产业市场中出现具有赢利能力的新产品，继而大举仿制牟取暴利的游资；公司里不创造效益但分享成果的员工；等等。因此，对于制定各种国际商务谈判策略的人，必须深谙"智猪博弈"中指标改变的道理。

2）"囚徒困境"

在博弈论中，含有占优战略均衡的一个著名例子就是"囚徒困境"博弈模型。该模型用一种特别的方式讲述了一个警察与小偷的故事。假设有两个小偷 A 和 B 联合犯罪，私入民宅被警察抓住。警方将两人分别置于不同的两个房间内进行审讯，对每一个犯罪嫌疑人，警方给出的政策是：如果一个犯罪嫌疑人坦白了罪行，交出了赃物，于是证据确凿，两人都被判有罪；如果另一个犯罪嫌疑人也坦白交代，则两人各被判刑 8 年；如果另一个犯罪嫌疑人没有坦白而是抵赖，则以妨碍公务罪（因为已有证据表明其有罪）再加刑 2 年，而坦白者有功被减刑 8 年，立即释放；如果两人都抵赖，则警方因证据不足不能判两人的偷窃罪，但可以以私入民宅的罪名将两人各判入狱 1 年。表 1-1 给出了这个博弈的支付矩阵。

表 1-1　囚徒困境博弈

策　　略	B 坦白	B 抵赖
A 坦白	A、B 同时被判刑 8 年	A 立即释放，B 被判刑 8 年
A 抵赖	A 被判刑 10 年，B 立即释放	A、B 同时被判刑 1 年

再来看看这个博弈可预测的均衡是什么，对 A 来说，尽管他不知道 B 做何选择，但他知道无论 B 选择什么，他选择"坦白"总是最优的。显然，根据对称性，B 也会选择"坦白"，结果是两人都被判刑 8 年。但是，倘若他们都选择"抵赖"，每人只被判刑 1 年。在表 3-1 中的四种行动选择组合中，A 和 B 同时抵赖是最优的，因为偏离这个行动选择组合的任何其他行动选择组合都至少会使一个人的境况变差。从中可以看出，"坦白"是任一犯罪嫌疑人的占优战略，而 A 和 B 同时坦白是一个占优战略的均衡。

1.4.2　需要谈判理论

1. 需要层次理论

【拓展知识】

五个层次需要是美国心理学家马斯洛于 1943 年提出的一种关于人的需要结构的理论，该理论基于两个基本假设：①人主要是受满足某种需要的欲望所驱使的需求动物；②人类的需要是无止境的，当个人满足一种需求之后，就会产生另一种需求。人类所追求的需要具有普遍性，这些需要有层次之分。由此，马斯洛把人的需要分为五个层次，如图 1.2 所示。

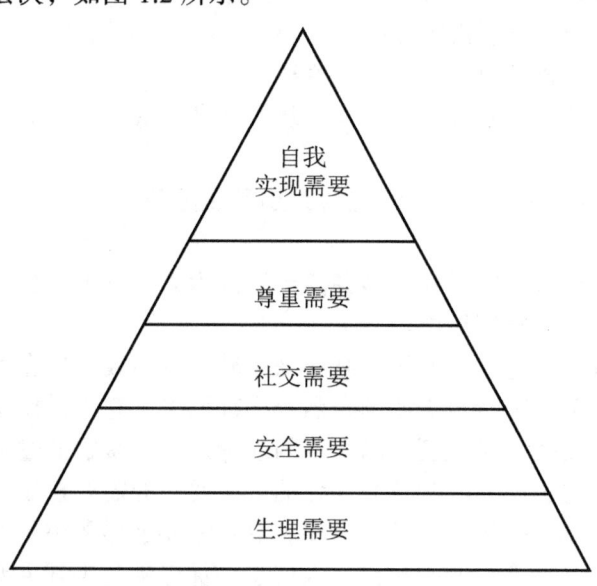

图 1.2　需要五层次

马斯洛需要理论把人的需要从低到高按层次分成生理需要、安全需要、社交需要、尊重需要和自我实现需要五类。

（1）生理需要。生理需要是人类的第一层次需要，指能满足个体生存所必需的一切需要，如食物、衣服、性欲等。对食物、水、空气和住房等的需要都是生理需要，这类需要的级别最低，人们在转向较高层次的需要之前，总是尽力满足这类需要。一个人在饥饿时不会对其他任何事物感兴趣，他的主要动力是寻到食物。即使在今天，还有许多人基本的生理需要得不到满足。

（2）安全需要。安全需要是人类的第二层次需要，指能满足个体免于身体与心理危害恐惧的一切需要，如收入稳定、强大的治安力量、福利条件好、法制健全等。安全需要包括对人身安全、生活稳定，以及免遭痛苦、威胁或疾病等的需要。和生理需要一样，在安全需要没有得到满足之前，人们唯一关心的就是这种需要。

（3）社交需要。社交需要是人类的第三层次需要，指能满足个体与他人交往的一切需要，如友谊、爱情、归属感等。社交需要包括对友谊、爱情及隶属关系的需要。当生理需要和安全需要得到满足后，社交需要就会突出出来，进而产生激励作用。

（4）尊重需要。尊重需要是人类的第四层次需要，指能满足他人对自己的认可的一切需要，如名誉、地位、尊严、自信、自尊、自豪等。尊重需要既包括对成就或自我价值的个人感觉，也包括他人对自己的认可与尊重。有尊重需要的人希望别人按照他们的实际形象来接受他们，并认为他们有能力，能胜任工作。他们关心的是成就、名声、地位和晋升机会，这是由于别人认识到他们的才能而得到的。当他们得到这些时，不仅赢得了人们的尊重，而且其内心因对自己价值的满足而充满自信。这类需要得不到满足，他们就会感到沮丧。

（5）自我实现需要。自我实现需要是人类最高层次需要，指满足个体把各种潜能都发挥出来的一种需要，如不断地追求事业成功等。自我实现需要的目标是自我实现或是发挥潜能。达到自我实现境界的人，接受自己也接受他人，解决问题的能力增强，自觉性提高，善于独立处事，要求不受打扰地独处。要满足这种尽量发挥自己才能的需要，他应该已在某个时刻部分地满足了其他需要。当然，自我实现的人可能过分关注这种最高层次的需要的满足，以至于自觉或不自觉地放弃较低层次需要的满足。

马斯洛认为各层次需要之间有以下三种关系：

（1）一般来说，这五种需要像阶梯一样，从低到高。低一层次的需要获得满足后，就会向高层次的需要发展。

（2）这五种需要不是每个人都能满足的，越是靠近顶部的成长型需要，满足的百分比越少。

（3）同一时期，个体可能同时存在多种需要，因为人的行为往往是受多种需要支配的，每一个时期总有一种需要占支配地位。

马斯洛需要层次理论假定，人们被激励起来去满足一项或多项在他们一生中很重要的需要。更进一步地说，任何一种特定需要的强烈程度都取决于它在需要层次中的地位，以及它和所有其他更低层次需要的满足程度。马斯洛的理论认为，激励的过程是动态的、逐步的、有因果关系的。在这一过程中，一套不断变化的"重要"的需要控制着人们的行为，这种等级关系并非对所有的人都是一样的。社交需要和尊重需要这样的中层次需要尤其如此，其排列顺序因人而异。不过马斯洛也明确指出，人们总是优先满足生理需要，而自我实现的需要则是最难以满足的。

2．七个层次需要

1954年，马斯洛在《激励与个性》一书中探讨了他早期著作中提及的另外两种需要，即求知需要和审美需要。这两种需要未被列入到他的需要层次排列中，他认为这二者应居于尊重需要与自我实现需要之间。但有人还是将其组成了七个层次，如图1.3所示。

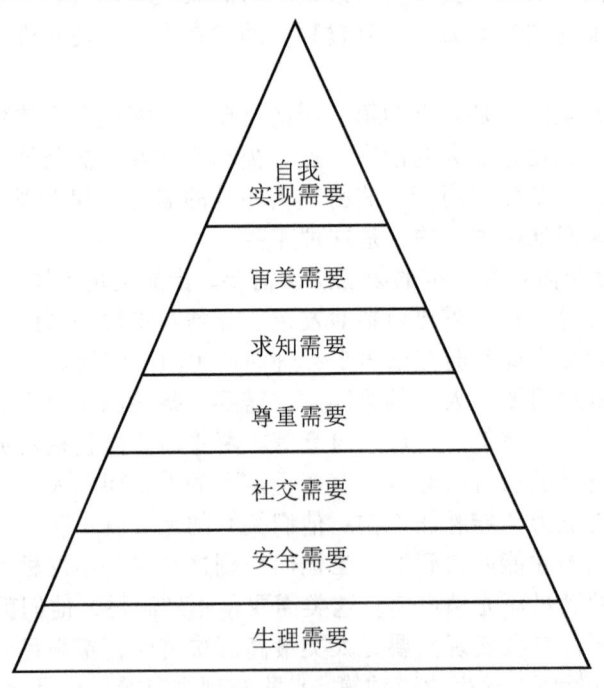

图1.3　需要七层次

人的七种需要表现在一般人身上往往是无意识的。对于个体来说，无意识的动机比有意识的动机更重要。对于有丰富经验的人，通过适当的技巧，可以把无意识的需要转变为有意识的需要。七个层次需要的关系像阶梯一样，从低到高。低一层次的需要获得满足后，就会向高一层次的需要发展。这七种需要不是每个人都能满足的，越是靠近顶部的成长型需要，满足的百分比越少。在人自我实现的过程中，产生出一种所谓的"高峰体验"的情感，这个时候是最激荡人心的时刻，人会有一种欣喜若狂的感觉，这是人存在的最高、最完美、最和谐的状态。

3. 发现需要的谈判

需要是人类一切行为及动机的源泉，需要的发现是谈判的动因。需要是指人对某种目标的渴求与欲望，是人的心理活动的重要动力。

发现需要的途径包括得体地提问、恰当地陈述、积极地倾听、察言观色。其中，得体地提问包括一般性提问、直接性提问、诱导性提问。审时度势地提问，容易立即引起对方的注意，保持双方对讨论中的议题的兴趣，并按照自己的意愿主导谈判的方向。要做到得体地提问，必须遵循一定的原则并注意提问技巧，以引起对方注意。恰当地陈述不仅能控制谈判的进展，而且能把自己想让对方知道的信息传递出去；还可以避免对抗，有利于谈判的进展。恰当地陈述，在选词、造句和文法上都要十分讲究。积极地倾听可以取得对方的信任，引起对方的兴趣，随时发现线索、获得信息。聆听时，必须注意人与人之间的谈话或谈判可以在不同层次意义上进行。倾听和讲话一样，是一种引导方法，在谈判中，倾听在一定程度上占有相当重要的位置。察言观色，即注意观察谈判对方的举止，因为它传达着许多微妙的意思，有着种种心理上的含义和暗示，通过观察对方的举止，从中发现其需要，掌握谈判的脉络。

4. 谈判需要理论

谈判需要理论是由前美国谈判学会会长杰勒德·尼尔伦伯格于20世纪60年代提出的。他认为任何谈判之所以会进行，是因为要满足人们的需要，这样的需要决定了谈判的发生、进展和结局。尼尔伦伯格把人的需要、动机和人的主观作用作为谈判理论的核心——需要和对需要的满足是谈判的基础。

谈判需要理论认为，谈判的前提是谈判各方都企求从谈判中得到某些东西，否则各方会彼此对另一方的要求充耳不闻，熟视无睹，各方当然不会再有进行谈判的必要。即使谈判仅是为了维持现状的需要，亦当如此。双方都是被各自的"需要"所策动，才会进行一场谈判。

谈判需要理论以马斯洛的需要层次论为基础，指出每个层次的谈判都是以需要为驱动力的。每种需要都可通过六种谈判方法来实现：谈判者顺从对方的需要、谈判者使对方服从其自身的需要、谈判者同时服从对方和自己的需要、谈判者违背自己的需要、谈判者损害对方的需要、谈判者同时损害对方和自己的需要。在这六种方法中，第一种最容易被谈判者控制，第二种次之，依次排序，第六种最难控制。

该理论作用于谈判实践，引导人们在谈判中重视驱动双方的各种需要，寻求联系双方的需要，然后对症下药，选择出最佳谈判模式，从而使古典谈判观念出现了质的飞跃，将传统的从立场出发的"不输就赢"的谈判模式发展为可能的现代的"双方都是胜利者"的"双赢式"的谈判理论，即从自身的需要出发去探寻对方的需要，然后设想出解决双方需要的途径去争取谈判成功。

1.4.3 谈判的利益合作理论

1. 谈判的利益合作理论要点

谈判的利益合作理论认为利益是人类社会发展的原动力，合作寻求共同利益是开展谈判活动的必然前提。该理论的要点如下：

（1）合作寻求共同的最大利益是谈判活动的真实本质。
（2）互惠互利是谈判成功的基本准则。
（3）互惠互利中的机会均等、公平竞争。
（4）谈判是利己又利他的合作事业。

传统谈判理论中包括求赢谈判和软弱性退让的求输谈判。其中，前一种理论在立场上争执不休，以求达到自己单方面所期望的目标，它的缺点是导致不明智协议的产生、导致效率低下、损害双方关系；后一种理论是在谈判中不把重点放在求取胜利上，而是做出吃亏认输的姿态，采用以妥协达成协议的做法，其缺点是达成的协议明智度极低、受到强硬者的伤害、破坏双方关系。当代利益合作谈判理论主张谈判的双方要以现存的客观事实为依据，讨论、协商、辩论谈判中的每一个议题，以求签订一个尽可能公平、公正的协议。当代利益合作谈判理论认为谈判是一个利己又利他的合作事业，要善待合作中的冲突。

2. 谈判的利益合作理论的展开

1）谈判是为了提高合作双方的福利

谈判是为了提高合作双方的福利水平。在谈判过程中，谈判各方的目的都是希望达成一致，进行合作。在谈判过程中，双方自愿自主地对交易对象、价格、数量、方针及风险分配等进行协商，结果或是达成一致进行合作，或是难以达成一致无法合作。在零交易成本的前提下，出现何种结果取决于合作风险值的大小和如何分配合作剩余。所谓合作的风险值，即合作各方进行合作的机会成本，也就是如果双方不进行合作所能够得到的收益。一般来说，在没有替代竞争者的情况下，合作的风险值就是各方的资源状况，在有替代者的情况下，则是替代竞争者的出价。合作剩余则是由于合作资源从对其评价低的地方流入到对其评价高的地方所产生的福利水平的增加。谈判理论认为，合作成功也即合作的均衡解，是每个参与谈判的主体获得合作剩余的一个均等份额。

2）谈判的过程

（1）确定风险值，不仅要明确各方的资源禀赋状况，还要明确交易双方的竞争情况，确定竞争出价。
（2）预测合作剩余，找出交易双方的评价差异，预测双方福利水平提高的可能程度。
（3）分配合作剩余，在预测的基础上，明确各方获得的份额，分配合作中的风险，履行协议获得剩余。

在不存在外界压力和双方判断实力均等的情况下，当事人可以通过谈判找到合作均衡解，提高资源配置效率和社会福利水平。

3）谈判过程的阻碍及其克服

哪些因素阻碍了谈判的顺利进行呢？就谈判过程来看，每一阶段都有阻碍因素出现，一般将这些因素称为内部阻碍因素。

（1）谈判风险值的确定。权利不清将使谈判各方难以确定彼此的状况，也就无法确定各方的风险值。所谓权利不清晰，一是谈判各方的权利范围不清，无法判断权利边界；二是权利边界重叠，难以划清界限；三是权利性质不清，难以定价；四是参与人是否享有权利不明确，根本无法交易。

如何克服权利不清的障碍呢？可以用讨论和规则将参与谈判各方的权利性质、边界等信息公开出来和固定下来，明确各方在谈判中的权利地位及可以采取的权利处置方式，建立起可以预期的权利界定及流动框架，从而使谈判的风险值较易确定，达到消除合作障碍的目的。

（2）预测合作剩余。预测合作剩余，先要寻找合作解。寻找合作解就需要产生搜寻成本，并且为获取更大的剩余份额，在理性选择前提下，谈判各方会一方面只传递对己方有利的信息，另一方面提出过分的分享要求，因而出现对策成本。搜寻成本和对策成本都将使合作剩余难以准确预测。搜寻成本和对策成本都源于信息的不完全，但对策成本更源于信息不完全基础上的机会主义。因此，降低搜寻成本和对策成本，不仅要寻找尽量多的信息，更要防范机会主义和被欺诈。针对信息不对称出现的信息筛选和激励传递真实信息有许多做法。

（3）合作剩余的分配。分配合作剩余不仅要有各方的一致同意，更要有各方对协议的履行。这就需要对协议的履行进行监督，以确保协议得到正确、全面、真实的履行，监督成本由此生成。监督一方面是督促各方积极履行义务，另一方面是分配履约过程中出现的各种风险（主要是违约风险和意外事件风险），通过对履约风险的分配进一步激励积极履约。监督成本从本质上看也起源于对交易中的机会主义的防范，而机会主义在信息完全时将难以存在，所以监督成本同样是信息不完全的产物。它既包括获得决策信息的成本，也包括实施监督的成本。合作剩余的比较公平的分配有助于双方合作的进一步展开。

1.4.4 谈判实力理论

1. 谈判实力与策略

谈判实力理论是由美国谈判学家约翰·温克勒提出的。谈判实力是指谈判者在谈判中相对于谈判对手所拥有的综合性制约力量，包括客观实力、心理势能。影响谈判实力的主要因素包括交易内容对双方的重要件、交易条件的满足程度、竞争对手的强弱、谈判者信誉的高低、谈判者经济实力的大小、谈判时间耐力的高低。

该理论认为，谈判技巧运用的依据和成功的基础是谈判实力，建立并加强自己谈判实力的基础又在于对谈判的充分准备和对对方的充分了解。技巧的运用与实力的消长有着极为紧密的关系。这实际上为我们指出了一种思路：谈判者必须注意从一开始就探索彼此的力量，采取一切可能的措施增强我方实力，这样就为技巧的更加有效、灵活的运用打下了基础。

作为一种策略，温克勒还根据商务谈判的特点提出具有普遍适用性的"价格—质量—服务—条件—价格"循环逻辑谈判法则。即在谈判中，如果对方在价格上要挟你，就和他们谈质量；如果对方在质量上苛求你，就和他们谈服务；如果对方在服务上挑剔你，就和他们谈条件；如果对方在条件上逼迫你，就和他们谈价格。这种策略性原则并不是简单地指出一种谈判技巧运用的具体规定，而是一种灵活的思维方式。谈判因素及内容的变化也并不是如文字表述的那样机械地转换，而是根据实际情况做出及时的调整。

2. 谈判原则

温克勒的理论具有现实的指导作用，他根据谈判过程的特点和谈判领域中具有共性的实践问题，总结并提出了谈判的五点原则。

1）不轻易给对方讨价还价的余地

如果遇到的某些问题大致是确定性的，就应努力使自己处于一种没有必要进行谈判的地位，或至多只在枝节问题上交涉，核心问题不可轻易谈判。

2）准备要充分

谈判者在缺乏充分准备的情况下应避免仓促参与谈判。在条件许可时，应事先进行一些调查研究工作，努力了解对方，如其现状如何、利益何在、问题是什么、谁是对方决策的关键人物等。特别是在谈判的初始阶段，双方的接触对整个谈判的影响极大。那些进行了充分准备和调查研究的谈判者，他们的亮相将分外有力；反之，如果谈判者不懂得这种博弈知识，那么在未来的谈判中他们的地位将是极其脆弱的。

3）满足对方心理，增强谈判的吸引力

凡是涉及交易条件的调整时，谈判者要尽量通过给予对方心理上更多的满足感来增强谈判的吸引力。特别当谈判对各方都存在若干约束条件、谈判出现争执或僵局、谈判的核心问题与枝节问题相互纠缠，或老练的谈判者与一个谈判新手交涉时，这一原则尤为有效。谈判者既要摆出不妥协的姿态，又要采取一切措施使对方对谈判保持极大的兴趣。重要的是，要让对方感觉到他的成功，增加其自我实现的成就感。

4）向对手暗示自己的实力

谈判者在向对手展示自己的实力时不宜操之过急，而应尽量以暗示的方式进行。如通过本方人员的配合、扮演特别的角色，或通过第三方"客观"的影响，或以舆论压力的形式等，都是有效的方式。

5）要重视信息的价值

谈判时要尽量从对方处探寻到有用的信息，要多听、多问、少说，为对手制造竞争气氛。要与对方希望的目标保持接触，但要尽量让对方从开始就趋向你的大目标，而且谈判的目标与步骤都要留有余地。

3. 谈判实力出现差异情况下的选择

谈判实力差异主要是指谈判双方实力的不平衡。当谈判双方谈判实力出现差异时，一般来说，若谈判者在认为己方实力弱于对方，对方已具有了某些可利用的优势的情况下，他会力图增强本方实力以形成平衡。他需要比对方更多的实力来增加己方控制谈判进程的可能性，为最终达到己方目的提供可靠保证，这样他也会竭力增强本方的实力。谈判实力差异下的选择有多种情况，以下是两种主要的情况。

1）以战取胜

以战取胜的方针主要是在谈判一方的实力优于对方的情况下，以战胜对方为最终目的的谈判方针。这是一种陈旧的谈判方针,谈判者把谈判看成是一场尖锐的冲突,施展各种手腕和诡计,结果往往是两败俱伤。奉行以战取胜谈判方针的人,其目的是打败对方;其实质是牺牲他人的利益,取得自己的利益。这种方针的危害是失去友谊,失去今后与对方合作的机会;会遭到对方的抵抗和反击,冒可能失败的风险;即使对方屈从,也不会积极履行协议;在社会上失去信誉。因此,谈判高手极少采用这一方针。在一次性谈判和一方实力比另一方实力强大得多的这两种情况下,可能有的谈判人员会采取以战取胜的方针。我们应了解这种方针的危害性,防止受到侵害,并掌握识别和抵抗的技巧。但要注意,实力是可转换的,以少胜多、以小胜大有时也会出现。

2)皆大欢喜

皆大欢喜的方针主要就是以谋求谈判各方都可以接受的、折中的谈判结果为目的的谈判方针。皆大欢喜的方针认为,谈判各方由于多种原因去追求各自的利益目标,但绝不意味着要去损害别人的利益,以他方的损失为代价。努力使谈判的有关各方分清这一界限,有助于在理解互谅的基础上取得各方都能够接受的结果。

1.4.5 原则式谈判理论

1. 原则式谈判的由来

原则式谈判是由荣格·费舍尔提出的。荣格·费舍尔是哈佛大学法学院的荣誉教授,在1959年加盟该学院后一直在从事谈判理论的研究和实践经验的总结工作。费舍尔有丰富的谈判阅历,他曾经长期担任美国热门电视栏目《辩护士》的特约嘉宾,同时参与许多著名的国际纠纷和冲突问题的处理,包括埃以首脑戴维营和谈(1978年)、伊朗贝鲁特人质事件(1981年)、第二次埃斯基普拉斯中美洲国家首脑会谈(1989年)等。与通常那些旷日持久的马拉松式的政治谈判不同,以上谈判都取得了较圆满的结局,堪称奇迹。也正因为这些不同寻常的经历,费舍尔曾经担任美国、伊朗、危地马拉等国家和政府的高级谈判顾问。

【拓展知识】

在费舍尔的倡导下,1979年哈佛大学法学院、商学院的一批学者成立了一个关于谈判的研究兴趣小组,他们定期聚会,讨论谈判与冲突问题,这就是著名的哈佛谈判项目的雏形。该项目凝聚了一批优秀的研究巨匠。在其感染下,美国其他院校也纷纷设立了谈判研究机构,其中以哈佛大学、西北大学、麻省理工学院为代表的最著名的17家研究机构长期受到美国休哈特基金会的资助。"同类相从,同声相应",这些研究机构在不断丰富理论研究的同时,也通过著作出版、案例撰写或者会议交流等多种形式,丰富、促进着全球谈判学的知识库。在哈佛谈判项目所提出的众多理论中,最著名的就是费舍尔在《赢得协议》一书里所总结的原则式谈判理论。

2. 原则式谈判的基本原则

原则式谈判主张谈判不采用诡计,也不故作姿态,而是根据价值和公平的标准达成协议。它使谈判者既能得到希望的结果,又不失风度。根据原则式谈判的思路,费舍尔对谈判过程的关键要素重新进行了诠释,并提出处理这些问题的四个基本原则。

1)人的原则

人的原则是指谈判者要将谈判过程中人的因素与谈判的具体问题区别开。原则式谈判中人的原则就是不要针对人，要针对问题。要认识到谈判者生活在不同的社会环境之中，但都是有一定情感的人，不应僵死地将他们与他们所代表的组织看成一块铁板，或将其组织的观点看成是他们的观点。当出现见解分歧时，如果彼此的沟通有困难，情感会与问题的客观价值纠缠不清。谈判者应把自己看成是为各方工作的人，所争执的是问题而不是在攻击他人，如果不能真正做到这一点，至少也要象征性地做到这一点。

2）利益原则

谈判者应关注双方实质性的利益，而不是表面的立场。许多导致谈判失败的争执往往是由谈判者们之间的"误会"所造成的，谈判者并不十分清楚自己坚持某个条件的实际动因究竟是什么，更多的是在条件本身的谈判上争执，而一个人如果采取立场性的争执，只会使得他与其真正想要的利益混淆不清。因此，必须随时把握住谈判各方的利益，尽量克服立场的争执。

3）方案原则

为了共同的利益，谈判者要努力创造各种可供选择的解决方案。构思各种可能有的更好的选择会增加谈判的收益。对于现成的方案，人们一般会相信它是"第二好"的，要去寻求比之更好的"最好"的方案。当最好的方案找到时，它也可能变成"第二好"的方案。原则式谈判的目的并不是要人们仅仅停留在构思方案的游戏之中，而是启示谈判者不要抱着现成的"好方案"不放，不思改进，不知进退。由于人处在某种压力之下时，往往难以制定出最佳的解决方案，尤其是要在对手面前考虑自己的利益时更是如此。谈判者极可能对有方案总比无方案好产生自我安慰心理，而并不去对方案进行深究。可见，顾虑太多会使人的创造力受到极大的限制。谈判者应该自行安排出一段特定的时间，暂时抛开那些限制和约束，在这段时间里，构思各种能够包容双方共同利益的可能的解决方案，创造性地努力避免、减少或削弱各方利益上的冲突。

4）标准原则

如果遇到利益冲突，谈判者应该采用客观标准来衡量彼此的利益范围。原则式谈判提倡在决定如何实施方案之前，先对该方案进行一次"否定"。谈判是否成功的标准不应该是某方所取得的利益，而应该是谈判的价值。谈判协议不应该是某一方意志力影响的结果，而应该是各方公平协商的体现。

原则式谈判是一种既注重理性又注重感情，既关心利益也关心关系的谈判风格，在谈判活动中的应用范围很广泛。实践证明，这种谈判风格达成的协议的履行比较顺利，毁约、索赔的情况也比较少。当然，原则式谈判也有其应用范围：首先，它要求谈判双方能够仔细地在冲突性立场的背后努力寻求共同的利益；其次，谈判双方处于平等的地位。

3. 原则式谈判与软式谈判、硬式谈判的比较

人们通常将谈判划分为软式谈判和硬式谈判两种风格。其中，软式谈判又称为友好型谈判，在这种谈判中，谈判者可以为达成协议而让步，尽量避免冲突，总是希望通过谈判签订一个皆大欢喜的协议，或者至少能够签订一个满足彼此基本利益的协议而不至于空手而归。硬式谈判又称为立场型谈判，即谈判者将谈判看作一场意志力的竞争，认为在这种竞争中，立场越强硬的一方最后获得的收益也会越多。硬式风格的谈判者往往更多地关注如何维护自身的立场、抬高和加强自己的地位，总是处心积虑地要压倒对方。

原则式谈判认为这两种谈判的做法都是错误的，正确的应该是所谓的原则式谈判。与软

式谈判相比，原则式谈判也注意与对方保持良好的关系，但是并不像软式谈判那样只强调双方的关系而忽视利益的公平。与硬式谈判相比，原则式谈判主张注重调和双方的利益关系，而不是在立场上纠缠不清。因此，原则式谈判既不是软式谈判，也不是硬式谈判，而是介于两者之间的一种谈判方式。

原则式谈判与软式谈判、硬式谈判的比较见表1-2。

表1-2　原则式谈判与软式谈判、硬式谈判的比较

原则式谈判	软式谈判	硬式谈判
1. 谈判双方是问题解决者	1. 谈判双方是朋友	1. 谈判对方是敌人
2. 目标是达成明智的协议	2. 目标是达成协议	2. 目标是取得胜利
3. 把人与问题分开	3. 以让步来建立双方关系	3. 取得让步建立双方关系
4. 对人和气，对事强硬	4. 以人对事采取软态度	4. 对人对事采取硬态度
5. 不论相信与否	5. 相信对方	5. 不相信对方
6. 在利益，不在立场	6. 酌情改变自己立场	6. 不改变自己的立场
7. 探求双方利益	7. 提出建议	7. 进行威胁
8. 避免最低要求	8. 提出自己最低要求	8. 施诡计
9. 寻求多种选择	9. 为了取得协议接受损失	9. 要得多利才达成协议
10. 选择后再决定	10. 寻找对方能接受的方案	10. 寻找自己能接受的方案
11. 坚持客观标准	11. 坚持达成协议	11. 坚持自己的要求
12. 以客观标准达成协议	12. 努力避免意志的较量	12. 努力赢得意志的较量
13. 开诚布公，不受压力影响	13. 屈服于压力	13. 向对方施加压力

基本训练

【参考答案】

一、单项选择题

1. 下列选项中，不属于商务谈判的构成要素的是（　　）。
   A. 主体　　　　B. 议题　　　　C. 方式　　　　D. 环境
2. 商务谈判以（　　）作为谈判的核心。
   A. 谈判主体　　B. 经济利益　　C. 谈判客体　　D. 商品价格
3. 下列（　　）不是按照谈判地点分类的。
   A. 主场谈判　　B. 客场谈判　　C. 电话谈判　　D. 中立地点谈判

二、多项选择题

1. 商务谈判的基本要素有（　　）。
   A. 谈判当事人　B. 谈判议题　　C. 谈判目的　　D. 谈判地点
2. 商务谈判的原则有（　　）。
   A. 平等原则　　B. 真诚原则　　C. 机动原则
   D. 守信原则　　E. 守法原则

3. 谈判阶段包括（　　）。
   A. 开局　　　　B. 自我介绍　　　C. 磋商
   D. 针锋相对　　E. 协议

三．判断题

1. 未成年人、无民事行为能力的人也能承担商务谈判任务。（　　）
2. 商品的质量是商务谈判的核心。（　　）
3. 商务谈判是以谋求各方的经济利益和谈判立场的一致为目标。（　　）
4. 马拉松式谈判是指谈判的时间长，有时要经过很多次商谈，甚至几年或几十年。（　　）
5. 谈判团体是通过正式文件委派或任命建立的，有明确的分工、严明的纪律，所以是一种非正式组织。
（　　）

四．简答题

1. 商务谈判的特征有哪些？
2. 商务谈判是如何分类的？
3. 商务谈判有哪些内容？
4. 商务谈判的原则是什么？
5. 原则式谈判及其要点是什么？

五．案例分析题

案例一：

兴达公司兴建一家大型超市需要征用近郊 500 亩土地，这块土地的使用权归太阳村。公司准备出价 50 万元购买土地，在谈判时太阳村开价 100 万元，双方开价相距甚远。

太阳村强调：土地是农民生活之本，失去这片土地的使用权后农民没有其他生活出路，收入减少利益要受损失，所以希望多要一些钱给农民，让他们维持生活或另谋出路。兴达公司的想法是：购买土地时少用一些资金，能用省下的钱扩大超市经营规模。双方谈判僵持不下，经过双方几次沟通后，最终以 75 万元达成了协议。

试分析

双方为什么能以 75 万元达成协议？达成 75 万元协议会给双方带来哪些益处？

案例二：

2009 年 5 月 26 日，全球铁矿石首发价下降 32.95%，为近 8 年来首次大幅下跌。没能沉得住气的新日铁公司成为矿商们的突破口。全球三大矿商之一的的澳大利亚力拓集团公布：与日本新日铁公司达成新一年度长期协议铁矿石合同价格，粉矿在 2008 年基础上降价 32.95%，块矿降价 44.46%。据力拓公告，与新日铁达成的价格从 2009 年 4 月 1 日开始执行。其中，皮尔巴拉混合粉矿和杨迪粉矿价格为 97 美分/千公吨度，比去年下降 32.95%；皮尔巴拉混合块矿价格 112 美分/千公吨度，比去年下降 44.46%。对这一结果，力拓相当高兴。

按照惯例，这一谈判结果将成为 2009 年度铁矿石谈判的首发价，尽管是 8 年来的首次价格下跌，但比中方底线（价格应该回到 2007 年的水平）高出约 10 美元/吨。中方是否继续谈判成为业界关注焦点。

值得关注的是，力拓集团的公开资料显示，这一价格较 2007 年力拓的长协价 80.42 美分/千公吨度和 102.64 美分/千公吨度均有不小差距，而中方的底线是回到 2007 年的价格。更何况，我国进口铁矿石中八成以上为粉矿，而此次粉矿降幅只有 32.95%，距中方要求的 45% 的降幅相差不少。以粉矿计算，首发价距中国底线高出约 10 美元/吨。首发价的确定使得长协价比现货价还高。2009 年 5 月 25 日，进口现货矿价格为 620 元/吨，而新首发价相当于 670~700 元/吨，国内矿价格相当于 710 元/吨。

若中方接受此价格则普遍面临亏损。如果以该首发价来核算，按照目前我国钢铁市场的价格行情，只有线材每吨还能赚几十块钱，其他产品，尤其是高附加值产品，都将面临亏损。

中国钢铁协会（以下简称"中钢协"）表示，中钢协正在会同中方谈判代表就此事进行研究。对于中方是否会接受该首发价，中钢协表示暂无明确答复。中方谈判代表宝钢集团相关人士表示，今年的谈判主要由协会主导，宝钢集团完全遵照协会的意见。而中钢协表示，如果首发价达不到中方要求，中方将继续谈判直到达到目的。

如果中方不接受这一价格继续谈判，将冲击铁矿石谈判的惯例，而如果接受这一价格，中国钢厂的生存将更为困难。卖方打开了买方的突破口，卖方底气更足，中方要继续谈判下去将比较困难，尽管中国不会轻易接受这一价格。

新日铁公司似乎太急躁了些。某分析人士表示，日本钢厂几乎完全依赖进口长协矿，他们传统上都用长协锁定上下游供应，这可能是新日铁公司率先谈下价格的原因。也有分析人士认为，日本钢厂急于谈成价格，可能是担心主流矿商把大量资源拿到中国现货矿市场去出售，会相应减少对日本钢厂的供应。还有分析人士指出，新日铁公司在力拓集团的两个矿山中持有股份，其中萝卜河矿山（音）持股 10.5%，该矿山每年产矿 5 700 万吨，投资收益可以部分弥补价格上的损失。这或许是新日铁公司被率先"攻破"的原因之一。

试分析

这个案例体现出什么理论在起作用？全球铁矿石首发价下降 32.95%，为近 8 年来首次大幅下跌，但是距中方底线尚差约 10 美元/吨，应该怎么办？

 谈判游戏

充分理解"谈判价值的转换性"这一特点，与同学进行一次旧物交换谈判。

项目 2
商务谈判准备

中国奥康集团（以下简称"奥康"）是国内知名鞋业生产企业，GEXO 公司（以下简称"GEXO"）是意大利排名第一的功勋企业、世界鞋业巨头之一。GEXO 意图在中国建立一个亚洲最大的生产基地。经过一段时间的实地考察，他们将目标对准了奥康，而奥康也想借 GEXO 的全球网络走向世界。

GEXO 曾用两年时间对中国市场进行调研，先后考察了 6 家中国著名鞋业公司，为最终的谈判进行了周密的准备。GEXO 的谈判代表能在谈判中把几十页的谈判框架、协议条款熟练背出，令在场的人叹为观止。而奥康虽然对与 GEXO 合作成功的心理预期并不高，但也没有轻易放过这次机会。奥康为迎接 GEXO 进行了周密的准备和策划。首先，充分了解了对手公司的情况，包括资信情况、经营状况、市场地位、此行目的及谈判对手个人的一些情况。其次，为了使谈判对手有宾至如归的感觉，奥康专门成立了以总裁为首的接待班子，并拟订了周密的接待方案。从礼仪小姐献给刚下飞机的对方一行的鲜花，到谈判地点的选择、谈判时间的安排、客人入住酒店的预订，整个流程都是奥康精心策划、刻意安排的，使得谈判对手"一直很满意"。奥康还在上海黄浦江包下豪华游轮宴请谈判对手，游船、赏月、品茗。在协议最终的签订日期上，奥康特意选择了 2 月 14 日——西方的情人节。这些都为谈判的最终成功奠定了基础。

【案例分析】

任务 2.1　谈判前的信息准备

【学习目标】

知　识　目　标	技　能　目　标
了解谈判信息准备工作的内容。 理解商务谈判信息准备工作的重要性	具备谈判信息搜索、鉴别、整理的能力

【导入案例】

20 世纪 60 年代我国开始大庆油田的建设时,有关大庆的一切信息几乎都是保密的。除了少数一些有关方面人员以外,一般外界连大庆油田的具体位址都不知道。但是日本人却不仅知道,而且还掌握得非常准确。他们对我国大庆油田有关的信息收集,既没有派间谍、特务,也没有收买有关领导和一般群众,完全是依靠对我国有关大庆油田公开资料的收集与综合分析。

1966 年 7 月,《中国画报》封面上登出了一张大庆石油工人艰苦创业的照片。画面上,工人们身穿大棉袄,正冒着鹅毛般的大雪奋力拼搏。日本人根据这一张照片分析出大庆油田可能是在东三省北部的某个地点。接着,在《人民日报》上日本人又看到这样一篇报道,说王进喜到了马家窑,说了一声:"好大的油海啊!我们要把中国石油落后的帽子扔到太平洋里去。"于是,日本人找来"伪满"时期的旧地图,发现马家窑是位于黑龙江海伦东南的一个村子,在兆安铁路一个小车站以东 10 千米左右处。接着,日文版的《人民中国》杂志里又有报道说,中国工人阶级发扬了"一不怕苦,二不怕死"的精神,大庆石油设备不用马拉车推,完全靠肩扛人抬运到工地。日本人据此分析出,大庆的石油钻井离马家窑远不了,如果远了人工是扛不动的。当 1964 年王进喜光荣出席第三届全国人民代表大会的消息见报时,日本人肯定地得出结论:大庆油田出油了,不出油王进喜当不了人民代表。他们进一步根据《人民日报》上一幅大庆油田钻塔的照片,从钻台上手柄的架势等方面推算出了油井的直径,再根据油井直径和我国国务院的政府工作报告,用当时公布的全国石油产量减去原来的石油产量,估算出了大庆油田平时的石油产量。在这个基础上,他们很快设计出了适合大庆油田操作的石油生产设备。这样,当我国大庆油田突然宣布向世界各国征求石油生产设备的设计方案时,其他各国都没有准备,而唯独日本人胸有成竹,早已准备好了与大庆油田现有情况完全吻合的方案与设备,在与大庆油田代表的谈判中,一举中标。

【案例分析】

商务谈判前的信息准备就是对相关信息进行收集、整理和分析,是谈判前的信息调查。

2.1.1　谈判信息调查的内容

只有通过调查研究,掌握了谈判的信息资料,谈判时才能胸有成竹地说服对手,并制定正确的战略决策,在扑朔迷离的谈判桌上取得主动。

1. 对谈判环境的调查

英国谈判学家 P·D·V. 马什将与谈判有关的环境因素概括为以下几类。

1) 政治状况调查

政治状况是指谈判对手所在国家或地区的政局稳定性。政局的稳定性关系到协议的履行是否有保证，因此，需要调查对方所在国家或地区的政治制度和政策倾向，分析政府可能发生的更迭、非政府组织对政府的影响及发生战争和武装冲突的概率等，尽最大努力将谈判的政治风险降到最低。

2) 法律制度调查

法律制度指谈判当事人所在国家或地区的经济法律和财税政策，包括《联合国国际货物销售合同公约》《联合国国际贸易法委员会仲裁规则》等法律、法规。在商务谈判中，要遵循并善于运用法律制度来解决实际问题，从而取得更好的谈判效果。

3) 宗教信仰调查

宗教信仰涉及民族的尊严。在某些国家，宗教影响很大，法律制度是根据宗教教义来制定的，人们的日常行为也要符合宗教教义。在谈判过程中必须充分尊重对方的宗教信仰，因此，谈判人员要充分了解谈判对手所信仰宗教的礼仪、礼节和宗教禁忌。

4) 商业做法调查

企业决策的程序、律师的作用、文字记录对事情发展的影响、商业间谍、贿赂现象等都是需要调查的商业做法。几乎每一个国家和地区都有其特定的贸易规则和习惯，若不了解这些习惯则很有可能产生误解，从而影响谈判的顺利进行，弄不好还将落入对方的"习惯"陷阱，造成重大的损失。

5) 社会文化调查

调查并掌握谈判对手所在国家或地区的社会文化信息，有利于谈判双方的沟通和交流，会对谈判产生积极的推动作用。社会文化包括文化教育、生活方式、社会习俗等多个方面。例如，怎样的衣着和称呼才合乎标准；在业余时间可否进行业务洽谈；社交场合中是否应该带妻子；什么样的款待、娱乐活动应该在什么样的饭店、俱乐部进行；有怎样的送礼的方式；等等。

6) 财政金融状况调查

了解财政金融状况的主要内容，包括谈判对方国家的外债情况如何；谈判对方国家的外汇储备情况如何；主要靠哪些产品赚取外汇；国际支付方面信誉如何；谈判对方国家货币是否可以自由兑换，有什么限制；汇率变动的情况及趋势；等等。

7) 基础设施与后勤供应系统调查

基础设施与后勤供应系统主要指该地区的交通运输条件、邮电通信事业的发展等。

8) 气候因素调查

气候因素包括雨季的长短与雨量的多少、气温的高低等，这些因素对人们的消费习惯及商务谈判都会产生一定的影响。

2. 对谈判对手的调查

1) 了解对方的主体资格与资信

（1）对对方合法资格的审查。谈判的主体资格，就是指能够进行谈判、享有谈判的权利和履行谈判的义务的能力。若谈判主体资格不合格，谈判将无法进行，甚至将使已经完成的谈判变为无效。对对方主体资格的审查，可以要求对方提供有关证件，如法人成立注册登记证明等，要详细掌握对方的企业名称、法定地址、成立时间、注册资本、经营范围、控股股东等基本信息。要了解对方法人的组织性质，是有限公司还是无限责任公司，是母公司还是子公司或分公司，因为公司组织性质不同，其承担的责任是不一样的。另外，还要确定其法人的国籍，即其应受哪一国家法律管辖。对于对方提供的证明文件要通过一定的手段和途径进行验证，也可以委托其他一些部门进行考察。例如，在涉外商务谈判中，可以委托中国国际信托投资公司进行了解。

案例阅读

某老字号的中药厂与该市的一家公司签订了代理出口中药酒至中国香港的合同，中药厂没有在谈判前审查对方是否具有履行合同义务的能力，结果产品被海关扣下，港商前来索赔，双方都遭受了巨大的经济损失。

【案例分析】

（2）对对方资信的审查。谈判对手的资信是指谈判对手的资本、信用及履约能力。资本审查主要审查对方的注册资本、资金状况、资产负债表、销售状况、收支状况等相关事宜。即使对方具备法律上的主体资格，也不一定具备很强的行为能力，因此，需要通过公共会计组织审计的年度报告、银行及资信征询机构出具的证明来核实。商业信誉及履约能力方面主要审查公司的经营历史、产品的市场声誉、财务状况、经营作风及在以往商务活动中的商业信誉状况等。

案例阅读

我国一家国际投资公司准备在海外投资房地产，与国外一位商人谈判，将房子建在他的地产上，建成后按一定比例分享房地产利益。谈判一开始，该商人出示了地产证明，谈判进行得很顺利。但房子造好时，这位商人的妻子找到我国公司，说我们侵权，理由是我方把房子建在属于她的土地上，并出具了合法证明（原来地产证已转移到该商人夫人的名下，而该公司在签约时未对此作进一步核实）。由此，她提出了两个解决方案：一是房子造好后，除了她丈夫应得的部分外，再给她若干套房子；二是现在就从她的地产上搬走。由于在签约时，没有验明土地的产权证明，结果投资公司陷入了相当被动的境地。这家公司实在不甘心，于是聘请律师打官司。这场官司打了三年多，结果不仅要承担昂贵的律师费，而且由于错过出售房子的时机，房地产价格大跌，导致公司损失惨重。

【案例分析】

2）了解对方的权限

谈判中一个重要的法则是，在任何时候、任何情况下都不要与没有决策权的人进行谈判。如果不了解谈判对手的权力范围，而与没有足够决策权的人进行谈判是在浪费时间，甚至可能会错过更好的交易机会。

在谈判正式开始前，必须了解对方参加谈判人员的规格，即谈判对方是决策人员还是一般工作人员。对方参加谈判人员的规格越高、权限越大，则表明对方对此次谈判的重视程度越高。如果对方参加谈判的是主要的决策人员，那么此次谈判的重要性也就不言而喻了。如果对方参加谈判的人员规格较低，就要特别注意对方参加谈判人员是否得到了充分授权、对方谈判人员能在多大程度上独立做出决定、有没有决定是否让步的权力等。在一些特殊性质的谈判中，如政治谈判或军事谈判中，谈判双方的人员规格都是事先商定的。

【案例阅读】

时任以色列总理贝京在同意签订《中东和平条约》时，对时任美国总统卡特说了这样的话："我没有决定国会确切履行的权力，但我保证如果以色列国会不批准这项协定的话，我就辞职。"贝京把话说到这个份上，还能对他再提什么要求吗？

3）了解对方的需求

在谈判开始之前，必须了解和明确谈判对手想要和需要的内容，包括谈判对手的谈判目标，他们所追求的核心利益、附属利益等，因为这些信息是己方制定报价目标和讨价还价策略的重要依据。除此之外，还要了解对方不同层次的需求，因为不同的客户，其需求是有差别的。因此，不同的谈判对手，其关注的问题也不一样，有可能是价格，也可能是售后服务、产品质量，或者数量、交货期、付款、折扣、培训等。

【案例阅读】

赫布·柯恩是谈判桌前的老将，他参加过无数次重要谈判，被称为"全球最杰出的谈判大师"。他曾代表一家餐具厂去一家豪华酒店洽谈业务。当他在大厅和领班聊天时，无意之间听到了领班这样的话："只有你们的产品能通过性能检测，完全符合我们的要求，其他几家公司的产品各有不足之处。"这让赫布异常兴奋，更让他兴奋的是领班还问："柯恩先生，谈判什么时候才能结束？我们店里存货已经不多了。"

说者无心，听者有意。这两个重要的消息使赫布对谈判充满信心，因为他掌握了克敌制胜的绝招。赫布在谈判桌前充满了自信。对手手中的底牌对他来说已不是秘密了。他有意抬价，并且锱铢得寸土必争，对手刚开始时还能应付，到谈判中途就只有招架之功而无还手之力了，最后只能顺着赫布的思路走。赫布没费什么力气便签订了购销合同。

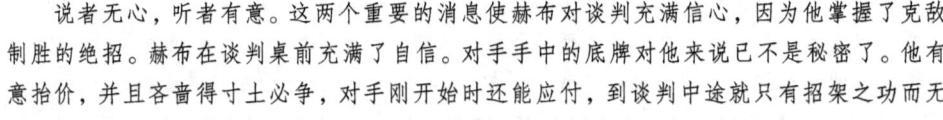

4）了解对方的谈判时限

任何谈判都有一定的时间限制，谈判时限与谈判目标、谈判任务量、谈判策略、谈判结果有着密切联系。谈判者需要在一定的时间内完成特定的谈判任务。可供谈判的时间长短与谈判者的技能发挥状况成正比：可供谈判的时间越短，用以完成谈判任务的选择机会就越少；可供谈判时间越长的一方，就拥有越大的主动权。了解对方谈判的最后时限，就容易了解对方在谈判中可能会采取的态度和策略，己方可据此制定相应的谈判策略。因此，要注意收集对手的谈判时限信息，辨别表面现象和真实意图，做到心中有数，针对对方谈判时限制定谈判策略。

5）了解对方的谈判风格和个人情况

谈判风格是指在谈判中反复、多次表现出来的特点。了解对手的谈判风格可以更好地采取相应的对策，尽力促成谈判的成功。

此外，要从多方面收集对手信息，以便全面了解谈判对手。例如，主谈人背景；谈判班子内部人员的相互关系；谈判成员的资历、能力、信念、性格、心理类型、个人作风、爱好与禁忌；谈判对手的谈判目标、所追求的中心利益和特殊利益；谈判对手对己方的信任程度，包括对己方经营与财务状况、付款能力、谈判能力等多种因素的评价和信任程度；等等。

例如，有位企业负责人参加一次贸易谈判，对方公司的总经理担任主谈人。在谈判前，企业负责人从自己的信息库里找到了关于那位总经理的一些材料，其中有这样一条信息：总经理有个毛病，每天一到下午 4～5 点时就会心烦意乱，坐立不安，被称为"黄昏症"。这则信息使这位负责人灵感顿生，他利用那位总经理的"黄昏症"，制定了谈判的策略，把每天要谈判的关键内容拖至下午 4～5 点。此举果真使他们的谈判获得了成功。

> **案例阅读**

假如你想买一套房子（旧房），没有什么比打听卖主的真正价格更费劲的事了。但有一种方法可靠，那就是找一个替身，你的替身会见了卖主并询问价格。卖主开价 56 万元，你的替身立即还价 32 万元。卖主可能被激怒，不愿成交，但不管怎样，你基本可以弄清他的心理价位。下一步是等待几天，另外找一个替身，用一种稍微不同的方式试探，报一个稍高的价格，但在条款上极其苛刻。第二个替身会搜集更多的资料，帮助你把一个较低的价格塞进卖主的头脑，使卖主明白，只有在这个价格水平上才有可能成交。此后，你就可以正式出场了，你不仅可以得到一个较低的价格，而且又不会引起卖主的反感。

3. 对谈判内容的调查

谈判主题是指谈判双方共同关心并希望解决的问题。不同的谈判主题，需要准备的信息资料内容也不同。收集到的与谈判主题相关的资料越多，越不易在谈判中受对手误导，对自己提出的条件也就越有信心。

【案例分析】

谈判内容的调查，主要包括预测谈判问题及拟定相应的配套措施。在谈判前，谈判者需要通过调查分析来预测谈判中可能遇到的各种问题。例如，在价格上对方会提怎样的问题，在谈判目标上对方会提何种要求，在解决办法上对方又会提出怎样的方案等。谈判人员必须事先做出应对计划，收集解决问题的各种资料和信息，找到说服对方的理由，提出解决矛盾的方案，做到有备无患。

> **案例阅读**

某购物中心附近有一家饮料店出售，报价 15 万元。假如你正在从事饮料生意，想购买这家饮料店以扩大业务，那么你至少要了解以下信息：

（1）饮料店的内外部状况如何，要对今后保养和维修方面的费用有一定的估计。前任老板近期在饮料店上是否有投入？如果饮料店的内外部装修存在不足，是否会影响你的报价？

（2）饮料店的房产证和土地证是否齐全？有无抵押？有无应付账款？

（3）清单上所列各项的实际价值是多少？是否达到了卖家所说的价格？

（4）饮料店内设备的实际状况如何？是否需要更换？是否值卖家所开的价格？

（5）影响未来销售利润的地方规划是否存在？购物中心的内部和周围是否正打算实施某项计划，如新开另一家饮料店？

（6）购物中心的经营状况如何？客流量处于上升还是下降阶段？是否将会更加现代化？有没有重新装修或被取代的可能？

（7）饮料店的实际财务状况如何？其会计账目显示的年净利润和销售额的变化趋势如何？

（8）前任老板要卖掉这家饮料店的原因是什么？是现金需要、打算退休，还是另有隐情？

（9）过去几周里是否有有意购买快餐店的客户？其信息能否从卖方那里了解到？

（10）饮料店目前顾客的特点有哪些？是否需要到现场进行了解？

4．分析谈判者自身状况

谈判信息不仅包括环境信息和谈判对手的情况，还包括自身的状况。"知人者智，自知者明"，不能对自身做出客观评估，没有自知之明，就无法做到对双方实力的准确判断，也就不能做出正确的决策。自我评估不仅要看到自身所具备的实力和优势，还要客观分析自己的不足。

商务谈判是互利合作型谈判，要同时满足自身的需要和他人的需要。谈判者需要分析自己的实力，认清是自身的什么因素在吸引着对方，是己方的生产经营状况还是己方的财务状况和支付能力；是己方能够提供的商品品质、商品数量，还是商品的技术含量；是己方的售后服务能力与水平，还是己方与铁路等运输部门的关系；等等。如果己方具有能满足对方需要的特殊能力，或是己方对对方某种需要的满足具有特殊优势，那么己方就拥有了更多与对方讨价还价的优势。

2.1.2 商务谈判调查的手段

"知己知彼，百战不殆"，收集处理对手信息，是谈判准备工作中至关重要的一环。企业需要通过不间断地收集各种信息，为制定战略目标提供可靠依据。在面对某一具体谈判时，又要有目的地调查具体情况。调查需要运用多种信息渠道和调查方法，使调查的结果真实、全面、准确地反映现实情况。

1．案头调查法

案头调查法即检索调研法，是指谈判人员收集己方和对方公开的资料信息，并采用各种统计分析的方法进行系统研究。

案头调查的资料来源很多，既可以是己方存储的各类档案与其他信息资料，也可以是谈判对手公开的文件资料等。谈判者要善于收集一些公开的信息资料，因为大众传媒往往会提供很多有用的情报，有些甚至蕴含着能够决定谈判成败的关键信息。

案例阅读

1935年，有个名叫伯尔托尔德·雅各布的作家被德国特务从瑞士绑架了，因为这位作家引起了阿道夫·希特勒的极度恐慌。他出版了一本描述希特勒新军组织情况的小册子。这本172页的小册子描绘了德军的组织结构、参谋部的人员布置、部队指挥官的名字、各个军区的情况，甚至谈到了最新成立的装甲师里的步兵小队。小册子列举了168个指挥官的姓名，并叙述了他们的简历。这些在德国都属于军事机密。

因此，希特勒勃然大怒，他要求情报顾问瓦尔特·尼古拉上校弄清楚雅各布的材料是从哪里窃取的。上校决定让雅各布本人来解答这个问题，于是便发生了上面的这次绑架事件。

在盖世太保的审讯室里，尼古拉对雅各布盘问道："雅各布先生！告诉我们，您的材料是从哪里来的？"雅各布的回答却大大出乎他的意料："上校先生，我的小册子里的全部材料都是从德国报纸上得来的。例如，我写的哈济少将是第十七师团指挥官，并驻扎在纽伦堡，因为当时我从纽伦堡的报纸上看到了一个告讣。这条消息报道说新近调驻在纽伦堡的第十七师团指挥官哈济将军也曾参加了葬礼。"雅各布接着说："在一份乌尔姆的报纸上，我在社会新闻栏里发现了一宗喜事，就是关于菲罗夫上校的女儿和史太梅尔曼少校举行婚礼的消息。这篇报道提到了菲罗夫是第二十五师团第三十六联队的指挥官，史太梅尔曼少校的身份是信号军官。此外，还有从斯图加特前往参加婚礼的沙勒少将，报上说他是当地的师团指挥官。"真相终于大白，雅各布并非间谍，却在做着被认为只有间谍才能做到的事情。

2．直接调查法

直接调查法是通过有关人员的直接接触来收集、整理情报资料的方法。直接调查是一种目的性和针对性都很强的调查方法，具体来说有以下几种。

【案例分析】

1）访谈法

调查者直接面对访问对象进行问答，包括个别对象采访，也包括召集多人举行座谈。在访谈之前，需准备好一份调查提纲，有针对性地设计一些问题。访谈对象回答问题时可录音或做记录，以便事后整理分析。这种方法的特点是可以有针对性地抽样选择访谈对象，可以直接感受到对方的态度、心情和表述。

2）问卷法

调查者事先印刷好问卷，发放给相关人士，等被调查者填写好以后再收集上来进行分析。问卷的设计要讲究科学性和针对性，既要有封闭式问题又要有开放式问题。这种方法的特点是可以广泛收集相关信息，利于实现调查者的主导意向，易于整理分析；其难点在于如何调动被调查者填写问卷的积极性及保证填写内容的真实性。

3）观察法

观察法就是指调查者亲临调查现场收集有关事物的动态信息。这种方法可以弥补以上几种方法的不足，通过亲自观察得到最为真实可靠的信息。但是这种方法也有局限性，例如，受交通条件限制，有些现场不能亲自去观察；受观察者自身条件限制，观察难免不全面，也难免受主观意识的影响而带有偏见。

4）实验法

实验法即对调研内容进行现场实验的方法。例如，利用商务活动的运转方式，商品试销、试购、谈判模拟等方法来收集事物的动态信息。这种方法比观察法又进一步，可以发现一些在静态时不易发现的新信息，其具体的形式又是多样的。例如，谈判人员可以向那些曾经与谈判对手有过交往的人员进行了解，也可以通过函电方法直接同谈判对手联系。对于重大谈判还可安排非正式的初次接洽。这种预备性接洽好处很多，它不仅可以使双方有机会正面观察谈判对手的意图，而且还可以使对方对己方的谈判诚意有所了解，有助于谈判双方在平等、互利、互谅、互让的谈判气氛中进行合作。

任务 2.2　谈判前的组织准备

【学习目标】

知　识　目　标	技　能　目　标
了解谈判人员的选择方式和谈判人员的素质要求。理解谈判组织在谈判中的重要作用	具备选择合适的谈判人员、组织谈判队伍的能力

【导入案例】

湖北医药工业研究所（以下简称"湖北医工所"）曾研制出一种达到当时国际先进水平的新型胃药，取名为"迪乐"，武汉某制药厂有意引进。当时，湖北医工所急需一台制剂干燥设备，但苦于资金匮乏，便提出条件：谁能提供这台时价 3 万元的设备，谁就可以成为成果的合作研制者，并可获生产权。围绕这台价值 3 万元人民币的设备，双方讨价还价。制药厂谈判人员犹豫不决，内部意见也不统一，最后导致谈判破裂。

广东珠海丽珠制药厂获此信息，厂领导迅速赶到武汉，当即以 40 万元的价格与湖北医工所拍板成交，获得了该药的生产技术和新药证书，并将此药改名为"丽珠得乐"，迅速投入生产。第二年，"丽珠得乐"的产值便达 1.2 亿元。之后，丽珠集团的科研人员凭借"丽珠得乐冲剂"荣获珠海市政府科技进步突出贡献奖，奖金 110 万元左右。

【案例分析】

2.2.1　商务谈判人员应具备的基本素质

一个人的思想品德、知识、经验、才能和心理状态是在选择商务谈判人员时所需要综合考虑的。《国家如何进行谈判》的作者弗雷斯·查尔斯·艾克尔说："根据十七八世纪的外交规范，一个完美无缺的谈判家应该心智机敏，而且有无限的耐心；能巧言掩饰，但不欺诈行骗；能取信于人，而不轻信于人；能谦恭节制，但又刚毅果敢；能施展魅力，而不为他人所惑；能拥有巨富、藏娇妻，而不为钱财和女色所动。"

1. 思想品德

人都有欲望，但人不能为所欲为。思想品德是控制欲望的中枢，谈判人员的思想品德是谈判利益的安全保证。谈判人员应该具有高尚的集体主义思想，能够以集体利益为重，能顾全大局、正确处理个人利益和集体利益之间的矛盾。同时，谈判人员应该具有廉洁奉公、吃苦耐劳、忠诚谦虚、认真负责的好品德。有这样品德的人，面对轻松的谈判，他们不会马虎；面对艰难的谈判，他们会毫不畏惧、奋力拼搏。挑选一个合格的谈判人员，不仅要有完善的标准，而且要有实事求是的态度和方法，要善于通过细节来看出人的"大节"——品德，以保证谈判安全、正常地进行。

案例阅读

某公司要招聘一名营销人员，经过业务考试、面试等招聘环节，在数百名应试者中挑出了3位优秀者接受总经理的面试。3位优秀者分别被请到了总经理办公室，总经理给他们布置了一个相同的任务：在总经理出差的3天内，把总经理买的一双有一个毫不起眼的疵点的皮鞋退还给某商店。谁能出色地闯过这关，谁就能从3人中胜出。3天后，总经理分别请3人到办公室。A先生汇报说："我第一天找到这家鞋店，一位年轻漂亮的小姐很有礼貌地接待了我，当明白了我的意图后，她表示我退鞋的要求完全合理，但很抱歉，她做不了主，因为她的老板不在，请我明天再去。第二天我到了店里，那位小姐很热情地招待我，请坐奉茶，但满怀歉意地对我说，老板还没有来过，不知道什么时候会来。我等了好长时间，不见老板的踪影，只好告辞。回到家里，我仔细检查那双皮鞋，发现那双鞋的疵点在鞋后跟，不仔细看不会被发现，而且这鞋的尺寸对我来说正合适，所以我决定买下了。"说完，他把钱递给了总经理。B先生的汇报和A先生的差不多，只是他第三天去的时候，碰到了老板，他终于把鞋退了。C先生的表现看起来最差了，他一连去了3天，但仍没有把鞋退掉。他向老板请求，允许他明天再去退鞋。最后，老板宣布，C先生被录取了。A先生和B先生对此表示不解。总经理对他们说："3个鞋店的老板都是我的朋友，是我要求他们帮我的忙。B先生去了3天，但没有退掉鞋，鞋款是从哪里来的呢？"B先生听后，红着脸走掉了。"A先生去了两次，人家对他越来越热情，他没能坚持再去，而是找了个容易解决问题的办法。这种办法在以后遇到困难时仍可以用吗？"A先生听后无言以对。"至于我们录取C先生，是因为他有诚实、坚定、不怕挫折的品质，这正是营销员所需要的。"

2. 心理素质

毅力、耐心是一个谈判人员应该具备的基本素质。谈判有时就是一项马拉松长跑活动，在长时间的谈判中要始终如一地保持信心、镇静与机敏。同时，谈判人员要善于控制心态和表情，无论谈判局面如何变化，是容易的还是艰难的，是简单的还是复杂的，是取得了成绩还是陷入了僵局，都要冷静、自信地看待谈判中发生的一切，积极应对谈判中的问题，既不因对方无理的表现、不利于谈判的条件改变自己的自信和冷静，也不因对方热情的行为或局部的成就使自己晕头转向。

案例阅读

有一次，著名谈判专家科恩在南美洲的墨西哥旅行时，被一个当地的土著人纠缠。他向科恩推销一件毛毯披肩，而科恩根本不想买这件东西。因此，科恩开始没太理会，继续赶路。小贩的开价由开始的1 200比索一直向下降，降到200比索的时候，小贩告诉他，在墨西哥市的历史上，以最低价格买到这样一件披肩的人是一个来自加拿大的温尼塔格人，他花了175比索。

最后，科恩花了170比索买下了披肩，想到自己创造了墨西哥市历史上买毛毯披肩的新纪录，他一直沉醉在成功喜悦之中。回到旅馆，他迫不及待地向妻子报告他的胜利："一个土著谈判家要1 200比索，而一个国际谈判家花170个比索就买下来了。"

当他的妻子告诉他，她花了150比索买到了同样的披肩时，他兴奋的喜悦顿时烟消云散。仔细回想不由得感叹，这个土著的谈判家最巧妙地利用了他的自我实现心理，因为最能打动他的是"你是墨西哥市历史上以最低价格购买毛毯披肩的人"。

3. 业务素质

谈判人员的业务素质包括扎实的专业知识和较强的实际技能。

（1）专业知识包括三个方面：①商务方面的专业知识，包括商品、价格、市场、仓储、运输、保险、商检、支付条件、财务等；②工程技术、生产工艺等方面的专业知识；③有关政策、法律方面的专业知识。如果是国际贸易，还要求商务谈判人员具备语言翻译知识等。

（2）实际技能则包括观察力和记忆力、组织与谋划能力、分析问题与解决问题能力、表达能力与想象思维、善于交际与应变能力、控制与协调能力及学习与创新能力。

2.2.2 谈判小组的结构与规模

1. 谈判小组人员的构成原则

（1）谈判成员所具备的知识具有互补性。其具体表现在：①谈判人员具备各自的特长，是处理不同问题的专家；②谈判人员工作经验与书本知识互补；③知识与能力方面的互补，即谈判队伍中不仅要有高学历的青年学者，还要有具有丰富实践经验的谈判老手。

（2）谈判成员性格具有互补性。要能将谈判队伍中谈判人员不同性格的优势发挥出来，同时互补协调来弥补不足。

（3）谈判成员分工明确，配合协调。分工明确的同时要注意，大家都要为一个共同的目标而通力合作，协同作战。

（4）谈判成员社会地位对等。己方谈判小组成员的社会地位应与对方出场人员的级别相等，做到至少不低于对方人员的级别。

2. 谈判小组的规模

小组谈判通常由谈判负责人、主谈人及其他有关人员（法律专家、营销专家、工程技术专家、金融专家、翻译人员等）构成。从实践经验来看，谈判小组的规模设定在3~7人为宜，这主要是基于以下几方面的考虑：

（1）人数少有利于提高决策效率。集体内部的严密分工和协作及信息交流的畅通是高效率工作的前提。人数太多，则不利于成员之间的沟通和交流，会降低工作效率。

（2）考虑到最佳的管理幅度。商务谈判是紧张而又复杂多变的工作，既需要充分发挥个人独创性和独立应变能力，又需要内部协调统一、一致对外，所以其领导者的有效管理幅度要坚持窄而精。

（3）3~7人能覆盖一般谈判所需的知识范围，形成良好的专业结构。

（4）人数少而精便于小组成员调换。参加谈判的人员不是一成不变的，随着谈判的不断深入，所需专业人员也会有所不同。例如，在洽谈摸底阶段，生产和技术方面的专家作用大些，而在谈判的签约阶段，法律方面的专家将起关键作用。这样，随着谈判的进行，小组成员可以随时调换。

如有大型的谈判，领导及各部门的负责人都可参与，再加上工作人员（如秘书等），团队规模则会相应增大。

案例阅读

某县一饮料厂欲购买意大利固体橘汁饮料的生产技术与设备。派往意大利的谈判小组包括以下 4 名核心人员：该厂厂长、该县主管工业的副县长、县经贸委主任和县财政办主任。

【案例分析】

 ## 任务 2.3　商务谈判的方案制定

 【学习目标】

知 识 目 标	技 能 目 标
熟悉谈判方案制定的流程	能够根据谈判目标安排谈判议程

【导入案例】

赫布·柯恩是美国谈判学界的权威人士，他有一位朋友是医生。该医生居住的大楼所在地被一位房地产商看中并准备在此建造摩天大楼，大楼中除医生一家没有搬迁外，其他居民早已与房地产商达成某种协议搬离了大楼。医生一家与房东的租赁合同还有两年，加上医生不愿意搬迁，因而就有了医生与房地产商就搬迁事宜进行的谈判。

医生把此事交给了赫布。赫布也非常愿意帮助这位朋友。他的思路非常清楚：此次谈判既要维护当事人（医生）的权益，又要找出一项双方都愿意接受的解决方法。具体地说，就是要提出双方都能接受的搬迁费用。

房地产商将此项谈判交给了他的秘书杰克，一位年轻的小伙子。在接到任务的第二天，杰克就给赫布打电话，并问他，他的当事人要多少钱才肯搬迁。赫布说他的当事人好像不愿意搬迁，因为租约期还有两年。杰克也知道租约期还有两年的事情，听到赫布那坚决的态度，无奈杰克只能自己先开价。虽然杰克的开价从 2.5 万美元一直上升到 5 万美元，但赫布对他说的话始终都回答："不搬。"

杰克的开价已经大大超过了当事人医生的心理价位，但为什么赫布仍不还价呢？其实，赫布在接到谈判任务后对谈判资料作了调查和分析。他首先制定了谈判策略——欲擒故纵，因为当事人有十分有利的条件来实施这一策略。另外，也是最重要的一点，即他估算出房地产商买下那栋大楼的价钱、大楼空闲的代价及到当事人租赁期满为止要为之抵押托管支付的所有费用，共 25 万美元。也就是说，赫布估算出的价格是他此次谈判的一个大砝码，赫布希望能为他的当事人拿到 25 万美元中的 50%，并认为这并不太过分，因为假如当事人不愿意搬迁的话，两年后，那个房地产商就要付出 25 万美元，想想也是比较合理的。

果然，在杰克不断加码的过程中，赫布以 12.5 万美元的价格使这场谈判画上了句号。他们约好日期在工地见面，杰克给赫布支票，当事人立即搬迁。

【案例分析】

2.3.1 商务谈判目标的确定

确定谈判目标是谈判计划的中心内容，也是谈判时的公开观点。谈判目标是谈判要达到的具体目标，它指明了谈判的方向和企业要达到的目的及对本次谈判的期望。适宜的谈判目标是保证谈判成功的基础。

案例阅读

【案例分析】

有个人被小偷偷了东西，发现后奋力追赶，小偷见状也拼命狂奔。两个人跑得都很快，一前一后地跑了很长一段距离。此时，这个人心里很是不平："难道我跑不过你？我就不服这口气！"他心里这么想着，咬咬牙，脚下的步子也加快了。小偷终究稍逊一筹，渐渐体力不支，两人的距离也就越来越小了。眼看小偷就要被擒获的时候，奇怪的事情发生了——这个人迅速超过小偷，一直向前奔去，并且心中还在愤愤不平："叫你见识一下我的厉害，难道我就跑不过你？"

1．最低限度目标

最低限度目标是在谈判中必须达到的最基本的目标，对己方而言毫无退让余地，即使谈判破裂，放弃商贸合作项目，也不能接受比最低限度目标更低的条件。因此，最低限度目标是谈判者必须坚守的最后一道防线。

2．可接受目标

可接受目标是谈判人员根据各种主、客观因素，全面估价谈判对手，全面考虑企业利益，经过科学论证后所确定的目标。这个目标是一个己方可努力争取或做出让步的区间或范围。谈判中的讨价还价就是在争取实现可接受目标，一旦可接受目标实现，就意味着谈判成功。

3．最高期望目标

最高期望目标是对谈判者最有利的理想目标，这个目标一旦实现，己方利益将达到最大的满足。在实践中，往往己方的最高期望目标就是对方最不愿接受的条件，因此很难实现。但是，可以通过最高期望目标来激励谈判人员尽最大努力去实现最高期望目标，同时评价谈判最终结果与最高期望目标之间的差距。在谈判开始时，以最高期望目标作为报价起点，有利于在讨价还价中使己方处于主动地位。

谈判目标的确定是一项非常关键的工作，既不能盲目乐观地将全部精力放在争取最高期望目标上，又要抓住最重要的目标，为实现它而努力，还要对己方最低限度目标进行严格保密。同时，在确定商务谈判目标时，要注意坚持3项原则，即实用性、合理性和合法性。实用性就是要求制定的谈判目标要能够谈和可以谈；合理性则包含谈判目标的时间合理性和空间合理性；合法性是指商务谈判目标必须符合一定法律规则。

2.3.2 拟订谈判计划的要求

一份周密细致的谈判计划是保证谈判顺利进行的必要条件，可确保谈判人员各司其职，协调工作，使谈判有计划、有步骤地开展。任何一方都不能忽视谈判计划的拟订，而必须认真对待，做到周密严谨、具体明确。

1. 谈判计划要合理

合理指谈判计划必须建立在周密细致的调查和准确科学的分析基础之上，真正体现出企业的根本利益和发展战略，并能对谈判人员起到纲领性指导作用。

2. 谈判计划要简明实用

计划内容要力求简明、具体、清楚，要尽量使谈判人员容易记住其主要内容和基本原则。其所涉及的概念、原则、方法、数字、目标一定要明确，不要因为概念含糊不清而导致理解上的混乱。计划内容还要做到具体，不能过于空泛和抽象，不要有过多的夸张、描绘和情感性语言，内容具体才便于在谈判中操作运用。在此要求下，谈判人员容易对其进行把握和执行，增强了谈判人员照章执行的可能性。

3. 谈判计划要体现出灵活性

谈判计划的拟订只有体现出灵活性，才能使谈判人员可以根据情况的变化，在其权限之内灵活机动地处理新情况、新问题，为己方取得最理想的谈判结果。

2.3.3 安排谈判议程

1. 谈判时间安排

谈判时间选择得适当与否，对谈判结果影响很大。时间本身会给人带来生物节奏周期的种种生理影响。因此，在谈判时间的选择上应注意以下情况：避免在未做好充分准备时谈判；避免在情绪低落时进行谈判；避免在身体不适时谈判；避免在用餐时进行谈判；避免在急需某种商品或急售某种商品时进行谈判；如是卖方谈判者，应避开买方市场；如是买方谈判者，应避开卖方市场。

> **案例阅读**

一位企业总经理谈起过一次他们去美国谈判的经历。他们一行在早晨到达美国芝加哥，而那时在国内正好是晚上。这位总经理和他的谈判小组成员坐了很长时间的飞机，头脑昏昏沉沉的。到了宾馆后，他马上与当地公司的人接触，参加了该公司安排的欢迎仪式，一天也没休息。到了晚上，他躺在床上却怎么也睡不着，因为如果是在国内，这时正是上班的时间。等好不容易睡着了，天又亮了，他又要安排接下来的正式谈判。总经理在谈判桌前强打精神，拼命喝咖啡，可就是没法让脑子清醒。结果在谈判中，对方说了些什么，他很少能记住。在这种情况下，他们只好不做任何表示和承诺，以免出现疏漏，这使得美国方面很不满意。几天之后，他们逐渐适应了时差，可是谈判就要结束了，其结果如何可想而知。

【案例分析】

2. 确定谈判议题

谈判议题就是谈判双方提出和讨论的各种问题。确定谈判议题首先要明确己方要提出哪些问题、要讨论哪些问题。要对所有问题进行全盘比较和分析：判断哪些问题是主要议题并将其列入重点讨论范围；判断哪些问题是非重点问题、哪些问题可以忽略，这些问题之间是什么关系、在逻辑上有什么联系；预测对方会提出哪些问题，哪些问题是需要己方必须认真对待、全力以赴去解决的，哪些问题是可以根据情况做出让步的，哪些问题是可以不予讨论的。

3．确定谈判议程

谈判议程是谈判的议事日程，即对谈判内容所做的程序编排，主要包括以下几方面的内容：

（1）谈判应在什么时间举行，为期多久？倘若这是一系列谈判，则应分几次举行，每次要花多长时间？每次谈判结束之后的休息时间需要多久？

（2）谈判应在哪里举行？

（3）每一方参与谈判的人员为多少？谁是首席代表？倘若有必要邀请第三者参加，则该第三者是谁？他应具有什么身份，其权利义务的内容是什么？

（4）哪些事项应列入讨论？哪些事项不应列入讨论？

（5）列入讨论的事项如何编排先后次序？每一事项应占用多少讨论时间？

（6）谈判的记录工作及书面协议书应由谁负责处理？

2.3.4 选择谈判地点

谈判总需要在某一具体的地点展开，谈判地点的选择对谈判的最终结果有一定的影响。谈判地点的选择要考虑即将展开的谈判中双方力量的对比、可选择地点的多少和双方之间的关系等因素。谈判按地点分，可分为主场谈判、客场谈判、中立地点谈判。不同地点各有其利与弊，在谈判时应根据谈判的具体情况，尽可能选择对己方有利的谈判地点。

1．主场谈判

1）主场谈判的优点

（1）在自家门口谈判，谈判者心理上会有一种优越感和安全感，可以增强谈判信心。

（2）己方谈判人员不需要耗费精力去适应新的地理和社会文化环境，可以集中精力进行谈判。

（3）己方谈判人员可以选择自己较为熟悉的谈判场所进行谈判，按照自身的文化习惯和喜好布置谈判场所。

（4）作为东道主，可通过安排场外活动来调控谈判的气氛和进程，从心理上对对方施加影响和压力。

（5）己方的"台前"与"幕后"人员的沟通联系较方便，谈判队伍可以随时与高层领导联络，获取所需资料和指示，谈判人员心理压力相对较小。

（6）己方谈判人员免去车马劳顿，能够以饱满的精神和充沛的体力参加谈判。

（7）己方谈判人员可以节省去外地谈判的差旅费用和旅途时间，提高经济效益。

2）主场谈判的缺点

（1）己方谈判人员身在公司所在地，不易与公司其他工作彻底脱钩，经常会由于公司其他事务需要解决而干扰谈判，分散谈判人员的注意力。

（2）由于与高层领导联系方便，容易产生依赖心理。一些问题因不能自主决断而频繁地请示领导，也会造成失误和被动。

（3）己方作为东道主需要负责安排谈判会场以及谈判中的各种事宜，要负责接待客方人员，安排宴请、游览等活动，负担较重。

案例阅读

日本的煤炭和钢铁资源短缺，渴望购买煤和铁。澳大利亚盛产煤和铁，并且在国际贸易中不愁找不到买主。按理来说，日本人的谈判地位不如澳大利亚。但是，聪明的日本人把澳大利亚的谈判者请到日本去谈生意。澳大利亚人一般都比较谨慎，讲究礼仪，不会过分侵犯东道主的权益。澳大利亚人到了日本，使日本方面和澳大利亚方面在谈判桌上的地位发生了显著的变化。澳大利亚人过惯了富裕的舒适生活，他们的谈判代表到了日本之后，没几天就急于回到故乡别墅的游泳池、海滨和妻儿身旁去，在谈判桌上常常表现出急躁的情绪；作为东道主的日本谈判代表则不慌不忙地讨价还价，他们掌握了谈判桌上的主动权。结果，日本方面仅仅以少量的款待费作"鱼饵"，就钓到了"大鱼"，取得了大量谈判桌上难以获得的东西。

【案例分析】

2．客场谈判

1）客场谈判的优点

（1）己方谈判人员远离家乡，可以全身心地投入谈判，避免了主场谈判时来自工作单位和家庭事务等方面的干扰。

（2）在高层领导规定的职责范围之内，更有利于发挥谈判人员的主观能动性，减少谈判人员的依赖性。

（3）可以实地考察对方公司的情况，获取更直观的信息资料。

（4）免去了烦琐的招待、场所布置、安排活动等事务。

2）客场谈判的缺点

（1）由于与公司本部相距遥远，某些信息的传递、资料的获取比较困难，某些重要问题也不易及时磋商。

（2）谈判人员对当地环境、气候、风俗、饮食等方面会出现不适应，再加上旅途劳累、时差等因素，会使谈判人员身体状况受到不利影响。

（3）在谈判场所、谈判议程的安排等方面处于被动地位。

3．中立地点谈判

在双方所在地之外的中立地点谈判，对双方来讲都是平等的，不存在偏向，双方均无东道主优势。但在双方所在地之外的中立地点谈判也存在较多的弊端，如双方首先要为确定谈判地点而先进行一次谈判。要确定一个使双方都满意的谈判地点也不是一件容易的事，在这方面要花费不少时间和精力。中立地点谈判通常被相互关系不融洽、信任程度不高的谈判双方所选用。

【案例阅读】

【案例分析】

谈判专家尼尔伦伯格善于利用场景，让环境"说话"，帮助自己战胜对方。一次，他代表厂方与工会进行谈判。双方谈判代表落座后，工会代表发现尼尔伦伯格坐错了位置，他们示意他应坐到对面管理人员一方去，尼尔伦伯格坚持与工会人员坐到一边。谈判开始后，工会代表似乎忘了尼尔伦伯格是厂方代表，而把他当成"自己人"仔细听他的发言。最后，尼尔伦伯格的谈判取得了出乎意料的成功。

任务2.4 模拟谈判

【学习目标】

知 识 目 标	技 能 目 标
了解模拟谈判的方法。 理解模拟谈判的真实作用及其必要性	能够根据实际谈判需要安排模拟谈判

【导入案例】

产品供货合同条款和索赔谈判

谈判A方：K工厂（卖方）

谈判B方：F工厂（买方）

F和K工厂是两个长期的合作伙伴，K是F的模具供应商，他的模具供给量占F工厂使用模具的80%。但是，K的模具最近一直有质量问题，给F工厂造成了大量的额外损失。当初两厂签订的协议中规定：K提供的模具合格率达到95%以上便可。但是这是一条有歧义的条款，既可以理解为每套模具各个零件的合格率达到95%以上，也可以理解为所有模具的总体合格率达到95%以上。

前一种理解比较有利于F工厂，后一种理解比较有利于K工厂。而实际上正是由于K生产的所有模具中的不合格的5%造成了F工厂巨大的损失。F知道自己不可能立刻完全抛开这个供应商，K当然也不想失去F这个大客户。F提出，先前由于K的次品导致的损失必须由K承担。而K坚持认为F的质检部门在接受K工厂的模具时就应该看清楚，如果是次品可以退货，而不是等到进了工厂投入使用以后才发现有问题，因而他们拒绝承担损失。双方交涉多次都没有达成协议，最后导致双方的高层领导都开始过问此事。F采购部和K销售部的经理迫于压力约定本周末碰面，准备通过谈判对此事做一个了断。而且双方谈判代表都非常清楚，如果这次谈不成回去肯定会受到领导斥责。

谈判目标：

（1）确定对95%以上合格率这一条款的理解。

（2）商议K赔偿F工厂损失的事宜。

【案例分析】

2.4.1 模拟谈判的重要性

谈判者可以通过模拟谈判获得实践经验，取得重大成果。模拟谈判可以使谈判者注意到那些原本被忽略或被轻视的重要问题，检验谈判方案可能产生的效果，还可以进行换位思考，使谈判策略设计显得更加有针对性，拓展消除谈判双方分歧方面的建设性思路。通过模拟谈判，己方对于将要谈判的各个问题，都能明确提出可接受的解决方案和妥协方案。另外，模拟谈判可以锻炼谈判者的应变能力，培养和提高谈判者的素质。

2.4.2 模拟谈判的主要任务

（1）检验己方的准备工作是否到位，各项谈判安排是否妥当，谈判的计划方案是否合理。

（2）寻找被己方忽略的环节，充分发现己方的优势和劣势，从而提出加强和发挥优势、弥补或掩盖劣势的策略。

（3）准备各种应变对策。在模拟谈判中，预测各种可能发生的变化，从而制定各种相应的对策。

（4）制定出谈判小组的最佳组合及其策略等。

另外，模拟谈判需要确定一些具体的问题。例如，确定暗号，因为商务谈判需要参与谈判的成员之间的密切配合，需要随时进行必要的信息交流。

2.4.3 模拟谈判的方法

1. 全景模拟法

全景模拟法是指在想象谈判全过程的前提下，企业有关人员扮成不同的角色进行的实战性排练。这是最复杂、耗资最大，但也往往是最有效的模拟谈判方法。这种方法一般被使用于大型的、复杂的、关系到企业重大利益的谈判。在采用全景模拟法时，应注意以下两点：

（1）合理地想象谈判全过程，这是全景模拟法的基础。这要求谈判人员按照假设的谈判顺序展开充分的想象，既要想象事情发生的结果，又要想象事情发展的全过程，想象在谈判中双方可能发生的一切情形。然后，依照想象的情况和条件演绎双方交锋时可能出现的一切局面，如对方可能提出的问题、己方的答复、谈判的气氛、双方的技巧和策略。

（2）尽可能地扮演谈判中所有可能出现的人物，这包括两层含义：①对谈判中可能出现的人物都要考虑到，要指派合适的人员对这些人物的行为和作用加以模仿；②主谈人员（或其他在谈判中准备起重要作用的人员）应扮演一下谈判中的每一个角色，包括自己、己方的顾问、对手和对手的顾问。这种对人物行为、决策、思考方法的模仿，能使己方对谈判中可能会遇到的问题、人物有所预见。同时，站在别人的角度上进行思考，有助于己方制定出更完善的策略。

2. 讨论会模拟法

讨论会模拟法类似于"头脑风暴法"，分为两步。第一步，企业组织参加谈判的人员和一些其他相关人员召开讨论会，请他们根据自己的经验，对企业在本次谈判中谋求的利益、对方的基本目标、对方可能采取的策略、己方的对策等问题畅所欲言。不管这些观点、见解如何标新立异，都不会有人指责，有关人员只是忠实地记录，再把会议情况上报领导，作为决策参考。第二步，请人针对大家提出的种种谈判中可能发生的情况、对方可能提出的问题等提出疑问，由谈判组成员一一进行解答。

讨论会模拟法特别欢迎反对意见。这些意见有助于己方重新审核拟订的方案，从多种角度和以多重标准来评价方案的科学性和可行性，从而不断完善准备的内容，提高成功的概率。

3. 列表模拟法

列表模拟法是最简单的模拟方法，一般使用于小型、常规性的谈判。这种模拟方法的具体操作过程是通过对应表格的形式，在表格的一方列出己方经济、科技、人员、策略等方面的优、缺点和对方的目标及策略，另一方则相应地罗列出在谈判中己方针对这些问题所应采取的措施。这种模拟方法最大的缺陷在于，它实际上还是谈判人员的一种主观产物，只是尽可能搜寻问题并列出对策，对于这些问题是否真的会在谈判中被提出、这些对策是否能起到预期的作用，并不能完全肯定，因为没有通过实践的检验。对于一般的商务谈判，只要能达到八九成的胜算就可以了。

2.4.4 模拟谈判时应注意的问题

1. 科学地做出假设

模拟谈判实际上就是一个提出各种假设情况，然后针对这些假设制定出一系列对策并采取一定措施的过程。假设是模拟谈判的前提，也是模拟谈判的基础，它的作用是根本性的。

按照假设在谈判中包含的内容，可以分为三类：①对客观环境的假设；②对自身的假设；③对对方的假设。

为了确保假设的科学性应注意以下问题：①应该让具有丰富谈判经验的人提出假设，相对而言，这些人的假设准确度较高，在实际谈判中发生的概率也较大；②假设的情况必须以事实为基础，所依据的事实越多、越全面，假设的精确度也越高，切忌纯粹凭想象的主观臆造；③应该认识到，再高明的假设也不可能全部预想到谈判中会出现的情况，而且这种假设归根结底只是一种推测，带有或然性。若是把或然性奉为必然性去指导行动，那就是冒险。有的谈判高手善于抓住对手的"假设的必然性"，出其不意地变换套路，实现己方的预期目标。

2. 应对参加模拟谈判的人员有所选择

（1）参加模拟谈判的人员应有较强的角色扮演能力。模拟谈判要求己方人员根据不同的情况扮演场上不同的人物，并从所扮演的人物心理出发，尽可能地模仿出他在某一特定场合下的所思所想、所作所为。

（2）参加模拟谈判的人员应该是具有专门知识、经验和看法的人，而不是只有职务、地位或只会随声附和、举手赞成的老好人。一般来说，模拟谈判需要下列三种人员：

① 知识型人员。这种知识是指理论与实践相对完美结合的知识。知识型人员能够对所掌握的知识触类旁通、举一反三，能够把握模拟谈判的方方面面，使其具有理论依据的现实基础。同时，他们能从科学性的角度去研究谈判中的问题。

② 预见型人员。他们对模拟谈判是很重要的，能够根据事物的变化发展规律，加上自己的业务经验，准确地推断出事物发展的方向。对谈判中出现的问题相当敏感，往往能对谈判的进程提出独到的见解。

③ 求实型人员。他们有脚踏实地的工作作风，考虑问题客观、周密，不凭主观臆想，一切以事实为出发点，对模拟谈判中的各种假设条件都小心求证，力求准确。

3．模拟谈判结束后要及时进行总结

模拟谈判的目的是总结经验，发现问题，弥补不足，完善方案。因此，在模拟谈判告一段落后，必须及时、认真地回顾谈判中已方人员的表现，如对对手策略的反应机敏程度、自身团队协调配合程度等一系列问题，以便为真正的谈判奠定良好的基础。

【参考答案】

一、单项选择题

1．下列不属于模拟商务谈判需要的人选的是（　　）。
   A．知识型人员　　　　　　　　B．预见型人员
   C．创新型人员　　　　　　　　D．求实型人员

2．关于模拟谈判，下列说法正确的是（　　）。
   A．模拟谈判是商务谈判的必备环节
   B．模拟谈判是真实谈判的预演，是谈判准备工作的最后一项内容
   C．模拟谈判是谈判双方在正式谈判前所进行的非正式谈判
   D．模拟谈判的参与人员必须是有职务、地位或只会随声附和的人

3．下列选项不属于对商务谈判人员约束的是（　　）。
   A．法律约束　　　　　　　　　B．道德约束
   C．责任约束　　　　　　　　　D．行政约束

4．最优期望目标是指（　　）。
   A．谈判者的理想目标　　　　　B．谈判者必须要达成的目标
   C．谈判者能接受的目标　　　　D．谈判双方都满意的目标

5．关于客场谈判，下列说法错误的是（　　）。
   A．由于与公司本部相距遥远，某些信息的传递、资料的获取比较困难，某些重要问题也不易及时磋商
   B．谈判人员对当地环境、气候、风俗、饮食等方面会出现不适应，再加上旅途劳累、时差等因素，会使谈判人员身体状况受到不利影响
   C．通常被相互关系不融洽、信任程度不高的谈判双方所选用
   D．在谈判场所和谈判日程的安排等方面处于被动地位

6．下列有关主场谈判的说法错误的是（　　）。
   A．谈判者在家门口谈判，心理上有一种安全感和优越感，可以增强谈判的信心
   B．己方谈判者不需要耗费精力去适应新的地理、社会文化环境
   C．可以选择己方较为熟悉的谈判场所进行谈判，按照自身的文化习惯和喜好布置谈判场所

D. 在高层领导规定的职责范围之内，更有利于发挥谈判人员的主观能动性，减少谈判人员的依赖性

7. 在谈判时间的选择上，一般来说应注意（　　）。
　　A. 在准备不充分时应随机应变
　　B. 避免在情绪低落时进行谈判
　　C. 如是卖方谈判者，应避开卖方市场
　　D. 在用餐时进行谈判，有利于促成谈判

8. （　　）是商务谈判必须实现的目标，是商务谈判的最低要求。
　　A. 最低限度目标　　　　　　　　B. 可接受目标
　　C. 最低期望目标　　　　　　　　D. 最理想目标

二、多项选择题

1. 谈判目标3个不同的层次是（　　）。
　　A. 最优期望目标　　　　　　　　B. 双方满意目标
　　C. 可接受目标　　　　　　　　　D. 最低限度目标

2. 下列选项中属于制订谈判计划的要求的内容是（　　）。
　　A. 谈判计划的制订要简明扼要
　　B. 谈判计划的制订要力求明确严谨
　　C. 谈判计划的制订要体现出灵活性
　　D. 谈判计划的制订越简略越好

3. 下列属于模拟谈判的方法有（　　）。
　　A. 实地模拟法　　　　　　　　　B. 讨论会模拟法
　　C. 列表模拟法　　　　　　　　　D. 全景模拟法

三、判断题

1. 谈判信息调查的内容不包括分析谈判者自身状况。　　　　　　　　　　　（　　）
2. 直接调查法不属于商务谈判调查的手段。　　　　　　　　　　　　　　　（　　）
3. 只要是优秀的销售人员就是优秀的谈判专家。　　　　　　　　　　　　　（　　）
4. 模拟谈判必须慎重选择参加模拟谈判的人员。　　　　　　　　　　　　　（　　）
5. 确定谈判目标是谈判计划的中心内容，也是谈判时的公开观点。　　　　　（　　）

四、简答题

1. 谈判环境的调研包括哪些内容？
2. 谈判对手的调研应包括哪些方面？
3. 如何选择谈判地点？
4. 如何选择谈判时间？
5. 模拟谈判时应注意哪些问题？

五、案例分析题

　　一家公司在资金运作上出现困难，急需向某银行贷款。该银行行长的一位朋友对该公司产生了收购的兴趣，委托该行长在和这家公司接触时，了解一下这家公司的财务状况。

这家公司的董事长获得了这一信息后，在与行长见面之前，制订了周密的谈判计划。他来到本城最好的饭店，找到了该饭店的领班，告诉她自己将要在这里招待一位最尊贵、最重要的客人。他对领班提出的要求是：宴请结束不能当场结账，要使用信用卡，并把自己的卡号告诉了领班，还答应可以加 20%的小费给服务人员；宴请客房必须是该饭店最好的；必须配备最好的服务人员，并且对自己必须直呼姓名或使用熟人见面的简称；不能当客人的面提供菜单，直接上 4 道该饭店最有名、最具特色的菜肴。为防止服务人员认错人，该董事长又预先同他们见了面，做了更详细的交代。

谈判的时间到了，行长因为掌握着主动权，态度十分傲慢。董事长详细地讲述了自己的要求之后，就再也没说什么，而是请行长愉快地进餐。饭菜非常可口，尤其是服务人员对董事长亲昵的称呼及其周到的服务让行长很吃惊，进餐的气氛十分和谐。餐毕，董事长潇洒地对行长说："我们走吧！"行长脸上表现出了更加吃惊的表情，主人竟然在这样最高档的饭店中不付账。于是，行长开始做出错误的判断：这里居然是董事长的私人俱乐部！

在接下来的交谈中，行长傲慢的态度改变了，董事长又不失时机地告诉他，自己公司的实力是雄厚的，最近还刚刚拒绝了一项欲收购该公司的报价，只是目前要推出新产品，资金暂时遇到了周转困难，希望银行给予一定的援助。

这对行长来说可不是好消息，原来该公司并不像他所想象的那样困难。于是，行长不是考虑为他的朋友说点什么，而是考虑什么样的贷款预算方案才能吸引该公司了。

合作成功了，该公司按预期的计划获得了贷款，并成了该银行的最大客户，企业有了长期的金融"靠山"。

试分析
1. 从董事长的这个计划及其实施中可以得到哪些启示？
2. 从银行行长的行为中可以得到哪些启示？

 实践训练

某学院准备将位于学生食堂三楼的 1 000 平方米的超市出租外包。假设你是某大型连锁超市的市场开发部部长，领导派你前往该学院谈判此项目。

请根据本项目内容和上述资料组织一场模拟谈判，并拟订一份商务合同。

谈判游戏

道具：一些白纸、几支笔，其他根据需要准备。
参加人数：3 人以上。
方法与规则：
（1）游戏组织者选择一种商品，并规定希望买到的价格，如手机 1 500 元左右、游戏手柄 300 元左右。
（2）给游戏参加者 1 天的时间到市场上考察、收集信息（只告诉游戏参加者要买到的商品和希望的价格，而不告诉他们怎样收集信息和收集多少信息）。
（3）每个游戏参加者将收集到的信息写到纸上，然后交给游戏组织者。
（4）按照获取信息数量的多少和每一条信息内容的丰富程度来排列名次。
目的：在收集信息的过程中，让游戏者体会信息在谈判中的重要性。
思考：游戏中你收集了多少信息？你想到了应该让收集到的信息尽量丰富吗？假如你要买手机，一个商家给你提供了 5 种同一价位的选择，而另一个商家只给你提供了 1 种，你会选择在哪个商家购买？

项目 3

商务谈判开局

苏州工业园区某国有企业的一位党委书记在同外商谈判时,发现对方对自己的身份持有强烈的戒备心理,这种状态妨碍了谈判的进行。于是,这位党委书记当机立断,站起来向对方说道:"您好,我是党委书记,但也懂经济、搞经济,并且拥有决策权。我们公司实力强,产品质量好,愿意真诚与贵方合作。中国有句古话'四海之内皆朋友',无论谈判成功与否,至少你这个'洋'先生可以交一个我这样的'土'朋友。"寥寥几句肺腑之言,打消了对方的疑惑,使谈判顺利地向纵深发展。

【案例分析】

任务 3.1 商务谈判开局气氛

【学习目标】

知 识 目 标	技 能 目 标
了解商务谈判气氛的含义、类型和影响。熟悉开局的常用方式	具备营造良好谈判开局气氛的能力

【导入案例】

陈经理是某通信企业的采购经理,企业急需一批高质量的托架。公司业务经理张经理选定了一家外资企业的产品,当陈经理与这家企业商谈采购细节时,该企业认为陈经理非买它的产品不可,态度十分傲慢,价格一分都不肯降。陈经理问:"你既不减价还那么神气,能在我方规定的交货期限内交货吗?"对方谈判人员自信地说:"我们一定能按期交货。从张经理选定我们的产品后,我们已投入了 20 万元,做好了一切供货准备工作,订单一到马上就可以生产。"了解到这一情况后,陈经理说:"对不起,我们不要了。张经理定的是规格,我负责的是价格,如果你们产品的价格在我们的接受范围之内,我当然会买你的产品;但如果超过了企业的预算限制,虽然我不能随便买其他公司的产品,但我也可以选择不买。"在这种情况下,对方考虑到已投入了 20 万元,只好按照陈经理的报价成交。

【案例分析】

3.1.1 商务谈判气氛的概念与类型

1. 商务谈判气氛的概念

商务谈判气氛是指商务谈判对象之间的相互态度,以及由它引起的商务谈判人员心理、情绪和感觉上的反应。

商务谈判气氛在商务谈判对象刚一碰面时就开始形成,随着双方接触的深入,尤其是谈判进入到利益纷争阶段后,双方的态度会发生修正或改变,谈判的气氛也会随之发生变化。商务谈判者需要随时关注商务谈判气氛的变化。

商务谈判气氛是由参与商务谈判的所有谈判者的情绪、态度和行为共同塑造的,任何谈判个体的情绪、态度和行为都可能影响甚至改变谈判气氛;反之,商务谈判气氛也会影响商务谈判者的情绪、态度和行为,从而对谈判产生不同的影响。因此,营造有利于己方的谈判气氛非常重要。

2. 商务谈判气氛的类型

(1)热情友好、互谅互让、轻松愉快的谈判气氛。
(2)坦诚友好、平等协商、互利共赢的谈判气氛。
(3)简洁明快、节奏紧凑、速战速决的谈判气氛。

（4）冷淡、平静、慢条斯理、旷日持久的谈判气氛。

（5）紧张、强硬、对立的谈判气氛。

不同的谈判气氛对谈判的影响是不同的，谈判气氛能在不知不觉中使谈判朝某种方向推进。例如，热烈、积极、合作的气氛会使谈判朝着达成一致的方向推进，冷淡、对立、紧张的气氛会把谈判推向困难的境地。

3.1.2 影响商务谈判开局气氛选择的因素

不同的商务谈判，会有不同的开局气氛。谈判双方之间的关系、实力对比等一系列因素都会制约和影响谈判开局气氛。选择谈判开局气氛，必须全面考虑以下因素，并且在实施时还要依据谈判经验对其进行调整。

1. 对方的议价能力

谈判对方的议价能力又分为供应商的议价能力和购买方的议价能力两种。

（1）供应商的议价能力。在商务谈判中，当对方是供应商，供应商议价能力的强弱将直接影响商务谈判的开局气氛。

当下面这些情况出现时，供应商的抬价能力往往很强：

① 供应商处于某种垄断地位。

② 没有替代品。

③ 在供应商面前，客户的重要性不足。

④ 供应商的产品对于客户在市场上能否成功，作用举足轻重。

⑤ 如果客户想转而寻找另外的供应商，其转移成本非常高。

⑥ 供应商可以施行前向组合，进入客户的市场（例如，制衣厂决定开办自己的直销店，就将使衣服零售商遭受巨大损害）。

⑦ 供应商资源丰富，可以向客户提供新奇的产品。

（2）购买方的议价能力。在商务谈判中，客户为了降低自己的成本，就一定会压价，要求更高的产品质量、最好的服务，从而也将影响商务谈判的开局气氛。

当下面这些情况出现时，客户的议价能力较强：

① 客户购买的产品，占了整个行业产品的大多数。

② 客户所购的产品，是其成本的相当重要的部分。

③ 客户寻找另外供应商的转移成本很低。

④ 供应商的产品没有新意，是标准化的大宗产品。

⑤ 客户有可能后向整合，进入供应商的市场。

2. 谈判双方的实力对比

（1）己方谈判实力弱于对方。为了不使对方在气势上占上风，影响后面的实质性谈判，在开局阶段，己方在语言和姿态上，一方面要表示出友好、积极合作；另一方面要充满自信，举止沉稳，谈吐大方，使对方不至于轻视己方。

（2）己方谈判实力明显强于对方。为了使对方能够清醒地意识到这一点，并且在谈判中不抱过多的期望，从而产生威慑作用；同时，又不至于将对方吓跑，在开局阶段，己方在语言和姿态上，既要表现得礼貌友好，又要充分显示出己方的自信和气势。

（3）双方谈判实力相当。为了防止一开始就强化对手的戒备心理和激起对方的对立情绪，以致影响实质性谈判，在开局阶段，双方要力求营造一种友好、轻松、和谐的气氛。己方谈判人员在语言和姿态上要做到轻松而不失严谨、礼貌而不失自信、热情而不失沉稳。

> **案例阅读**
>
> 苏州一家公司与一位外商洽谈购买原料的事，外商利用这家公司必须用其原材料的优势，在谈判中表现得异常傲慢，所谈话语无不以居高临下之势百般刁难。在这种情况下，如果这家公司的谈判代表仍然做出忍让、谦虚的姿态，只能助长对方的嚣张气焰。因此，该公司代表一反常态，先是退避三舍，然后拍案而起，指责对方道："如果你们没有诚意就可以走了。我们的库存还够维持一个时期的正常生产，而现在我们已经做好了转产并不再与你们有来往的准备了。先生们，请回吧！"这种极其强硬的表达方式，一时间弄得对方手足无措。由于利益所在，对方终于还是坐下来与这家公司开始了真诚的谈判。

【案例分析】

3.1.3 商务谈判的开局方式

如果谈判的准备工作已经全部完成，这时就可以向对方主动提交洽谈方案，或者在对方提交方案的基础上给予相应的答复。向对方提交方案有以下几种方式。

1. 提交书面材料，不做口头陈述

提交书面材料，不做口头陈述是一种局限性很大的方式，只在两种情况下可以运用。第一种情况是，本部门在谈判规则的束缚下不可能有别的选择方式，例如，向政府部门投标，由政府部门规定在裁定的期间内不与投标者见面、磋商。第二种情况是，准备把提交最初的书面材料也作为最后的交易条件。这时，要求文字材料要明确具体，各项交易条件要准确无误，让对方一目了然，只需回答"是"与"不是"，无须再作任何解释。

2. 提交书面材料，并做口头陈述

在会谈前，将书面材料提交给对方。这种方法有很多优点，书面交易条件内容完整，能把复杂的内容用详细的文字表达出来，对方可以反复阅读、全面理解。提交书面交易条件也有缺点，如书面的东西可能会成为一种对己方的限制，并难以更改。

3. 面谈提出交易条件

面谈提出交易条件是事前双方不提交任何书面形式的文件，仅仅在会谈时提出交易条件。这种谈判方式有许多优点：可以见机行事，有很大的灵活性；先磋商后承担义务；可充分利用感情因素，建立个人关系，缓解谈判气氛；等等。但这种谈判方式也存在某些缺点：容易受到对方的反击；阐述复杂的统计数字与图表时会相当困难；由于语言的不同，可能会产生误会。

3.1.4 营造商务谈判开局气氛

谈判开局气氛对整个谈判过程起着相当重要的影响和制约作用。可以说，如果哪一方控制了谈判开局气氛，那么，在某种程度上就等于控制了谈判对手。

商务谈判开局气氛的营造方法有多种，不同的方法适合于不同的谈判对象和谈判环境，在商务谈判实践中应根据具体情况做到灵活运用。

1．"第一印象"法

在商务谈判的开局阶段，谈判人员的精力最为充沛。在谈判对象会面的短暂接触中，谈判人员的语言、行为等都会对谈判气氛的形成起到关键性作用，因此，谈判者可从自己的行为、举止入手塑造良好的谈判开局气氛。

（1）双方见面后不要急于切入正题。双方见面后应花费一定的时间，利用各种因素，协调双方的思想和态度，构造和谐的谈判气氛。

（2）可亲的表情。人的表情能够直接反映谈判人员的状态是信心十足还是满腹疑问，是轻松愉快还是剑拔弩张，是精力充沛还是疲惫不堪。和蔼可亲的面部表情能给人一种信任感，能间接地告诉对方，己方是一个可信赖的贸易伙伴。

（3）良好的气质。一个具备良好气质的谈判者，可以增强对对方的吸引力和信任感，有利于建立良好的谈判气氛。

（4）翩翩的风度。饱满的精神状态、诚恳的待人态度、幽默文雅的谈吐、受欢迎的性格、恰当的举止、洒脱的仪表，能够充分吸引人的注意力，给人以好感。

（5）恰当的服饰。谈判人员的服饰是决定其形象的重要因素之一。要塑造良好的第一印象，整洁、得体的着装，恰当的饰物自然是不可缺少的。

总之，商务谈判者要通过自我形象的塑造，使双方都产生好感和信任感，营造良好的谈判开局气氛。

2．幽默法

幽默法是指谈判者借助风趣诙谐的语言技巧打消对方的戒备心理，引起对方的好感和共鸣，使其积极参与到谈判中来，从而营造高调的谈判开局气氛的策略方法。

运用这一方法营造良好的谈判气氛时，应注意下列问题：

（1）幽默是一门高超的语言艺术，驾驭这种方法对谈判人员的素质要求比较高，谈判人员除了必须具备良好的文化素养以外，还应具有良好的气质和风度，在谈判桌上应避免幽而不默。

（2）幽默要合时宜，即幽默要符合谈判对象、环境和事项。幽默应因人、因事、因地、因时而发。

（3）千万不要在幽默中加进嘲笑对方的成分。幽默应该是善意的、友好的，要做到委婉而不悲观，尖锐而不刻薄。只有这样才能增进双方之间的感情，强化信任感，消除对方的戒备心理，建立起良好的谈判气氛。

（4）尽量避免使用低级的幽默，尤其是有异性在场时应绝对避免使用，与新客户之间的谈判也应尽量避免使用。

 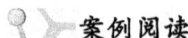

【案例分析】

案例阅读

王经理与雷厂长约好晚上7点吃饭和谈判。可是1个小时后，雷厂长才赶到，他抱歉地说："对不起，我来晚了，让你饿了这么久。"王经理答道："没关系，我已经饱餐了美食的香气和绿色的空气。"

3. 坦诚相待法

一般来说，谈判者之间不可能做到完全的相互信任，总会存在某些猜忌。谈判大家的高明之处，不在于企图消除这种猜忌，而是巧妙地利用这种人所共有的心理，使对方情愿从好的方面进行猜测，创造感情上的相互接近，从而达到使对方支持自己的观点、赞同自己的主张的目的。坦诚相待正是获得对方理解和尊重的好方法。运用这一方法营造良好的谈判开局气氛时，应注意下列问题：

（1）要敢于流露己方的真实情感，要肯表露自己真实的希望和担心，公开自己的立场和目标，用行动使对方认为己方是可信赖的。

（2）坦诚要适度。坦诚相待并不是要把自己的一切和盘托出，一般情况下，把自己情况的80%告诉对方就称得上很坦诚了。若谈判对方为长期合作的老客户，坦诚的尺度可以大一些，以增强协作意识。需要注意的是，己方的谈判底线是无论如何不能坦诚相告的。

（3）坦诚也要看对象。坦诚的成功取决于对方的合作，如果一味地向那些谋求自己单方面利益的人和盘托出，是会有致命危险的。一般来说，坦诚相待比较适合于有长期业务合作关系的双方，且以往的合作双方都比较满意，双方彼此又比较了解。坦诚相待也比较适合于心胸豁达的谈判者，如果对方谨小慎微，这种方法的效果不会太理想。

> **案例阅读**

江苏北方的一个城市曾与美籍华侨洽谈一个合资汽车配件的项目。开始时，这位华侨对这个项目兴趣不大，只是在国内亲友的一再劝说下，才勉强同意与有关方面进行接触。这个城市的洽谈小组由副市长领导，在会谈的过程中，他们对这位华侨的态度十分友好，而且非常坦率。

他们把自己的实际情况，包括进行这个项目的目的、项目对当地汽车工业发展的重要性、独资兴办这个项目存在的困难及他们对国外华侨的期望等和盘托出。这位华侨觉得对方非常坦率，很受感动，就提出了许多有价值的建议。最后，双方经过坦诚的会谈，很快签订了意向书，会谈取得了很好的效果。

【案例分析】

4. 真诚赞美法

真诚赞美法是指通过称赞对方来缩短与对方的心理距离，增强对方的认同感，从而激发对方的谈判热情，调动对方的情绪，营造和谐、友好的谈判气氛的方法。

从心理学的角度看，任何人都希望得到别人的称赞与表扬，被称赞者往往会心情愉悦，认同感加强，心理防线减弱。适当的赞美是融洽谈判双方关系的润滑剂。每一个人都有一些值得骄傲的特点，人们为此而感到自豪，并希望为他人所知，被他人承认和赞扬，谈判人员也是如此。在谈判过程中，适当地赞美对方可以培养良好的人际关系和融洽的谈判气氛，能够对谈判起到良好的促进作用。

赞美对方的话题通常有以下三个：

（1）适宜赞美的对方个人因素，如个人的仪容仪表、风度气质、举止谈吐、特长、专业才能、服饰、家庭成员等。

（2）适宜赞美的对方企业因素，如企业规模、品牌知名度、经营业绩、管理水平、服务水平等。

（3）适宜赞美的对方所在国家和城市，如名胜古迹、人文环境、社会风貌、历史名人、自然环境等。

采用真诚赞美法时应该注意以下四点：

（1）选择恰当的赞美目标。选择赞美目标的基本原则是投其所好，即选择那些对方最引以为豪的，并希望他人注意的方面进行赞美，切忌触及个人隐私。

（2）对异性谈判者的赞美要多加小心，一般应运用笼统的、抽象的赞辞，以避免招致不必要的误会，起到相反的作用。

（3）真诚赞美对方，切忌虚情假意。不要言过其实，过分吹捧，让对方感到是在刻意奉承。

（4）要重视被赞美者的情绪及心理反应。如果对方对己方的赞美有初步的良好反应，可继续实施适度的赞美；如果对方对己方的赞美反应冷淡，则停止赞美。

5．协商一致法

所谓协商一致，是指在谈判开始时，为使谈判对象之间产生好感，以协商、友好、婉转的交谈方式，创造或建立起双方对谈判的一致感觉，从而使谈判双方在愉快友好的气氛中不断将谈判引向深入的一种营造开局气氛的方法。

案例阅读

某客户在一款地砖前驻留了良久，销售职员走过去对客户说："您的眼光真好，这款地砖是我们公司的主打产品，也是上个月的销售冠军。"客户问道："多少钱一块啊？""这款地砖，折后的价格是150元一块。""有点贵，还能便宜吗？""您家在哪个小区？""东方绿洲。"销售职员说："东方绿洲应该是市里很不错的楼盘了，听说小区的绿化非常漂亮，而且室内的格式都非常不错，交通也很便利。买这么好的地方，我想您一定是位很在意生活质量的人，您不会在乎多花这些钱了吧？此外，我们近期正在对东方绿洲和威尼斯城做一个促销活动，这次还真能给您一个团购价的优惠。""可是我现在还没有拿到钥匙呢？没有详细的面积怎么办呢？"客户高兴地说。销售职员说："您要是现在就提货还优惠不成呢，我们按规定要达到20户以上才能享受优惠，今天加上您这一单才16户，还差4户。不过，您可以先交定金，我给您标上团购，等面积出来了，再告诉我详细面积和数目。"这样，客户提前交了定金，两周之后，这个订单就完成了。

【案例分析】

运用协商一致的方法营造谈判开局气氛时，要求谈判者以一种相互协商、友好、婉转的口吻来征求谈判对手的意见，而不是以陈述甚至命令的口吻与对方交谈。这一方法容易为对方所接受，可以促使对方点头称是，忽略彼此间的不同，并使双方在友好、愉快、轻松的气氛中将商务谈判引向深入。

运用协商一致方法的主要条件是：①商务谈判的双方都有良好的谈判意愿，都希望能促成当前的交易；②谈判的一方明显居于劣势，试图以协商一致的方式联络双方的感情，以争取大致平等的谈判地位；③谈判双方均为老客户，相互之间非常熟悉，彼此都相互尊重。

运用这一方法营造良好的谈判开局气氛时，应注意下列问题：

（1）努力培养双方的一致感，要以协商、婉转的口气表述，如"我们先确定会议议程，您看是否合适？"等。要淡化语言的主观色彩，切忌"我提出……""我方认为……"等谈话方式。

（2）表达用语多为礼貌用语、寒暄用语、假设用语，语气要柔和，音量要适中，发音要清晰。

（3）拿来征求对手意见的问题应是相对次要的问题，即对手对该问题的意见不会影响到己方的具体利益。

（4）在赞成对方意见时，态度不要过于谄媚，要让对方感觉到自己是出于尊重，而不是奉承。

> **案例阅读**
>
> 主方："我们彼此先介绍一下各自的商品系列情况，你觉得怎么样？"
> 客方："可以，要是时间允许的话，咱们看看能不能做笔买卖？"
> 主方："很好，咱们谈一个半小时如何？"
> 客方："估计介绍商品半小时就够了，用一小时谈生意差不多，行……"
> 主方："那么，是我先谈，还是贵方先谈？"
> 这样，谈判双方在谈判目的、方式和速度上达成一致意见后，巧妙地制造了和谐一致的谈判气氛。

【案例分析】

6．"声东击西"法

谈判开局初期常被称为"破冰期"。素不相识的人走到一起进行谈判，很容易出现冷场。谈判一开始就进入正题，更容易增加"冰层"的厚度。因此，谈判人员在进入正式谈判议题前，通常会先谈点别的、中性的话题。谈判人员可交谈的中性话题很多，如当前社会人们普遍关心的热点新闻，热门话题，名人轶事，体育新闻，文娱消息，个人的爱好和兴趣，气候、季节，当地的风俗、风景名胜等。女性谈判者之间还可以谈谈自己的孩子、着装等。

运用这一方法营造良好的谈判气氛时，应注意下列问题：

（1）选择积极的中性话题。积极的中性话题容易使对方向己方靠拢，并表现出认同、接受的态度；消极的中性话题则容易使对方背离己方，使对方怀疑己方的谈判诚意。

（2）应选择双方都知晓且感兴趣的中性话题。对方不清楚或不感兴趣的话题会使对方无法入题，形成不了话题的互动，会造成开局的冷场。

（3）互述中性话题的时间不可太长，应适可而止，避免因过分的闲聊而浪费谈判时间。

7．环境说话法

在商务谈判中，用环境来塑造谈判气氛的例子比比皆是，森林小屋、乡间别墅、皇宫大院、豪华酒店，甚至是军舰、游艇、古代牢房都曾留下过谈判者的足迹。只要能让对方感到新奇，能产生一种异样的滋味，就能激起对方的兴趣，无论何地都可作为谈判的场所。当然，在选择谈判场所时还应考虑谈判的成本。例如，美国前总统杰弗逊曾说过："在不舒适的环境下，人们可能会违背本意，言不由衷。"英国政界领袖欧内斯特·贝文也曾说过，根据他平生参加的各种会谈的经验，他发现在舒适明朗、色彩悦目的房间内举行的会谈，大多比较成功。

案例阅读

中国一家机械设备生产商是美国一家汽车企业的重要供应商,圣诞节前夕,两家公司要签订一份关于第二年机械设备供应的合同。中国机械设备生产商考虑再三,决定力邀美国客户前来中国商谈该合同。此时距离西方传统节日——圣诞节还有一周的时间。

【案例分析】

西方人尤其是美国人非常重视过圣诞节,并且圣诞节一般都安排与家人一起度过。美国客户代表到达中国后,中国机械设备生产商有条不紊地安排美国客户代表游览中国的名胜古迹,几天之后,美国客人就急于想回到家乡去准备圣诞节礼物、安排圣诞节聚餐与亲朋好友团聚等事项。因此,美国客户代表在谈判桌上常表现出急躁的情绪。而作为东道主的中国谈判代表则不慌不忙地讨价还价,他们掌握了谈判桌上的主动权,取得了最后的成功。

8. 情感感染法

情感是多种多样的,有同学之情、朋友之情、师生之情、亲人之情,还有崇敬之情、怜悯之情、报国之情、爱慕之情等。这些形形色色的情感是维系人与人之间关系的基本纽带。

感情的力量是巨大的,为朋友赴汤蹈火就是典型的写照。在商务谈判中,巧妙地利用这一力量,能为谈判开拓出一条柳暗花明的通道。

案例阅读

东吴大都督周瑜精通兵法、才智超群,只是肚量狭小、不能容人。他和诸葛亮共商破曹大计,可又想加害诸葛亮。周瑜攻打南郡时,曾中毒箭。在诸葛亮趁乱用计取得南郡、荆州、襄阳后,周瑜一气之下箭伤复发。病中的周瑜仍想智取荆州,却被诸葛亮识破。周瑜一气再气,在"既生瑜,何生亮"的怨恨声中死去。

【案例分析】

诸葛亮得知周瑜的死讯,决定前去吊唁。刘备怕诸葛亮被害,派赵云带500军士保护。在周瑜灵柩前,诸葛亮亲自奠酒,跪在地上读祭文,泪如泉涌,悲痛不已,众将均被感动。鲁肃见诸葛亮如此悲痛,自言自语地说:"周瑜肚量狭小,自取灭亡。"孙权也说:"人言孔明与公瑾(周瑜字公瑾)不合,今日观其如此悲痛,方知此皆为虚言。"

任务 3.2 商务谈判开局策略

【学习目标】

知 识 目 标	技 能 目 标
掌握开局谈判的常用策略	能够熟练运用开局的常用策略

【导入案例】

一家日本著名的汽车公司在法国刚刚"登陆"时,急需找一个法国代理商来为其推销产品,以弥补他们不了解法国市场的不足。当日本公司准备同法国的一家公司就此问题进行谈判时,日本公司的谈判代表因路上堵车迟到了。法国公司的代表紧紧抓住这件事不放,想要通过此种手段获取更多的优惠条件。日本公司的代表发现无路可退,于是站起来说:"我们十分抱歉耽误了您的时间,但是这绝非我们的本意,我们对法国的交通状况了解不足,所以导致这个不愉快的结果,我希望我们不要再因为这个无所谓的问题耽误宝贵的时间了,如果因为这件事而怀疑我们合作的诚意,那么,我们只好结束这次谈判。我认为,在法国,凭借我们所提出的优惠代理条件,我们是不会找不到合作伙伴的。"

日本代表的一席话说得法国代理哑口无言,法国人也不想失去一次赚钱的机会,于是谈判顺利地进行了下去。

【案例分析】

谈判开局策略是谈判者为谋求谈判开局中的有利地位和实现对谈判开局的控制而采取的行动方式或手段。

在正常情况下,谈判双方都是抱着实现自己合理利益的想法与对方坐在谈判桌前的,因而双方都希望能在一个轻松、愉快的气氛中进行谈判。

任何商务谈判都是在特定的气氛中开始的,因此,谈判开局策略的实施都要在特定的谈判开局气氛中进行。谈判开局的气氛会影响谈判开局策略,与此同时,谈判的开局策略也会反作用于谈判气氛,成为影响或改变谈判气氛的手段。因此,当对方营造了一个不利于己方的谈判开局气氛时,谈判者可以采用适当的开局策略来改变这种气氛。

在商务谈判策略体系中,涉及谈判开局的具体策略有很多。谈判人员为了促使谈判成功、营造一种良好的谈判气氛,在开局阶段应该做到态度诚恳、真挚友好、务实灵活、求大同存小异,不纠缠枝节问题,努力适应双方的利益需要。

3.2.1 商务谈判的开局策略

1. 一致式开局策略

所谓一致式开局策略,指的是在谈判开始时,为使对方对自己产生好感,以协商、肯定的方式创造或建立起对谈判的一致的感觉,从而使谈判双方在愉快友好的气氛中不断将谈判引向深入的一种开局策略。

现代心理学研究表明,人们通常会对那些与其想法一致的人产生好感,并愿意将自己的想法按照那些人的观点进行调整。这一研究结论正是一致式开局策略的心理学基础。

一致式开局策略的目的在于为取得谈判胜利创造条件。运用一致式开局策略的具体方式还有很多。例如,在谈判开始时,以一种协商的口吻来征求谈判对手的意见,然后,对其意见表示赞同或认可,并按照其意见进行工作。运用这种方式应该注意的是,拿来征求对手意见的问题应是无关紧要的问题,即对手对该问题的意见不会影响到己方的具体利益。另外,在赞成对方意见时,态度不要过于谄媚,要让对方感觉到自己这样做是出于尊重,而不是奉承。

一致式开局策略的运用还有一种重要途径,就是在谈判开始时,以问询方式或补充方式诱使谈判对手走入你的既定安排，从而在双方间达成一致和共识。所谓问询方式，是指将答案设计成问题来询问对方，例如，"你看我们把价格及付款方式问题放到后面讨论怎么样？"所谓补充方式，是指借对对方意见的补充使自己的意见变成对方的意见。采用问询方式或补充方式可使谈判逐步进入开局。

2．保留式开局策略

保留式开局策略是指在谈判开局时，对谈判对手提出的关键性问题不作彻底、确切的回答，而是要有所保留，从而给对手造成神秘感，以吸引对手步入谈判。

案例阅读

江苏省某工艺雕刻厂原是一家濒临倒闭的小厂，经过几年努力，发展成为年产值上百万元的大厂，产品打入日本市场，战胜了其他国家在日本经营多年的 8 家厂商，在业内广受赞誉。有一年，日本 3 家株式会社的老板在同一天来访，到该厂订货。其中一家资本雄厚的大商社，要原价包销该厂的佛坛产品。这应该说是好消息。但该厂想到，这几家原来都是经销韩国产品的商社，为什么不约而同到本厂来订货？他们查阅了日本市场的资料，得出的结论是：本厂的木材质量上乘、高超的技艺是吸引外商订货的主要原因。于是，该厂采取了"待价而沽""欲擒故纵"的谈判谋略，先不与那家大商社沟通，而是积极抓住另两家小客商求货急切的心理，把佛坛的梁、榴、柱，分别与其他国家产品作比较。不怕不识货，只怕货比货，该厂的产品确实技高一筹。在此基础上，该厂将产品当金条似地争价钱、论成色，使其价格达到了理想的高度。于是，该厂便与小客商拍板成交，使得那家大商社产生失落货源的危机感。那家客商不仅急于订货，而且想垄断货源，于是进行大批订货，甚至订货数量达到了该厂现有生产能力的好几倍。

【案例分析】

注意：采用保留式开局策略时不要违反商务谈判的道德原则，即以诚信为本，向对方传递的信息可以是模糊信息，但不能是虚假信息；否则，将会使自己陷入非常难堪的局面之中。

3．坦诚式开局策略

坦诚式开局策略是指以开诚布公的方式向谈判对手陈述自己的观点或想法，从而为谈判打开局面。

坦诚式开局策略比较适合于有长期业务合作关系的双方，以往的合作令双方均比较满意，双方彼此又互相比较了解，不用太多的客套，减少了很多外交辞令，节省了时间，直接坦率地提出自己一方的观点、要求，反而更能使对方对己方产生信任感。

采用这种开局策略时，要综合考虑多种因素，如自己的身份、与对方的关系、当时的谈判形势等。

坦诚式开局策略有时也可用于谈判实力弱的一方谈判者。当己方的谈判实力明显不如谈判对方，并为双方所共知时，坦率地表明自己一方的弱点，让对方加以考虑，更能表明己方对谈判的真诚，同时也能表明己方对谈判的信心和能力。

4．挑剔式开局策略

挑剔式开局策略是指开局时，对对手的某项错误或礼仪失误严加指责，使其感到内疚，从而达到营造低调气氛、迫使对手让步的目的。

> **案例阅读**

徐州一家公司到苏州去采购成套设备。因谈判小组的成员到苏州观前街购物，耽误了时间，当他们达到谈判地点时，比预定时间晚了45分钟。苏州公司代表对此极为不满，花了很长时间来指责徐州公司代表不遵守时间，没有信用，如果总是这样的话，以后很多工作很难合作，浪费时间就是浪费资源、浪费金钱。对此，徐州公司代表感到理亏，只好不停地向苏州公司代表道歉。谈判开始以后，苏州公司代表似乎还对徐州公司代表来迟一事耿耿于怀，一时间弄得徐州公司代表手足无措、说话处处被动，无心再与苏州公司代表讨价还价，对苏州公司提出的诸多要求也没有静下心来认真考虑，匆匆忙忙就签订了合同。等到合同签订以后，徐州公司代表平静下来、头脑不再发热时才发现自己吃了大亏，上了苏州公司的当，但已经晚了。

【案例分析】

5. 进攻式开局策略

进攻式开局策略是指通过语言或行为来表达己方强硬的姿态，从而获得谈判对手必要的尊重，并借以制造心理优势，使得谈判顺利地进行下去。

采用进攻式开局策略一定要谨慎，因为在谈判开局阶段就设法显示自己的实力，使谈判在此时就处于剑拔弩张的气氛中，对谈判进一步发展极为不利。

进攻式开局策略通常只在这种情况下使用，即发现谈判对手在刻意制造低调气氛，这种气氛对己方的讨价还价十分不利，如果不把这种气氛扭转过来，将会损害己方的切实利益。

3.2.2 策划开局策略时应考虑的因素

不同内容和类型的谈判，需要有不同的开局策略与之相对应。谈判开局策略的选择要受到谈判双方实力对比、谈判形势、谈判气氛营造等一系列因素的制约和影响。在选择谈判开局策略时，必须全面考虑这些因素，并且在实施时还要依据谈判经验对其进行调整。

1. 考虑谈判双方之间的关系

（1）如果过去双方并没有业务往来，那么，第一次交往应力争营造一种真诚、友好的气氛，以淡化和消除双方的陌生感及由此带来的防备，为后面的实质性谈判奠定良好的基础。因此，己方谈判人员在语言上应该表现得礼貌友好，但又不失身份；内容上应多以天气情况、途中见闻、个人爱好等比较轻松的话题为主，也可以就个人在公司的任职时间、负责的范围、专业经历进行一般性的询问和交谈；态度应不卑不亢、沉稳中又不失热情、自信但不傲气。寒暄后，己方可以这样开始实质性谈判：“这笔交易是我们双方的第一次业务交往，希望它能够成为我们双方发展长期友好合作关系的一个良好开端。我们都是带着希望来的，我想，通过我们的共同努力，一定也会带着满意而归。"

（2）如果双方有过业务往来但关系一般，那么，开局的目标是要争取营造一种比较友好、和谐的气氛。但是，此时己方的谈判人员在语言的热情程度上要有所控制；在内容上，可以简单聊一聊双方过去的业务往来及人员交往，也可说一说双方谈判人员在日常生活中的兴趣和爱好；在姿态上，可以随和自然。寒暄结束后，可以这样把话题切入实质性谈判："过去我们双方一直保持着业务往来关系，我们希望通过这一次的交易磋商，将我们双方的关系推进到一个新的高度。"

（3）如果双方过去有过一定的业务往来，但己方对对方的印象不好，那么，开局阶段的谈判气氛应是严肃、凝重的。己方谈判人员在开局时，语言上在注意礼貌的同时，应该比较严谨甚至可以带一点冷峻；内容上可以就过去双方的关系表示不满和遗憾，以及希望通过这次磋商来改变这种状况；在态度上应该充满正气，与对方保持一定距离。在寒暄结束后，可以这样将话题引入实质性谈判："过去我们双方有过一段合作关系，但遗憾的是并不那么令人愉快，我们希望这一次能成为一次令人愉快的合作。'千里之行，始于足下'，让我们从这里开始吧。"

（4）如果双方在过去有过业务往来，且关系很好，那么，这种友好的关系应作为双方谈判的基础。在这种情况下，开局阶段的气氛应是热烈、真诚、友好和轻松愉快的。开局时，己方谈判人员在语言上应是热情洋溢的，内容上可以畅谈双方过去的友好合作关系，或两企业之间的人员交往，也可适当地称赞对方企业的进步与发展；态度上应该比较自由、放松、亲切。在结束寒暄后，可以这样将话题切入实质性谈判："过去我们双方一直合作得很愉快，我想，这次我们仍然会合作愉快的。"

2．考虑双方的实力

（1）双方谈判实力相当。若双方谈判实力相当，为了防止一开始就强化对手的戒备心理和激起对方的对立情绪，以致影响实质性谈判，在开局阶段，仍然要力求营造一种友好、轻松、和谐的气氛。己方谈判人员在语言和姿态上要做到轻松而不失严谨、礼貌而不失自信、热情而不失沉稳。

（2）己方谈判实力明显强于对方。为了使对方能够清醒地意识到己方实力明显强于对方，并且在谈判中不抱过多的期望，从而产生威慑作用，同时又不至于将对方吓跑，在开局阶段，在语言和姿态上，既要表现得礼貌友好，又要充分显示出己方的自信和气势。

（3）己方谈判实力弱于对方。若己方谈判实力弱于对方，为了不使对方在气势上占上风，从而影响后面的实质性谈判，在开局阶段的语言和姿态上，一方面要表示出友好，积极合作，另一方面也要充满自信，举止沉稳，谈吐大方，使对方不至于轻视我们。

【参考答案】

基本训练

一、单项选择题

1．应力争营造一种真诚、友好的气氛，以淡化和消除双方的陌生感及由此带来的戒备心理，为后面的实质性谈判奠定良好的基础，这种做法适合于（　　）的谈判关系。

　　A．双方过去有过一定的业务往来，但己方对对方的印象不好
　　B．双方在过去有过业务往来，且关系很好
　　C．双方是第一次交往
　　D．双方有过业务往来，但关系一般

2．下列对于坦诚相待法理解不正确的是（　　）。

　　A．要敢于流露己方的真实情感

B. 要把自己的一切和盘托出，包括谈判底线
C. 比较适合于有长期业务合作关系的双方
D. 比较适合于心胸豁达的谈判者

3. 在谈判开始时，为使对方对自己产生好感，以协商、肯定的方式，创造或建立起对谈判的一致的感觉，从而使谈判双方在愉快友好的气氛中不断将谈判引向深入的一种开局策略是（　　）。

A. 坦诚式开局策略　　　　　　B. 挑剔式开局策略
C. 进攻式开局策略　　　　　　D. 一致式开局策略

4. 选择赞美目标的基本原则是（　　）。

A. 热情洋溢　　　　　　　　　B. 求同存异
C. 投其所好　　　　　　　　　D. 态度真诚

二、多项选择题

1. （　　）出现时，表明客户的议价能力较强，会影响商务谈判的开局气氛。

A. 客户购买的产品，占了整个行业产品的大多数
B. 客户购买的产品，是其成本的相当重要的部分
C. 供应商的产品对于客户在市场上能否成功，有举足轻重的作用
D. 客户寻找另外供应商的转移成本很低
E. 供应商的产品没有新意，是标准化的大宗产品

2. 幽默法是一种营造商务谈判开局气氛的有效方法之一，以下（　　）是对幽默法的正确描述。

A. 幽默法对谈判人员的素质要求比较高，要求谈判人员在谈判桌上应避免幽而不默
B. 幽默要合时宜，因人、因事、因地、因时而发
C. 不要在幽默中加进嘲笑对方的成分
D. 尽量避免使用低级的幽默
E. 要敢于流露己方的真实情感

3. 下列对一致式开局策略描述正确的是（　　）。

A. 一致式开局策略是指在谈判开始时，为使对方对自己产生好感，以"协商""肯定"的方式，创造良好的开局气氛
B. 比较适合于有长期的业务合作关系的双方
C. 目的在于创造取得谈判胜利的条件
D. 在谈判开始时以问询方式或补充方式诱使谈判对手走入你的既定安排
E. 拿来征求对手意见的问题应是无关紧要的问题

三、判断题

1. 赞美对方时，对对方谈判代表中的男士和女士的赞美方法应有区别。（　　）
2. 双方有过业务往来，但关系一般时，在态度上应该充满正气，与对方保持一定距离。（　　）
3. 要重视被赞美者的情绪及心理反应，如果对方对己方的赞美反应冷淡，则应停止赞美。（　　）
4. 挑剔式开局策略是指开局时，通过语言或行为来表达己方强硬的姿态，从而获得谈判对手必要的尊重，并借以制造心理优势，使得谈判顺利地进行下去。（　　）

5. 双方谈判实力相当时，在开局阶段，在语言和姿态上，既要表现得礼貌友好，又要充分显示出己方的自信和气势。（　　）

四、简答题

1. 影响商务谈判开局气氛选择的因素有哪些？
2. 常用的商务谈判的开局策略有哪些？
3. 运用坦诚相待法营造良好谈判开局气氛的技巧和注意事项有哪些？

五、案例分析题

东南亚某个国家的华人企业想要在当地为日本一著名电子公司做代理商。双方几次磋商均未能达成协议。在接下来的一次磋商中，华人企业的谈判代表发现日方代表喝茶及取放茶杯的姿势与众不同，于是他说："从××君（日方的谈判代表）喝茶的姿势来看，您一定十分精通茶道，您能否为我们介绍一下日本的茶道？"这句话正好点中了日方代表的兴趣，于是他滔滔不绝地讲述起来。结果，后面的谈判进行得异常顺利，那个华人企业终于拿到了他所希望的地区代理权。

试分析

这家华人企业的谈判代表采用何种方法改善了谈判气氛？谈谈这种方法运用应注意的事项。

实践训练

1. 以小组为单位走访一些富有经验的营销员，请他们谈谈与客户首次接触时的经验和教训，并写出走访报告。
2. 请你在课后到学校超市，运用进攻式谈判策略进行一次购买班级活动用矿泉水的谈判。

谈判游戏

道具：桌子、椅子。
参加人数：3人以上，人数不限。
方法与规则：
（1）游戏参加者自由讨论，任何话题都可以，也可以中间转换话题。
（2）能用幽默的语言将其他人逗笑的游戏参加者得分，说完后造成冷场的扣分，出现争论的酌情扣分。
（3）游戏时间为30分钟左右，得分最高者获胜。
目的：让大家在游戏中体会谈判中幽默语言的魅力。

项目 4

商务谈判报价与磋商

哈尔滨一家造酒厂的工会委员因职工要求增加工资一事向厂方递交了一份书面要求。几天后，厂方约他进行关于新的劳资合同的谈判。令他吃惊的是，一开始厂方就花了很长时间向他详细地介绍销售及成本情况，反常的开头让他措手不及。为了争取时间考虑对策，他便拿起会议材料看了起来。最上面一份是他的书面要求，一看之下他才明白，原来是在打字时出现错误，将要求增加工资 12% 打成了 21%，难怪厂方小题大做了。看到这里，他心中有了底，一言不发地静观厂方在作了有关工厂处境艰难的痛心发言后将提出什么建议。果不其然，厂方建议增加工资 12%。谈判下来，最后以增加 15% 达成协议，比自己的期望值高了 3 个百分点。

【案例分析】

报价与磋商阶段是实质性谈判阶段,是指谈判开局以后到谈判终局之前,谈判双方就实质性的事项进行磋商的全过程,是谈判的中心环节。商务谈判报价与磋商阶段在程序上包括报价、讨价与还价、冲突与僵局的调解等几个方面。

任务 4.1 报　　价

【学习目标】

知 识 目 标	技 能 目 标
了解商务谈判的报价基础。 熟悉报价先后的利弊与技巧。 掌握商务谈判的报价策略	能够熟练运用商务谈判报价策略。 具备在商务谈判中合理报价的能力

【导入案例】

我国某冶金公司要向美国购买一套先进的组合炉,派一位高级工程师与美商谈判,为了不负使命,这位高级工程师做了充分地准备工作,他查找了大量有关冶炼组合炉的资料,花了很大的精力对国际市场上组合炉的行情及美国这家公司的历史和现状、经营情况等了解得一清二楚。

当谈判购买冶炼自动设备时,我方先报价 70 万美元,而美方原先想报价 230 万美元,看到我方报的价格很低后,不得不还价到 130 万美元,中方仍然不满意,坚持出价 100 万美元。美商表示不愿继续谈下去了,把合同往中方工程师面前一扔,说:"我们已经作了这么大的让步,贵公司仍不能合作,看来你们没有诚意,这笔生意就算了,明天我们回国了。"中方工程师闻言轻轻一笑,把手一伸,做了一个优雅的"请"的动作。

美商真的走了,冶金公司的其他人有些着急,甚至埋怨工程师不该抠得这么紧。工程师说:"放心吧,他们会回来的。同样的设备,去年他们卖给法国只有 95 万美元,国际市场上这种设备的价格 100 万美元是正常的。"

果然不出所料,一个星期后美方又回来继续谈判了。工程师向美商点明了他们与法国的成交价格,美商又愣住了,没有想到眼前这位中国商人如此精明,于是不敢再报虚价,只得说:"现在物价上涨得很快,比不了去年。"工程师说:"每年物价上涨指数没有超过 6%。一年时间,你们算算,该涨多少?"

【案例分析】

美商被问得哑口无言,在事实面前,不得不让步,最终以 101 万美元达成了这笔交易。

4.1.1 报价及报价的基础

1. 报价的含义

报价也称为开价,这里所指的"价"是广义上的,并非单指商品的价格,而是包括商品的品质、数量、包装、价格、装运、保险、支付等所有的交易条件,其中价格是其核心。

2. 报价的基础

报价不是报价一方随心所欲的行为。报价应以影响价格的各种因素、所涉及的各种价格关系和价格谈判的合理范围为基础,例如,产品的生产成本或经营成本、产品成交的条件、市场供求状况等。另外,报价一方在报价时,不仅要以己方可能获得的利益为出发点,更要考虑对方可能产生的反应和这个价格能否被对方接受,即报价能够成功的概率。

可以说,如果报价的分寸把握得当,就可以把对方的期望值限制在一个特定的范围内,并有效控制交易双方的利益分割,从而在之后的价格磋商中占据主动地位;反之,报价不当,就会使对方的期望值提高,甚至使对方有机可乘,从而使己方陷入被动境地。

4.1.2 报价的形式

1. 口头报价

口头报价是指不需要提交任何书面文件,只以口头的方式提出交易条件。因为口头报价具有很大的灵活性,所以谈判者可以根据谈判的进程来调整变更自己的谈判战术,先磋商后承担义务,没有义务约束感。另外,谈判双方还可以通过充分利用情感因素,努力发挥个人的谈判艺术特长来促成交易。但是,口头报价也存在容易偏离主题、阐述不清楚甚至出错,以及对复杂问题表达困难等缺点。

2. 书面报价

书面报价也称报价单,通常是指谈判一方将本企业愿意承担的义务以书面形式清楚地表达出来。由于谈判一方事先提供了较详尽的文字材料、数据和图表等,所以对方可以有时间针对报价做好充分的准备,谈判进程会更为紧凑。但在客观上,书面形式的报价易成为该企业承担责任的记录,会限制企业在后续谈判中的让步和变化。况且,书面形式缺少口头表达的"热情",会显得呆板而缺乏弹性。

因此,实际谈判中不少谈判人员往往采用以书面报价为主、口头报价为补充的报价形式。

4.1.3 报价的原则

由于报价的高低会对整个谈判进程产生实质性的影响,所以若要成功地进行报价,谈判人员必须遵守一定的原则。

1. 报价的首要原则

所谓报价的首要原则,对于卖方来说,即是开盘价必须是最高的;相应的,对于买方来讲,开盘价必须是最低的。

之所以要遵循这个原则,主要有以下几方面的原因:

(1)如果己方是卖方,开盘价就为己方的要价确定了一个最高限度。开盘价一经确定报出,除特殊情况外,一般来说就不能提出更高的要价了,最终的成交价肯定在此价格之下;如果己方是买方,开盘价就给己方的要价确定了一个最低限度,最终的成交价一定在此价格之上。

(2)开盘价会影响对方对己方提供的产品或服务的印象和评价。"一分钱,一分货"的观念是大部分人所信奉的，因而高价就会给对方传递一种产品和服务质量高的观念，从而有利于促使对方购买自己的产品。例如，国产空调中"格力"品牌在售价方面往往是比较高的，而且很少进行特价销售，但其销量一直是名列前茅，消费者口碑也是最佳的。为什么价格高销售却如此之好呢？道理其实很简单，因为在人们的潜意识中，高价格等同于高价值，高价格往往会增加产品或服务的附加值。

（3）开盘价高能为以后讨价还价留下充足的回旋余地，使己方在谈判中更富有弹性。例如，本来打算每件卖200元的衣服，如果报价是200元，在讨价还价中价格必然会降到200元以下；如果报价是240元，在讨价还价中把40元让给对方，最终以200元成交，这样既满足了对方的心理需要，自己也没有减少收入。

（4）开盘价对最终成交水平具有实质性的影响。开盘价高，最终成交的水平也会比较高。换言之，我们在开盘时要求越高，最终所能得到的往往也就越多。

2. 开盘价必须合乎情理

开盘价要报得高一些，但绝不能漫天要价、毫无控制。开盘价必须合乎情理，要讲得通才行。如果报价过高，又讲不出道理，对方必然会认为己方缺少谈判的诚意，或中止谈判扬长而去；或"以其人之道还治其人之身"，相对也进行"漫天杀价"；或一一提出质问，而己方又无法解释，其结果只能是无条件让步。在这种情况下，有时即使己方已将交易条件让到比较公平合理的水平上，对方仍会认为尚有"水分"可挤而穷追不舍。可见，开盘价脱离现实，就会给谈判造成困难。因此，在报价时必须经过精确计算，使所报的价格比较合理，能够使对方接受。

注意：以上两个原则是相互补充、相互制约的，必须综合考虑。因此，报价的基本原则应该是通过反复比较和权衡，设法找出价格与其所带来的利益能被接受的成功率之间的最佳结合点。

3. 报价的底线原则

所谓报价的底线原则，是指最差的但却可以勉强接受的最终谈判结果。有了报价的底线价格，谈判人员就可以避免拒绝有利条件或接受不利条件，也可用来防止一时的鲁莽行动。在"联合作战"的场合，也可以避免各个谈判者各行其是。例如，卖方将出售的某种商品的最低可接受价格定为1 000元/件，这意味着假如售价等于或高于1 000元/件，他将愿意成交；但若售价低于1 000元/件，他宁愿持有商品也不会出售。

4. 报价应该坚定、明确、完整，不加解释和说明

开盘报价要坚定而果断地提出，没有保留，毫不犹豫，这样才能给对方留下己方认真而诚实的印象。欲言又止、吞吞吐吐必然会导致对方的不信任。

报价要明确、清楚和完整，以便对方准确地了解己方的期望。报价时不要对己方所报价格作过多的解释、说明和辩解，因为不管己方报价的水分有多少，对方都会对有关问题提出质询。如果在对方提问之前，己方主动地加以说明，可能会使对方意识到这是己方最关心的问题，而且这一问题也有可能是对方过去尚未考虑过的。有时过多地说明和解释，会使对方从中找到破绽或突破口，向己方猛烈反击。

注意：以上原则是商务谈判的一般原则。报价在遵循上述原则的同时，还必须考虑当时的谈判环境和与对方的关系状况等。

4.1.4 报价先后的利弊与技巧

谈判双方在经过摸底之后，就开始报价。究竟是先报价有利，还是后报价有利呢？就一般情况而言，先报价、后报价各有利弊。

1. 先报价的利弊

1）先报价的利

谈判一般希望尽可能按己方意图进行，并在谈判中使自己对对方产生影响。先报的价格将为以后的讨价还价树立起一个界限。这个界限把对手的期望限制在一个特定的范围内，一旦起始报价摆到了桌面上，对方讨价还价就只能以此为起点。因此，先报价对谈判的影响较大。例如，卖方报价某种材料1 000元/吨，那么，双方磋商结果的最终成交价一定不会超过1 000元/吨。

另外，先报价如果出乎对方的预料和设想，往往可以打破对方原有的部署，甚至动摇对方原来的期望值，使其失去信心。又如，卖方报价某种材料1 000元/吨，买方能承受的价格却是400元，与卖方报价相去甚远，即使经过磋商也很难达成协议，买方只好改变部署，要么提价，要么放弃交易。总之，先报价在整个谈判中会持续地起作用，比后报价的影响要大得多。

2）先报价的弊

其一，当一方报价后，另一方可对自己原有的想法做出调整，可以得到本来得不到的好处；其二，先报价的一方由于过早地暴露了自己手中的底牌，处于明处，对方可以从中发掘信息、找出破绽，逼迫先报价一方沿着他们设定的道路走下去，其常用的做法是采取一切手段、调动一切对其有利的因素，集中力量攻击先报价一方，逼迫其一步一步让步，而不透露自己的报价。

2. 后报价的利弊

后报价的利弊与先报价正好相反。其有利之处在于，对方在明处，己方在暗处，自己可以依据对方的报价及时地修正自己的报价策略，以争取最大的利益和最佳的谈判地位。

> **案例阅读**

有一位高级工程师，他的一项发明获得了发明专利权。他所在的公司希望购买他的发明专利。这天，公司总经理找到他，开门见山地说明了自己的来意，并问他愿意以多少钱转让其发明专利。工程师对自己的发明到底值多少钱心中没数，心想要能卖到5万美元就应该不错了，不过对方能出多少钱呢？还是让对方先报个价，自己再见机行事吧！于是他没有说出自己的报价，而是说："我的发明专利在社会上有多大作用，能给公司带来多少价值，您是十分清楚的，还是先请您说一说吧！"总经理见对方把皮球踢给了自己，只好先报价了："50万美元怎么样？"这位工程师简直不敢相信自己的耳朵，直到总经理又说了一遍，他才意识到这是真的。经过一番讨价还价，双方最后就以这一价格达成了协议。

【案例分析】

然而，后报价的弊病也很明显，即被对方占据了主动，而且必须在对方划定的价格范围内谈判。

3. 报价先后的技巧

既然先后报价各有利弊，那么，究竟谁先报价好呢？实际谈判中的"先入为主"与"后发制人"都不乏成功的范例，因此，谁先报价应视具体情况而定。一般来说，报价应遵循以下几点原则：

（1）如果出现激烈竞争或冲突气氛较浓的场合，应先报价以争取使己方产生更大的影响，力求在谈判开始时就占据主动；在合作气氛较浓的场合，或者以惯常的程序进行谈判的场合，先后报价无实质性区别。

（2）如果对方不是谈判"行家"，而自己是，应先报价较好；如果对方是谈判"行家"，而自己不是，则让对方先报价较为有利；如果双方都不是"行家"，先后报价便无实质性区别。

（3）按照惯例，在发起谈判者与应邀者之间，一般应由发起者先报价；投标者与招标者之间，一般由投标者先报价；卖方与买方之间，一般由卖方先报价，然后由买方还价。

（4）如果己方的谈判实力强于对方，或与对方实力相当，先报价较为有利；如果己方谈判实力明显弱于对手，特别是缺乏谈判经验的情况下，以后报价为好。

4.1.5 报价策略

商务谈判的报价是不可逾越的阶段，只有在报价的基础上，双方才能进行讨价还价。报价之所以重要，是因为报价对讨价还价乃至整个谈判结果会产生实质性影响。正因为如此，报价策略至关重要。

1. 报价起点策略

价格谈判的报价起点策略，是指卖方报价起点要高，即"开最高的价"，买方报价起点要低，即"出最低的价"。

谈判双方报价中的"一高一低"策略是合乎情理的，它是谈判双方为了追求各自经济利益最大化的正常心态的真实反映。从谈判策略的角度讲，谈判中的双方在提出各自的要求时，一般都含有虚报的成分，这种做法已成为商务谈判中的惯例。从心理学的角度看，谈判者都有一种要求得到比他们预期更多的心理倾向。实践证明，如果卖方开价较高，则双方可能在较高的价位成交；如果买方出价较低，则双方可能在较低的价位成交。例如，美国著名的谈判专家罗杰·道森说：绝不要接受第一次出价，这是一个百分之百应该遵循的原则；否则，对方心里自然会产生两种想法，一是我本可以做得更好，二是一定是哪里出了问题。

> **案例阅读**
>
> 李先生酷爱陶瓷的花瓶，并认为花瓶时间越久收藏价值越高。有一天，他在一家陶瓷店里发现了一个看上去年代有点久远的花瓶。老板不在，只有一个很年轻的小姑娘在店里。他大体在心里定了一个目标：最多500元。
>
> 花瓶上没有贴价格标签，他问小姑娘："这个花瓶多少钱？"小姑娘愣了一下，说："老板说这个花瓶很贵，要1 000元。"他说："太贵了，你看花瓶上还有一层灰，肯定不是好东西，我给你300元吧，卖不卖？"

那位营业员连眼睛都没眨一下，说道："好，成交，这花瓶就卖给你了。"

尽管以比预计更低的价格买到了花瓶，李先生却一直忐忑不安，总是担心这个花瓶是不是有什么问题，他是不是出价太高了，是不是200元就能买下。回到家，李先生就把它塞在角落里，也没有摆到博古架上。直到有一天，他把花瓶拿到博物馆找人鉴定了一下，才知道他当时的判断是正确的，这个花瓶确实是民国时期的东西，现在值两三千元。

李先生为什么会不安呢？就因为那个营业员不懂得商务谈判，对第一次报价表示了同意，结果使李先生心里产生了这样两个反应：我可以做得更好（第二次再到这里，我得出价更低才行）；一定是出了什么问题（这个花瓶可能有瑕疵，可能有我不知道的缺陷）。一个谈判高手会很小心，以免落入急于接受的陷阱；否则，自然会使得对方产生以上两种想法。不匆忙接受第一次出价的最好策略是用上级领导做掩护，如可以这样告诉对方："你的出价我不能接受，我得请示领导。"

【案例分析】

2. 报价表达策略

报价无论采取口头或书面方式，表达都必须十分肯定、干脆，让对方认为似乎不能再做任何变动和没有任何可以商量的余地。"大概""大约""估计"一类含糊的词语都不适宜在报价时使用，因为这会使对方感到报价不实。另外，如果买方以第三方的出价低为由胁迫时，则卖方应明确告诉买方"一分钱，一分货"，并对第三方的低价毫不在意。只有在对方表现出真实的交易意图时，为表明以诚相待，才可以在价格上开始让步。

3. 报价时机策略

在价格谈判中，报价时机也是一个策略性很强的问题。有时，卖方的报价比较合理，但却并没有使买方产生交易的欲望，原因往往是买主首先关心的是商品的使用价值。因此，在价格谈判中，应当首先让对方充分了解商品的使用价值和能为对方带来的收益，待对方对此发生兴趣后再谈价格问题。实践证明，提出报价的最佳时机一般是对方询问价格时，因为这说明对方已对商品产生了购买欲望，此时报价往往水到渠成、比较自然。

有时，在谈判开始的时候对方就会询问价格，这时最好的策略应当是听而不闻。因为此时对方对商品和项目尚缺乏真正的兴趣，过早报价会增加谈判的阻力。这时应当首先谈该商品或项目的功能、作用，能为交易者带来什么样的好处和利益，待对方对此商品或项目产生兴趣，交易欲望已被调动起来时再报价则比较合适。当然，若对方坚持即时报价，也不能故意拖延；否则，就会使对方感到不被尊重甚至反感，此时应采取建设性的态度，把价格同对方可获得的好处和利益联系起来。

4. 报价分割策略

报价分割策略，主要是为了迎合买方的求廉价心理，将商品的计量单位细分，然后按照最小的计量单位报价。采用这种报价策略，能使买方对商品价格产生心理上的便宜感，容易为买方所接受。例如，茶叶每千克200元报价成每两10元；又如，巴黎地铁公司的广告是："每天只需付30法郎，就有200万游客能看到你的广告。"

5. 报价对比策略

在价格谈判中，使用报价对比策略，往往可以增强报价的可信度和说服力，一般会取得很好的效果。报价对比可以从多方面进行，例如，将本企业商品的价格与另一可比商品的价格进行对比，以突出相同使用价值的不同价格；将本企业商品及其附加各种利益后的价格与可比商品不附加各种利益的价格进行对比，以突出不同使用价值的不同价格；将本企业商品的价格与竞争者同一商品的价格进行对比，以突出相同商品的不同价格；等等。

6. 报价差别策略

同类、同质商品，由于购买数量、付款方式、交货期限、交货地点、客户性质等方面的不同，会形成不同的购销价格。因此，无论是卖方的报价还是买方的出价，都应该考虑在不同附加因素条件下应有差别。例如，对老客户和大批量购买的客户，为巩固良好的客户关系或建立起稳定的交易联系，可适当实行价格折扣；对新客户，有时为开拓新市场，也可适当给予让价；对某些需求弹性较小的商品，可适当实行高价策略；对方"等米下锅"时，价格则不宜下降；旺季较淡季，价格自然较高；交货地点远程较近程或地点位置优越者，应适当加价；支付方式，一次付款较分期付款或延期付款，价格需要给予一定优惠；等等。

任务 4.2　讨价与还价

【学习目标】

知 识 目 标	技 能 目 标
了解讨价的方式及讨价时应注意的问题。 熟悉还价的方式。 掌握讨价还价的策略	能够熟练运用讨价还价的策略在商务谈判中进行有效的讨价还价

【导入案例】

一天傍晚，两个中年男子走进一家建筑材料公司的展厅，导购和他们打招呼，他们只顾自己说话，没有理睬导购，甚至没看导购一眼。导购安静地跟在他们后面，仔细听他们的谈话。

从他们的谈话中导购听得出来，一个是甲方老板，而另一个背包的应该是乙方供货装修的，准备装修酒店，要找深色砖，铺过道大厅用。

他们在 X 款产品跟前停了好一会儿。背包的顾客开门见山地问："这款砖的工程价是多少？"

导购回答说："工程价格要根据您所需要的数量来定，请问……"

"400 平方。"他干脆地回答，拦住了导购的问题。

"我们最少的工程量为 500 平方，工程价是××。您 400 平方不能算作工程，不过你们的眼光真不错，这款产品是我们本月出来的最新产品，目前也只有我们这一家有货，它特别显档次。"导购想绕开价格问题。

"那也太贵了吧！"他保持着说话简短、急速的风格，音调不减。

导购回答说："是稍微贵了一些，不过 X 砖是采用纳米抛光的最新工艺，致密度和光泽度都很高，而且防污、防滑性特别好！"

"还能便宜吗？"他似乎有点不耐烦。

"我们的砖无论从厂家规模，还是产品质量，在业内都是得到专家与用户认可的，但是价格却是中等价位。所以这已经是最低的了！不过，我可以申请工程价给您。"导购做出主动让步，以表姿态。

他脸一沉："我信吗？我做砖的时间比你的年龄还要大！"

他说完转身就走。这下导购更确定了，他是乙方供货商，包工包料的。经验告诉导购，他们肯定会回来买，因为甲方老板看上的砖，乙方不好改变方案；这款砖只有几家公司有，但从花色逼真与价格方面，公司很有优势。客户现在不买，多半是因为客户还不着急用。

过了几天，乙方的一个人过来了，态度柔和了一些，要求降低价格，导购没同意，客户匆忙喝掉导购端上的茶，又匆忙离去。看来客户确实接受不了这个价格。

第二天，甲方老板和乙方同时过来。乙方偷偷向导购说他只能接受 180 元左右的产品。在这种情况下，导购向甲方老板推荐了价格更便宜的 Y 产品。

"这款砖与 X 款的做工工艺都是一样的，只是 X 款的色料贵一点，所以价格高了上去。事实上，Y 款仿石材逼真，铺起来更显高档大气。"

乙方也帮着说："这款砖的平整度挺好的！"

最终，这一单以较高的价格成交。

【案例分析】

4.2.1 讨价

讨价是指要求报价方改善报价或重新报价的行为。在谈判中，一方报价并进行价格解释之后，另一方认为离自己的期望值目标太远，必然会在价格评论的基础上要求报价方改善报价。这种讨价要求既是实质性的，也是策略性的。其策略性作用是误导对方对己方的判断，改变对方的期望值，并为己方的还价做准备。

1. 讨价方式

讨价一般分为三个阶段，不同阶段应采取不同的讨价方式。

第一阶段，由于讨价刚开始，对对方价格的具体情况尚欠了解，所以采取的策略应是全面讨价，即要求对方从整体上或商业条件的所有方面提出重新报价要求的做法。例如，某娱乐城老板要将其娱乐城整体转让，报价为 2 000 万元，己方通过对该娱乐城的餐厅、各类酒吧设施等价格解释进行评价后，提出全面改善价格的要求，这是对该娱乐城的全面讨价。

第二阶段，讨价开始涉及具体内容，这时所采取的方法应是针对性讨价，即在对方报价的基础上，找出明显不合理、含水分多的项目，针对这些部分要求将水分挤出去以改善报价。做好具体讨价，一定要做到"具体问题具体分析"，分析的方式有两种：一是分类，即将整体报价内容分出项目，如成套项目报价中的软件和硬件；二是分档，以含水分的多少，把各报价内容分成大、中、小等档次。例如，针对该娱乐城的餐厅设施落后等，提出该设备的折价空间要加大，并针对该项设备提出"改善价格要求"。

第三阶段，这是讨价的最后阶段，应采取的方式也应是全面讨价。经过针对性讨价以后，含水分多的项目的价格已降了下来，这时只能从总体上要求对方改善价格。

讨价过程虽然从理论上可分为三个阶段，但从时间上看，讨价过程却不一定很长，只要对方能及时修改自己的报价，就能很快结束。

需要注意的是，这里的讨价除价格这一核心外，还包括如付款方式等其他方面的内容。

2. 讨价次数

所谓讨价的次数，是指要求报价方改善报价的有效次数，也即讨价后对方降价的次数。

从报价方的角度讲，在做了两次价格改善后就会停止并要求讨价方尽快还价。这时，只要讨价方觉得报价方的价格没有明显的改善，即对价格分析出的报价水分没有做较大的修改，就要继续讨价。当然，报价方总会留有余地，在价格改善到一定程度便会停止。这时，讨价方也应停止讨价而开始还价。

究竟讨价可以进行几次，要取决于讨价方对报价方价格的评价，只要讨价方对报价方的报价还有分析降价的依据，讨价过程就不能结束。因此，讨价的次数没有统一标准，但一般会不止一次，多数谈判的讨价在两三次。

3. 讨价应注意的问题

1）讨价前不能说出自己对价格的具体看法

对方报价后，己方只要说出自己对谈判对象价格的具体看法即可视为已进行了还价。而此时，选择权就让给了对方，己方就不能再进行讨价了。因此，当对方报价或还价后，己方的工作只能是分析对方价格中的错误或水分，而不能表明自己的具体态度；己方只能指出对方的报价高或低，至于自己想要多少，则不能说出来。

例如，卖方报价某电器每台 1 000 元。

正确的做法——

买方：该价格与市场行情相差太远，不切实际，请重新报价。

卖方：900 元，这是最低价。

买方：900 元不行，水分太大了！我们无法接受。

错误的做法——

买方：每台也就值 700 元。

2）讨价要适可而止

讨价虽然对自己有利，但要适可而止，绝不允许无限期地拖延下去。因为如果不考虑对方已对价格所做的改善，久拖而不还价，这一方面会说明己方不了解市场行情，进而说明己方无知；另一方面也说明己方没有谈判诚意，这样坚持的结果必然是谈判破裂。

因此，在讨价过程中必须进行认真的评论，只要对方能把价格中预计的水分降下 40%～50%，自己即可还价。想等对方把所有的水分全部降下来再还价，那是不可能的，因为对方要留下一部分水分作为自己讨价还价的筹码。

3）讨价要保持平静的态度

由于讨价阶段不说出自己的具体观点和看法，所以不宜采取硬压的办法，而应启发、诱导对方自动地降价或提价，这就需要在讨价时必须保持平静的态度。

经过报价和讨价以后，谈判就进入了还价阶段。

4.2.2 还价

1. 还价的含义

还价是针对一方的报价,另一方所做出的反应性报价,即一方因对另一方报价的内容不同意或不完全同意而提出对其进行变更或修改,并愿意按照新的条件与对方签订协议的表示。

还价以讨价为基础。在一方首先报价以后,另一方不会全盘接受,而是根据对方的报价,在经过一次或几次报价之后,估计其保留价格和策略性虚报部分,推测对方可妥协的范围,然后根据己方的既定策略,提出己方可接受的价格并反馈给对方。如果说报价划定了讨价还价范围的一个边界的话,那么,还价则划定了与其对立的另一条边界,双方将在这两条边界所规定的界区内展开激烈的讨价还价。

例如,卖方报价某电器每台 1 000 元。
买方:该价格与市场行情相差太远,不切实际,请重新报价。(讨价)
卖方:900 元,这是最低价。(重新报价)
买方:700 元,这是我们出的最高价。(还价)

还价是一种新的报价。一方对另一方的还价不满意时,也可以进行讨价。这样,讨价就成为双方的共同行为。"讨价—还价—再讨价—再还价",在一次谈判中,要反复多次。

2. 还价的方式

(1)根据价格评论的依据划分,还价分为按分析成本还价和按分析比价还价。按分析成本还价是指己方能计算出所谈产品的成本,然后以此为基础再加上一定百分比的利润作为依据进行还价。这种还价的关键是所计算成本的准确性,成本计算得越准确,说服力越强。按分析比价还价是指己方不了解所谈商品本身的价值,而以与其相近的同类商品的价格或竞争者的商品价格为参考进行还价。这种还价的关键是所选择的用作对比的产品是否具有可比性,只有比价合理才能使对方信服。

(2)根据每次还价项目的多少划分,还价分为单项还价、分组还价和总体还价。单项还价是指对商品逐项、逐个进行还价,例如,对成套设备按主机、辅机、备件等不同的项目还价。分组还价是指把谈判对象划分成若干项目,并按每个项目报价中所含水分的多少分成几个档次,然后逐一还价,报价中含水分多的多压价,含水分少的少压价。总体还价即一揽子还价,是指不分报价中各部分所含水分的差异,均按同一百分比还价,一般来说,由于针对性不强,所还的价格相对较高。

3. 还价的起点

在选定了还价的方式以后,最关键的问题是确定还价的起点,即以什么条件作为第一次还价。

还价的起点是买方第一次公开报出的打算成交的条件,其高低直接关系到自己的利益,也会反映出谈判者的谈判水平。因此,还价起点的总体要求是:①起点要低,力求使自己的还价给对方造成压力,影响或改变对方的判断;②接近目标,即还价的起点要低,但又不能太低，要接近谈判的成交目标，使对方有接受的可能性，否则会被认为无诚意而不再继续谈判。

从量上讲，还价起点的确定有以下三个参照因素：

（1）与自己目标价格的差距。对方报价与己方准备成交的价格目标的差距，是确立还价起点的第一项因素。对方报价与己方准备成交的价格目标的差距越小，其还价起点应当越高；差距越大，其还价起点就应越低。当然，无论还价起点高低，其都要低于己方准备成交的价格，以便为己方的讨价还价留有余地。

（2）报价中的含水量。价格磋商中，虽然经过讨价还价，报价方对其报价也做了改善，但改善的程度各不相同，因此，重新报价中的含水量是确定还价起点的第二项因素。对于所含水分较少的报价，还价起点应当较高，以使对方感到己方交易的诚意；对于所含水分较多的报价，或者对方报价只做了很小的改善便千方百计要求己方立即还价者，还价起点就应较低，以使还价与成交价格的差距同报价中的含水量相适应。同时，对方报价的不同部分含水量也会存在差异，因而，还价起点的高低也应有所不同，以增强还价的针对性并为己方争取更大的利益。

（3）准备还价的次数。它是影响确定还价起点的第三个因素。同讨价一样，还价也不能只允许一次。在每一次还价增幅已定的情况下，当己方准备还价的次数较少时，还价起点应当较高；当己方准备还价的次数较多时，还价起点应当较低。

4．讨价还价的策略

1）吹毛求疵策略

吹毛求疵是买方在谈判中采用虚张声势、虚实结合的办法，再三挑剔对方的缺点，以打乱对方的阵脚，从而为自己的讨价还价争得余地。

吹毛求疵策略是通过再三挑剔，提出一大堆问题和要求来运用的。因此，采用该策略的关键是对"疵"的寻找。当然，有的问题是实实在在的，有的问题则是虚张声势的，其目的是降低对方的期望值，找到讨价还价的理由。

该策略一般是在对方是缺乏谈判经验的谈判新手或购买商品的情形下使用，其应对措施有以下几种：

（1）冷静耐心地听取对方的意见，尽可能掌握对方的真实意图。一般情况下，"嫌货才是买货人"，对方越挑剔，越说明对方想购买。

（2）开诚布公地说明自己产品的优、缺点，使对方无计可施。

（3）开出一揽子解决问题的办法让对方选择。

2）投石问路策略

要想在谈判中掌握主动权，就要尽可能地了解对方的情况，尽可能地了解和掌握当己方采取某一步骤时对方的反应、意图或打算。投石问路就是了解对方情况的一种战术。

投石问路是指利用一些对对方具有吸引力或突发性的话题与对方交谈，或通过所谓的谣言、秘密或有意泄密等手段借以琢磨和探测对方的态度和反应的一种策略。例如，一方想要试探对方在价格上有无回旋的余地，就可以提议："如果我方增加购买数量，你们可否考虑使价格更优惠些呢？""如果我们以现金支付或采取分期付款的形式，你方的产品价格有什么差别？"这样，买方就可以根据卖方的开价，进行选择比较、讨价还价。

一般来说，任何一次试探都能使买方更进一步了解卖方的商业习惯和动机，以及可能成交的最低价格或价格政策。通过这种迂回的方式，试探对方的价格目标，从而使己方在要价中做到心中有数，在交锋中做到攻防有度。

采用投石问路策略时，应注意以下三个问题：

（1）提出的问题要恰当，力求避免包含某种错误或有敌意的信息。

（2）提问题要有针对性。在谈判中，一个问题的提出要把问题的解决引导到交易能否做成这一方向上去，并给予足够的时间使对方尽可能详尽地正面回答。

（3）尽量避免暴露提问的真实意图。

其应对措施有以下几种：

（1）向对方提出反问题，或提出与对方问题不相干的问题，或直截了当地向对方询问其交易的真实需要及其期望的交易条件。例如，对方询问订货数额增加到 5 000 件时的优惠价格时，你可以反问："你希望优惠多少？"或"这么说你准备购买 5 000 件，是吗？"

（2）并不是提出的所有问题都要正面回答、马上回答，有些问题拖后回答也许效果会更好。

（3）分析对方提问的真正意图和目的，对答复对方提问的各类条件要认真比较分析，使其为实现己方的谈判目标服务。

3）价格诱惑策略

价格在商务谈判中十分重要。这是因为，许多商务谈判就是价格谈判，价格最直接地反映了谈判者双方各自的切身利益。

价格诱惑策略就是卖方利用市场商品价格看涨的有利时机，把买方的注意力吸引到价格上来，以给对方优惠价格诱使对方与己方迅速签订购买协议，从而取得有利的谈判成果的策略。

例如，在价格诱惑策略中，卖方诱导的手段是"保值"，一般使用的方法有以下两种：

（1）商品价格看涨，要求对方现在签订合同，3 个月或半年以后交货仍按现在的价格结算。

（2）商品价格已经上涨，要求对方立即签订合同，可享受按原价结算的优惠待遇。

可见，该策略的实质是能给买方保值。那么，这种策略为什么又是"陷阱"呢？因为该策略实际上对买方不利，其原因主要有以下两点：

（1）在上述情况下，买方在签署合同时，往往没有对包括价格在内的各项合同条款进行仔细认真的研究，实际上只是在卖方事先准备好的标准式样合同上签字，很少能做大的修改、补充。这样，买方应争取的各项优惠条件和让步就很难写入这种改动余地很小的合同中。

（2）由于合同订得仓促，很多重要问题都会被忽略。卖方也常常会由于事先已"照顾了对方的利益"而在谈判中坚持立场，寸步不让。买方也会为了达成协议，过于迁就对方。

例如，在购买设备的谈判中，卖方提出，年底之前设备价格会随市场行情大约上涨5%。如果对方打算购买这批设备，在年底前签订协议，就可以以目前的价格享受优惠，合同执行可按年底算；如果此时市场价格确实浮动较大，那么这一建议就很有吸引力，买方就有可能趁价格未变之机匆忙与对方签约。这种做法看起来似乎是照顾了买方的利益，实际上并非如此，买方甚至会因此吃大亏。

其应对措施有以下几种：

（1）严格按照谈判计划进行谈判，该讨价还价的一定要讨价还价，绝不随意迁就。

（2）买方要根据实际需要确定订货单，不要被卖方在价格上的诱惑所迷惑，买下一些不该买的商品而占用资金。

（3）买方要反复协商，推敲各种项目合同条款，充分考虑各种利弊关系。签订合同之前，还要再确认一次。

（4）切忌因在时间上受对方期限的约束而匆忙做出决定。

4）抬价策略

抬价策略是商务谈判中最常用的方法之一。谈判中一般没有一方一开价另一方就马上同意拍板成交的，都要经过多次的抬价、压价，双方才会互相妥协，最终确定一个一致的价格标准。因此，谈判高手也是抬价、压价的高手。

抬价策略是指谈判双方已经谈好价款，供方却又突然提出提价，需方尽管很生气，但为了避免谈判破裂或损失，只好再和供方磋商，最后以较高的价格成交。

由于谈判时抬价一方不清楚对方要求多少、在什么情况下妥协，所以这一策略运用的关键就是抬到什么程度对方才能够接受。

一般来说，抬价是建立在科学的计算，精确的观察、判断、分析基础上的，当然，忍耐力、经验、能力和信心也是十分重要的。事实证明，抬高价往往会有令人意想不到的收获。许多人在双方已商定好价格时又反悔变卦、抬高价格，但却往往能如愿以偿。另外，抬价还能使卖方较好地遏制买方的进一步要求，从而更好地维护己方利益。

【案例阅读】

某钢铁厂采购耐火砖，某耐火材料厂向其报价 800 元/吨。钢铁厂的谈判人员估计 700~750 元/吨就能成交。10 天后，双方正式展开谈判，不料耐火材料厂一开始谈判便抢先解释本方报价有误，且是 10 日前报价，现重新报价 1 000 元/吨。当时，耐火材料行情已有上涨的先兆，钢铁厂谈判人员开始怀疑自己原来的估计。最后，双方以原先的报价 800 元/吨成交。

【案例分析】

其应对措施有以下几种：

（1）若看出对方的诡计，应揭穿对方的把戏，争取主动。

（2）制定一个价格的上、下限，然后围绕这些标准进行讨价还价。

（3）用反抬价来回击。如果在价格上迁就对方，必须在其他方面获得补偿。

（4）在合同没有签订好以前，要求对方做出某种保证，以防反悔。

（5）中止谈判。

任务4.3 冲突与僵局的调解

【学习目标】

知 识 目 标	技 能 目 标
了解商务谈判僵局的含义和分类。 熟悉商务谈判僵局产生的原因。 掌握突破谈判僵局的策略和技巧	具备在商务谈判中设置僵局及突破僵局的能力

【导入案例】

中国 K 公司与法国 G 公司就计算机制造技术的交易在北京进行谈判，K 公司接触一些厂家后，认为 G 公司的技术很适合需要，有意与其合作。G 公司也认为自己的技术不错，有竞争性，同意与 K 公司谈判。

经过技术交流后，中方专家表现的赞许态度使法方感到极为自信、自得。当进入商务条件谈判时，G 公司主谈杜诺先生的态度变得非常强硬，而且不大尊重 K 公司主谈邢先生，对邢先生的说理和友善的态度全然不当回事。意思是：我就这条件，同意，就签合同；不同意，就散伙。对此合同，K 公司邢先生不能说同意，更不能说散伙。怎么办呢？

邢先生设计了一个方案：让助手继续与杜诺先生谈判，把参与人员减少了一半，原则是能往前谈就往前谈，谈不拢也陪着杜诺先生谈。一天过去了，杜诺先生没见到邢先生，问其助手："邢先生去哪儿了？"助手答："无可奉告。"第二天上午谈判仍无大的进展。杜诺先生要求见邢先生，助手答应下午安排。

下午，邢先生见到了杜诺先生问："谈判进展如何？"杜诺说："不大。"并问邢先生："为什么不参加谈判？"邢先生一笑说："我有我的事。"杜诺问："我们的交易怎么办？"邢先生说："我的助手有能力与您谈判所有问题。""可到目前为止进展不大呀！"杜诺先生说。邢先生回答："原因一定不在我助手这方面。"杜诺一笑，说："我希望您能参加我们的谈判。"邢先生说："我也乐意，等我安排好时间再说。"并说："我还有事，希望您与我的助手合作愉快！"随即告辞。

随后的谈判，中方再次调整了谈判时间，一天改为半天，且时间安排得靠后。这样断断续续又过了两天，杜诺先生要求与邢先生面谈。

邢先生与杜诺见面了。杜诺先生抱怨："K 公司不重视与 G 公司的谈判。"邢先生认为："不对。K 公司一直很重视本次谈判，尽管工作很忙，也未中断过与 G 公司的谈判。"杜诺先生反驳说："如果重视，为什么您本人不参加谈判了？贵公司参加谈判的人都没有决定权，而且时间安排也不紧凑。"邢先生说："有可能您的问题太复杂，他们一时难以答复。时间不紧凑是误会，我们可是忙得很，没闲着。"杜诺先生追问："您忙什么？有什么比与我们公司谈判更重要的吗？"邢先生诡秘地笑了："杜诺先生，这可是我公司内部的安排，我得服从啊！"杜诺先生沉默了一会儿，很严肃地对邢先生讲："我公司来京谈判是有诚意的，无论贵方有多忙，我希望应先与我公司谈。"邢先生答道"是呀！我最早是与您谈的，不正反映了我方的重视吗？""可贵方现在没有这么做。""可当我与贵方谈时，贵方并未注意我方的意见，我公司也不能浪费时间呀！""我希望邢先生给我讲实话，是不是贵公司正在与别人谈。"说着在黑板上画了一幅图：一个大楼写着 K 公司的名字。楼内有一个乌龟，背上写着 E 公司。后门等着一个乌龟，背上写着 W 公司。然后笑着问邢先生："是不是这样？"邢先生乐了，说："您的消息真灵通。"杜诺先生马上严肃起来，庄重地说："邢先生，不管事态是否如此，我公司强烈要求给我们机会，我本人也希望与您直接谈判。"邢先生收住笑容，也认真地回答："我理解贵方的立场，我将向上级汇报，调整我的工作，争取能与您配合谈判该项目。"

双方恢复了谈判，一改过去的僵持，很通情达理地进行了相互妥协，最后达成了协议。

【案例分析】

4.3.1 商务谈判中的僵局

1．什么是谈判僵局

商务谈判僵局是指在商务谈判中，当双方对所谈问题的利益要求差距较大、各方面又都不肯做出让步，而使谈判呈现出的一种不进不退的僵持局面。谈判僵局之所以经常出现，其原因就是来自不同企业、不同国家或地区的谈判者，在谈判中其观点、立场的交锋是持续不断的，当利益冲突变得不可调和时，僵局便出现了。出现僵局不等于谈判破裂，但它会严重影响谈判的进程，如不能很好地解决就会导致谈判破裂。因此，当僵局出现时，必须迅速地进行处理。要突破僵局，必须对僵局的性质、产生原因等问题进行透彻的了解和分析，并正确地加以判断，进而采取相应的策略和技巧、选择有效的方案，使双方重新回到谈判桌上。

2．谈判僵局的分类

（1）从广义上讲，商务谈判僵局可分为协议期僵局和执行期僵局两大类。

协议期僵局是双方在磋商阶段意见产生分歧而形成的僵持局面；执行期僵局是在执行项目合同过程中双方因对合同条款理解不同而产生的分歧，或出现了双方均始料未及的情况而有意把责任推向对方或他人，或因一方未能严格履行协议而引起另一方的极大不满，并由此而引起的争议。

（2）从狭义上讲，僵局又分为初期僵局、中期僵局和后期僵局三种。

① 谈判初期，主要是谈判双方彼此熟悉、了解、建立融洽气氛的阶段，双方对谈判都充满了期待，因此，在谈判初期，僵局一般不会发生。但如果由于误解或双方对谈判准备得不够充分等，一方感情受到很大伤害，就会导致僵局的出现。

② 谈判中期是实质性谈判阶段，由于谈判各方利益的差异，在磋商过程中，谈判可能会暂时朝着使双方难以统一的方向发展，所以便会产生谈判中期僵局。在谈判中期，此种僵局可能会反反复复地出现。有些僵局出现时，通过双方重新沟通，矛盾便可迎刃而解，有些则会因双方都不愿在关键问题上退让，而使谈判长时间悬而不决。因此，谈判中期僵局主要表现出纷繁多变的特点，谈判的破裂经常在这一阶段发生。

③ 谈判后期是谈判双方达成协议的阶段。在此阶段，技术、价格等这些关键问题已经解决，但在诸如项目验收程度、付款条件等执行细节上还需进一步商议，特别是合同条款的措辞、语气等经常容易引起争议。但是，谈判后期的僵局不像中期那样难以解决，只要某一方表现得大度一些，稍作让步便可为谈判画上圆满的句号。需要指出的是，这个时期的僵局也不容轻视，如果掉以轻心，有时仍会出现重大问题，甚至使谈判前功尽弃。

从谈判的内容上看，不同的谈判主题会有不同的谈判僵局。当然，在所有可能导致谈判僵局的谈判主题中，价格是最敏感也是产生僵局频率最高的一个方面。

4.3.2 商务谈判僵局产生的原因

无论是谈判中的何种僵局，其形成都是有一定原因的。因此，为避免僵局出现，或在其出现时能够运用科学有效的策略和技巧将其打破，就必须准确地了解和判断谈判僵局出现的原因。造成谈判僵局的原因可能是多方面的。

1. 谈判一方故意制造谈判僵局

在商务谈判中，当一方坚持较高条件而使僵局出现的时候，另一方的信心便会动摇，并会因此怀疑自己的判断能力，从而做出某些让步为打破僵局创造条件。可见，在这种情况下，僵局是作为一种策略来使用的，其目的是迫使对手就范，从而形成有利于己方的形势。

制造僵局的一般方法是向对方提出较高的要求，要对方全面接受自己的条件。对方可能会在接受己方部分条件时，便会要求己方做出让步，此时，如果己方坚持自己的条件，而对方又不能再做出更大让步时，谈判便会陷入僵局。

谈判实践中，很多谈判人员害怕僵局的出现，担心僵局会导致谈判暂停乃至最终破裂。他们看不到僵局的积极意义，也不善于制造和利用僵局。事实上，僵局既可能导致谈判破裂，也能够促成双方的理性合作；既可以改变已有的谈判局势，又能提高自己在谈判中的地位。因此，许多优秀的谈判高手都非常善于利用僵局，出奇制胜。

2. 合理要求的差距导致僵局

从谈判双方各自的角度出发，双方各有自己的利益需求。当双方都坚持自己的成交条件，而且双方的条件虽相去甚远但却合情合理的情况下，这时只要双方都迫切希望从这桩交易中获得所期望的利益但却不肯做进一步的让步，那么谈判就很难进行下去，僵局的出现也就不可避免了。

这种僵局出现的原因就在于双方合理要求差距太大，不能达成共识。在商务谈判实践中，即使双方都表现出了十分友好、真诚与积极的态度，但是如果双方期望的收益存在很大差距，那么就难免会出现僵局。

3. 双方立场观点的争执导致僵局

谈判过程中，如果双方对某一问题各持自己的看法和主张，并且双方谁也不愿做出让步时，往往容易产生分歧，争执不下。越是坚持自己的立场，双方之间的分歧就会越大。这时，双方真正的利益就会被这种表面的立场所掩盖，而且为了维护各自的面子，双方非但不愿做出让步，反而会用顽强的意志来迫使对方改变立场。于是，谈判变成了一种意志力的较量，谈判自然会陷入僵局。

经验证明，谈判双方在立场上关注越多，就越不能注意调和双方利益，也就越不可能达成协议。当谈判双方都不想做出让步，或以退出谈判相要挟时，就更增加了达成协议的困难。立场观点争执所导致的僵局是比较常见的，因为人们很容易在谈判时陷入立场观点的争执不能自拔而使谈判陷入僵局。

4. 谈判双方用语不当导致僵局

俗话说，"良言一句三冬暖，恶语伤人六月寒。"谈判双方因用语不当，伤害对方的感情或使对方丢面子，也会形成谈判的僵局。

一些有经验的谈判专家认为，许多谈判人员维护个人的面子甚于维护公司的利益。如果在谈判中，对方用语不当，使一方感到丢了面子，他便会奋起反击，甚至不惜退出谈判。这时，当这种人的心态处于一种激动不安的状况下，态度也特别固执，语言也富有攻击性，明明是一个微不足道的小问题，也毫不妥协退让，双方就很难继续交谈，使谈判陷入僵局。

5．有意无意地强迫导致僵局

谈判中，常常由于人们有意无意地采取强迫手段而使谈判陷入僵局。特别是在国际商务谈判中，双方不仅存在经济利益上的相争，还有维护国家、企业及自身尊严的需要。因此，某一方越是感觉自己受到逼迫，就越是不会退让，谈判的僵局也就越容易出现。

强迫造成的谈判僵局是屡见不鲜的。例如，在国际业务交往中，有些外商常常要求我方向派往我国的外方工作人员支付高薪报酬，或要求低价包销由其转让技术所生产的市场旺销产品，或强求购买其已淘汰的设备，如果我方不答应，就反过来以取消贷款、停止许可证贸易等相威胁。诸如此类的强迫行为，都是导致僵局出现的原因。

6．信息沟通障碍导致僵局

谈判过程是一个信息沟通的过程，只有信息实现正确、全面、顺畅的沟通，双方才能互相深入了解，才能正确把握和理解对方的利益和条件。但在实践中，由于双方信息沟通受阻或失真使双方之间产生误解而出现争执，并因此使谈判陷入僵局的情况屡见不鲜。

信息沟通障碍指双方在信息交流过程中由于主、客观原因所造成的理解障碍，其主要表现为：由于双方文化背景差异所造成的观念障碍、习俗障碍、语言障碍；由于知识结构、教育程度的差异所造成的问题理解障碍；由于心理、性格差异所造成的情感障碍；由于表达能力、表达方式的差异所造成的传播障碍；等等。

案例阅读

【案例分析】

某跨国公司总裁访问一家中国著名的制造企业，商讨合作发展事宜。中方总经理很自豪地向客人介绍说："我公司是中国二级企业……"此时，翻译人员很自然地用"second-class enterprise"来表述。不料，该跨国公司总裁闻此，原来很高的兴致突然冷淡下来，敷衍了几句立刻起身告辞。在归途中，他抱怨道："我怎么能同一个中国的二流企业合作？"可见，一个小小的沟通障碍会直接影响谈判的最终结果。再如，一美国商人谈及与日本人打交道的经历时说："日本人在会谈过程中不停地'hi''hi'，原以为日本人完全赞同我的观点，后来才知道日本人只不过表示听明白了我的意思而已，除此之外，别无他意。"

7．人员素质低下导致僵局

俗话说，"事在人为"，谈判人员素质的高低往往会成为谈判能否顺利进行的决定性因素。无论是谈判人员个性方面的原因，还是其知识经验、策略技巧方面的不足或失误，都可能致使谈判陷入僵局。

以上是造成谈判僵局的几种原因。虽然人人都不希望出现僵局，但是谈判中出现这些情况是很自然的事情，这并不可怕。面对僵局时，不要惊慌失措或情绪沮丧，更不要一味指责对方没有诚意，谈判双方要弄清楚僵局产生的真实原因是什么、分歧点究竟在哪、谈判的形势怎样，然后运用有效的策略技巧突破僵局，使谈判顺利进行下去。

4.3.3 突破谈判僵局的策略与技巧

既然商务谈判中出现僵局是不可避免的事,那么,不仅要正视它,更要有理、有礼、有节地对其进行妥善处理。常见的用以突破谈判僵局的策略和技巧主要有以下七种。

1. 寻找替代的方法打破僵局

俗话说,"条条大路通罗马",在商务谈判上也是如此。谈判中,一般存在多种可以满足双方利益的方案,而谈判人员经常简单地采用某一方案,而当这种方案不能为双方同时接受时,僵局就会形成。当双方越过对立的立场而去寻找促使坚持这种立场的利益时,往往就能找到既符合这一方利益又符合另一方利益的许多替代方案,就可以突破僵局。

2. 运用低潮回避法打破僵局

当谈判陷入僵局,经过协商而毫无进展,双方的情绪均处于低潮时,可以采用避开该话题的办法,换一个新的话题与对方谈判,以等待高潮的到来。横向谈判是回避低潮的常用方法。由于话题和利益相关联,当其他话题取得成功时,再回来谈陷入僵局的话题,便会比以前容易得多。例如,在价格问题上,双方互不相让、僵持不下,可以先把这一问题暂时搁置一旁,改谈交货期、付款方式等其他问题。如果在这些问题上双方都感到满意了,再重新回过头来讨论价格问题,阻力就会小一些,商量的余地也就更大一些,从而弥合分歧,使谈判出现新的转机。

> **案例阅读**

福耀玻璃厂与美国欧文斯公司就玻璃生产设备的引进一事进行谈判。双方在全套设备引进还是部分设备引进的问题上产生分歧,各执一端,互不让步。谈判陷入僵局。这时,福耀玻璃厂谈判代表思考了一会,决定用低潮回避法主动打破僵局。他面带微笑,换上一种轻松的语气,避开争执的话题,向对方说:"你们欧文斯公司的技术、设备和工程师都是世界一流的。利用一流的技术、设备进行生产,我们就能成为全国第一。这不但对我们有利,对你们也有利。"

这番话使欧文斯公司的首席谈判代表很高兴,谈判的气氛一下子就轻松活跃起来。福耀玻璃厂代表趁势将话题一转,继续说:"但是,我们厂的外汇的确很有限,不能将贵公司的设备全部引进。而且,现在法国、日本和比利时都在跟我们国家的其他厂家接触,如果我们不尽快达成协议,那么可能就会失掉中国的市场,这个损失将是巨大的。"最终,这次谈判达成了对我方有利的协议,节约了大量外汇。

【案例分析】

3. 改变谈判环境打破僵局

正规的谈判场所容易给人们带来一种严肃沉闷的感受,尤其是双方发生冲突、话不投机时,更容易使人产生压抑感。在这种情况下,作为东道主,可以首先提出暂时休会,组织双方人员进行一些放松性活动,如浏览观光、运动、娱乐等。在游乐过程中,双方可以不拘形式地对某些僵持的问题继续交换意见,寓严肃的讨论于轻松欢快的气氛中。作为谈判的另一方也可邀请对方到自己的公司所在地游览观光,以达到更换谈判环境化解僵局的目的。

4. 运用休会策略打破僵局

休会策略是谈判人员为控制、调解谈判过程，缓和谈判气氛，打破谈判僵局而经常采用的一种基本策略。其目的在于使双方冷静下来客观地分析形势，缓和紧张气氛，调整谈判谋略，以便在新的合作气氛中进入再谈判，进而提出双方都满意的新方案，这时僵局就会较容易被打破。

5. 运用最后通牒策略打破僵局

所谓最后通牒策略，是指商务谈判在陷入僵局时，一方向另一方列出最后的条件，如价格、交货期、付款方式及规定谈判的最后期限等，表示"行则行，不行则罢"，迫使对方做出让步，以打破僵局的策略。在商务谈判中，人总是想象未来可能会给己方带来更大的利益，表现出对未来的希望和不肯舍弃现实的矛盾情绪，不肯做最后的谈判和选择。此时，打破僵局、击败犹豫的对手最有效的手段是采取最后通牒策略。例如，美日汽车贸易谈判协议就是在美国规定对日本进口汽车实行高关税制裁前最后几小时达成的。该项协议谈判历时近两年，始终未能谈成，能在制裁实施前的最后几小时达成协议，不能否认"最后通牒"的作用。

6. 利用调解人调解打破僵局

当谈判双方进入立场严重对峙、谁也不愿让步的僵持局面时，找到一位中间人来帮助调解，往往会获得意想不到的效果。调解就是请调解人拿出一个新的方案让双方接受。由于该方案照顾了双方的利益，顾全了双方的面子，并且以旁观者的立场对方案进行分析，所以很容易被双方接受。

商务谈判中的中间人主要是由谈判者自己挑选的。无论是哪一方，它所确定的斡旋者应该是对对方熟识、能够为对方所接受、与双方都没有直接关系的第三者，否则就很难发挥其应有作用。在选择中间人时，不仅要考虑其能否体现出公正性，而且还要考虑其是否具有权威性。这种权威性是使对方逐步接受中间人的影响，最终转变强硬立场的重要力量。

7. 更换谈判人员打破僵局

更换谈判人员分两种情况。一种情况是谈判双方由于争论激烈，伤害了对方的自尊心，或一方对另一方的主谈和负责人持有偏见或成见，提出不愿与其再谈下去的意见，要求对方换将。形成这种局面的主要原因是在谈判中不能很好地区别对待人与问题，由对问题的分歧发展为双方个人之间的矛盾。当然，也不能忽视不同文化背景下人们不同的价值观念的影响。另一种情况是谈判一方为了策略的需要，为推翻以前的承诺或向对方提出新的要求而主动换将。

如果是前一种情况，应视情况而定，必要时可以更换谈判人员以缓和紧张气氛，打破僵局。但应注意的是，更换人员不等于降低谈判条件，谈判气氛和策略可以改变，但基本利益不能改变。

如果是后一种情况，己方提出换将，就必须考虑换将的目的是什么、能否达到这一目的、对方会有什么反应等问题，并且还需要适当的时机和恰当的借口。如果对方提出换将，则需要冷静处理。如果对方否认已达成的协议，己方也可以借此否认以前的承诺，甚至向对方提出抗议，或不向新对手重复自己的观点，更不能轻易做出让步。

以上列举了一些突破僵局的策略和技巧，在现实谈判中，要比这复杂得多，策略和技巧也不限于这几种。在具体谈判中最终应采用何种策略和技巧，谈判人员应该从实际出发，具体问题具体分析，灵活地运用。

基本训练

【参考答案】

一、单项选择题

1. 商务谈判理想的报价方式是（　　）。
   A. 书面报价　　　　　　　　B. 口头报价
   C. 书面报价或口头报价　　　D. 书面报价为主，口头报价作补充
2. 吹毛求疵策略最适合在商务谈判的（　　）运用。
   A. 开局阶段　　　　　　　　B. 磋商阶段
   C. 结束阶段　　　　　　　　D. 让步阶段
3. 谈判者主动满足对方需要来使用需要得到满足的谈判策略是（　　）。
   A. 妥协策略　　　　　　　　B. 对抗策略
   C. 延缓策略　　　　　　　　D. 让步策略
4. 对方报价后第一次运用的讨价方式是（　　）。
   A. 全面性讨价　　　　　　　B. 具体讨价
   C. 分组讨价　　　　　　　　D. 逐项讨价
5. 在一方报完价之后，另一方比较讲究策略的做法是（　　）。
   A. 马上还价　　　　　　　　B. 置之不理、转移话题
   C. 请对方做出价格解释　　　D. 亮出己方的价格条件
6. 谈判中，一方首先报价之后，另一方要求报价方改善报价的行为被称作（　　）。
   A. 要价　　　　　　　　　　B. 还价
   C. 讨价　　　　　　　　　　D. 议价
7. 在下列让步模式中，对卖方来说，最适宜的让步模式是（　　）。
   A.【0—0—0—80】　　　　　B.【35—26—16—3】
   C.【20—20—20—20】　　　 D.【45—30—0—5】
8. 谈判中，还价起点的确定，从原则上讲（　　）。
   A. 起点要低　　　　　　　　B. 起点要高
   C. 不要太低　　　　　　　　D. 不要太高
9. 决定能否打破僵局的最重要因素是（　　）。
   A. 双方实力　　　　　　　　B. 市场环境
   C. 人员素质　　　　　　　　D. 交易条件
10. 报价起点策略是指（　　）。
    A. 卖方开价要高　　　　　　B. 卖方开价要低
    C. 卖方漫天要价　　　　　　D. 买方胡乱杀价

二、多项选择题

1. 买方还价中，在每次还价幅度已定的情况下，（　　）。
   A. 当准备还价次数较多时，还价起点就要较低
   B. 当准备还价次数较多时，还价起点就要较高
   C. 当准备还价次数较少时，还价起点就要较高
   D. 当准备还价次数较少时，还价起点就要较低

2. 在谈判的报价前为自己设立一个"最低可接纳水平"的好处是（　　）。
   A. 可避免拒绝有利条件
   B. 可避免接纳不利条件
   C. 可限制谈判才的权力
   D. 联合谈判时，可避免各个谈判者各行其是
   E. 可迫使对方让步

3. 在谈判过程中迫使对方让步的策略有（　　）。
   A. 利用竞争对手策略　　B. 全力限制策略
   C. 不开先例策略　　　　D. 软硬兼施策略
   E. 最后通牒策略

4. 谈判一旦陷入僵局，破解僵局的主要方法和对策是（　　）。
   A. 交换谈判议题　　　　B. 更换谈判人员
   C. 暂时休会　　　　　　D. 寻找替代方案
   E. 借助调解人

5. 在商务谈判中，己方在报价时应坚持（　　）。
   A. 坚定、明确　　　　　B. 清楚、完整
   C. 做详细解释说明　　　D. 不作详细解释说明
   E. 模糊化、留有余地

三、判断题

1. 报价一方在报价时，不仅要以己方可能获得的利益为出发点，更要考虑对方可能的反应和能否被对方接受。（　）
2. 书面报价是最灵活的一种报价方式。（　）
3. 开盘价高，虽使己方在谈判中更富有弹性，但也容易惹恼对方，使后面谈判陷入被动。（　）
4. 先报价往往使自己处于劣势，虽然可以打破对方原有的部署。（　）
5. 谈判初始阶段的一个重要原则就是：永远不要接受第一次出价。（　）

四、简答题

1. 报价及报价的原则是什么？
2. 影响还价起点的因素有哪些？
3. 投石问路策略及其对策指的是什么？
4. 让步时应遵循的原则及让步的方式有哪些？
5. 试述产生谈判僵局的主要原因及打破僵局的技巧。

五、案例分析题

案例一：

某年 7 月，重庆某地产公司总经理张先生，获悉澳大利亚著名建筑师尼可·博谢在上海作短暂停留。他认为，尼可·博谢是当代著名的杰出建筑设计师。为了把本公司正在建设中的金盾大厦建设成一流的现代化综合商住楼，张总决定委派丁副总经理飞赴上海，与尼可·博谢先生洽谈大厦委托设计事宜。

7 月 25 日，双方代表准时赴约，丁副总经理一行介绍了金盾大厦的现状，她说："金盾大厦建设方案是在七八年前设计的，其外形、外观、立面等方面有些不合时宜。我们恳请贵公司合作与支持。"丁副总经理一边介绍，一边将事先准备好的有关资料提供给尼可·博谢一行。尼可·博谢先生在我国注册了"博谢联合建筑有限公司"，该公司声名显赫，在上海打开了一定的市场。但是尚未进入内地市场，该公司非常希望在内地房产设计市场占有一席之地。所以尼可·博谢对这一项目很感兴趣，他们同意接受对方委托设计金盾大厦 8 楼以上的方案。然而，博谢联合建筑有限公司报价 40 万元人民币。博谢公司代表的理由是：本公司是一家在世界上有名气的公司，报价稍高是理所当然的。但是，鉴于重庆地区的工程造价实际情况，这一报价已最优惠。据重庆方面的谈判代表了解，博谢联合建筑有限公司按照上海市场的报价，折合人民币是 136.95 万元。的确，40 万元人民币的报价算是优惠的了。但是，考虑到公司的利益，丁副总经理还价："20 万元人民币。"这个还价让对方感到吃惊。丁副总经理解释道："在来上海之前，总经理授权我们 10 万元左右的签约权限。我们出价 20 万元，已经超出了我们的权力范围……如果再增加，必须请示正在重庆的总经理。"双方僵持不下，谈判暂时结束。

7 月 26 日晚，双方又重新坐到谈判桌前，这次博谢联合建筑有限公司主动降价，由 40 万元降为 35 万元。并一再声称："这是最优惠的价了。"重庆方面的代表坚持说："我们无法接受！经过请示，公司同意支付 20 万元！请贵公司再考虑考虑。"对方谈判代表嘀咕了几句，说："介于你们的实际情况和贵公司的条件，我们再降 5 万元，30 万元好了。低于这个价格，我们就不合作了。"重庆方面的代表认为对方舍不得丢掉这次合作机会，于是仍坚持出价 20 万元。过了一会儿，博谢公司的代表收拾资料，准备退场，眼看谈判陷入僵局。这时，重庆方面的蒋工程师急忙说："请贵公司的代小姐与我们的总经理通话，待我公司总经理决定并给我们指示后再谈，可否？"由于这样提议，紧张的气氛才缓和下来。

7 月 27 日，代小姐等人与张总经理通了电话。在此之前，丁副总经理已与张总通话，向张总详细汇报了谈判的情况。张总要求丁副总经理："不卑不亢！心理平衡！"所以当代小姐与张总通话时，张总发表了具体意见。在双方报价与还价的基础上，重庆方面出价 25 万元。博谢联合建筑有限公司基本同意，但提出 8 月 10 日才能交图纸，比原计划延期两周左右。经过协商，当天晚上双方草签了协议。7 月 28 日，双方签订正式协议。

试分析

1. 在谈判过程中，中方主要运用了哪一个策略？除此策略外，双方还运用了哪些谈判策略？
2. 如何理解谈判中"有限的权力才是真正的权力"？
3. 面对丁副总经理使用权力有限策略，如果你是尼可·博谢一方的代表，如何应对？

案例二：

在日本 X 公司到中国 Y 公司引进推销其家用电器产品时，其销售科长将报价给了 Y 公司业务人员，约定某年某月到 Y 公司来谈判。当中村科长到 Y 公司与主管业务的 C 先生谈判妥后，中村科长到要求宴请 C 先生和其上司。C 先生和其上司 F 经理接受了邀请。席间气氛十分活跃，中村科长在席上送 F 经理健身器一套，F经理欣然接受。席后中村科长希望F经理次日参加谈判，F经理满口答应。晚宴后，因酒喝的较多，C先生和F经理没有进行工作情况的沟通就各自回家了。

次日，继续谈判，中村一看F先生没到场，问C先生："今天F先生为什么没来会谈间？"C先生愕然："F经理没给我讲呀！"中村先生："能否请您给F先生打个电话？"C先生不情愿地说："可以。"在会谈间C先生拨通电话，说："F经理，中村先生说您答应参加谈判的，您看怎么办？"F经理："噢，是的，昨天晚上，我随便说一句，他当真了，好！我马上来。"

F经理到会场后，中村先生十分高兴，把C先生冷落在一旁，对F先生很热情，谈判态度也好转了。整个上午又解释，又诉苦，又表忠心，又讨好，欲尽快地把谈判结束，并当着F先生面把价格降了两次，共降了5%，并要F先生还价。F先生问C先生："双方差距还有多大？"C先生回答："40%。"F先生对中村先生说："我看你态度不错，我们双方共同努力一下，各让一半即 20%如何？"中村先生："我坚决响应您的建议。鉴于我在前后已让了两步，贵方也让这么多后，再折中，即我方与贵方在 35%的基础折中，我方再让 17.8%。"F经理："那就这么办。"C先生脸露难色，散会后向F经理讲："中村先生报价较虚，我们原计划应让其降价 30%以上。"F经理说："怎么不早讲呢？"C先生："我不知道您要参加谈判。"

试分析

1. 谈判双方哪一方结果较为理想？
2. 谈判中，C和F在岗位配合上存在问题吗？应当如何配合？

案例三：

我国某机械进出口公司准备向外商订购一台设备。一开始，我方表示愿意出价10万美元，而对方的报价则是20万美元。在比较了各自报价之后，双方都预计有可能成交的价格范围是 14 万～15 万美元。

面对还价的节奏和让步幅度问题，我方谈判代表展开了讨论，主要有这样 3 种意见。第一种意见本着速战速决的原则，认为双方最好都能够互谅互让，我方出价14 万美元，可以兼顾双方的利益，因此比较现实。第二种意见则认为第一种意见让步过大过快，应该向对方表示我方愿意考虑让步不超过 5 000 美元，即由原出价的 10 万美元增加到 10.5 万美元。而第三种意见则认为，第一种意见显然让步幅度太大，但第二种意见的让步又未免过小，这样会使人觉得我方的让步微不足道，缺乏诚意。比较稳妥的让步方式应该考虑从 10 万美元增加到 13.5 万美元。这样，几个回合的讨价还价结束时，就极有可能以 14 万美元的价格达成一致。

试分析

你觉得哪一种意见比较合适？为什么？

实践训练

1. 在商店快要关门的时候，假如你见到了你很想买的一款衣服，标价为 880 元，而你身上只带了 800 元钱。正准备还价时，看到商店墙壁上挂着"还价免谈"的牌子。这时商店就要关门了，你打算怎么办？

2. 甲公司与乙公司就一批产品进行销售谈判。乙公司是甲公司的老主顾，在这次谈判中，乙公司却一反常态，要求甲公司在价格上做出非同寻常的让步。但是，如果按此价格出售原来质量等级的商品，甲公司就无利可图了。于是，甲公司的谈判人员仔细研究了乙公司的出价和谈判人员的表现，发现乙公司对这次谈判很有诚意，出价虽然很低，但没有像以前那样强调高品质，甲公司在说服他们提高价格时，乙公司人员似乎有难言之隐。如果你是甲公司的销售经理，你认为乙公司可能是在哪些方面出现了困难？什么是乙公司最关心的问题？甲公司能否在价格上做出让步？甲公司在哪些方面会有很大的谈判空间？

3. 假如你是某旅行社经理，你正与新加坡某旅游饭店接洽明年的订房事宜，对方提出每位房客每天的房租必须增加 100 元，但对方愿意与你各负担 50%。此时，你怎么办？

（1）提议对方负担 60%，我方负担 40%。

（2）拒绝接纳加价。

（3）接纳对方加价的提议。

（4）提议对方负担 75%，我方负担 25%。

4. 假如你身在东京，并正与一家专门制造电缆的日本公司进行有关长期供应合同的谈判。该谈判已陷入僵局数天，你发现对方翻来覆去地都在维护既有的立场。此时，你怎么办？

（1）等候对方提出新方案。

（2）稍作退让以打破僵局。

（3）改变谈判的主题。

（4）提议休会。

5. 假如你对报纸广告中的一部二手轿车很感兴趣，去找车主（一位女士）谈判。她说她丈夫交代售价绝对不能低于 85 000 元，她似乎没有减价的意向。此时，你该怎么办才好？

（1）留下名片，告诉她如果愿意减价则向你致电。

（2）继续与她讨价还价，万一她坚持不退让，你再支付她 85 000 元。

（3）要求见她丈夫。

6. 假如你奉公司命令前往东南亚拜访客户并争取订单。在曼谷，客户告诉你说，你们的报价过高；在新加坡，客户告诉你说，你们的定价不切实际；在吉隆坡，客户告诉你说，经销你们的产品利润太小。在这几个地方碰壁之后，你怎么办？

（1）立即致电公司，说明现行价格政策很可能出了问题，希望公司能马上考虑调整价格。

（2）按原计划继续拜访客户及争取订单。

（3）致电公司，要求削价。

7. 假如你是一家饮料厂的主要谈判人员，一家全国连锁的大型超市采购经理刚刚告诉你，你们的饮料要每瓶降价 1 元钱，否则他们就会不再进货。对方每年卖出你们厂上百万瓶的饮料。此时，你该怎么办？

（1）微笑着说不。

（2）同意。

（3）建议一个折中办法。

8. 假如你去买一台冰箱，你看中的那台标价 2 100 元，你要求店员打折，店员告诉你已经是最低价了，不能打折。此时，你该怎么办？

（1）要求见经理。

（2）接受他说的价格。

（3）坚持要打折。

谈判游戏

道具：桌子、各种小道具（按需要）、一些白纸、几支笔、胶水、扑克牌。

参加人数：3 人以上。

方法与规则：

（1）游戏开始前，游戏参加者每人准备一些东西，可以是旧的，也可以是新的。然后，对自己准备的东西进行估价，并写下来。

（2）假设有3人参加游戏，其中A扮演售货员，B与C扮演顾客。把大家准备的东西和对东西的估价交给A，A在每个物品估价的基础上适当加一些价，并做成标签贴到物品上。

（3）将所有物品摆放到桌子上，开始进行模拟交易，用扑克牌充当货币。

（4）要求B与C不能买自己提供的物品，只能买另外两人提供的物品。

（5）游戏中，A要尽量卖出高于估价的价格，B与C之间不能互相告诉对方自己提供物品的估价，并尽量买到与估价相等或者低于估价的物品。

（6）交易完成后，将大家最初的估价拿出来与真实的成交价格对比，看看赢家是谁。

目的：体会现场买卖谈判的单双赢。

项目 5

商务谈判让步

美国一家航空公司要在纽约建立一个大的航空站，想要求爱迪生电力公司在电价方面提供优惠。这场谈判的主动权掌握在电力公司一方，因为航空公司有求于电力公司。因此，电力公司推辞说给航空公司提供优惠电价不知道公共服务委员会不会批准，因而不肯降低电价，致使谈判相持不下。这时，航空公司突然改变态度，声称若不提供优惠电价，他们就撤出这一谈判，自己建厂发电。此言一出，电力公司慌了神，立即请求公共服务委员会从中说情，表示愿意做出妥协。因为若失去给这家大航空公司供电的机会，就意味着电力公司将损失一大笔钱，所以电力公司急忙改变原来傲慢的态度，表示愿意以优惠价格供电。

【案例分析】

任务 5.1 向对方让步的策略

【学习目标】

知 识 目 标	技 能 目 标
了解让步的原则与内容。 掌握向对方让步的策略。	具备选择、运用让步策略的能力。

【导入案例】

日本国内红豆歉收，日本一家公司急需从中国进口一批红豆。而中国有相当多的库存，但有很大一部分是前一年的存货。我国希望先出售旧货，而日方则希望全是新货。双方就此展开谈判。

谈判开始后，日方首先大诉其苦，诉说自己面临的种种困难，希望得到中方的帮助。

"我们很同情你们面临的现状，我们是近邻，也很想帮助你们，那么请问你们需要订购多少呢？"

"我们肯定是要订购的，但不知道你方货物的情况怎么样，所以想先听听你们的介绍。"

我方开诚布公地介绍了红豆的情况：新货库存不足，陈货偏多，价格上新货要高一些，因此，希望日方购买存货。但是，虽经再三说明，日方仍然坚持全部购买新货，使得谈判陷入僵局。

第二天，双方再次回到谈判桌前。日方首先拿出一份最新的官方报纸，指着上面的一篇报道说："你们的报纸报道今年的红豆获得了大丰收，因此，不存在供应量的问题，我们仍坚持昨天的观点。"我方不慌不忙地指出："尽管今年红豆获得了丰收，但是我们国内需求量很大，政府对于红豆的出口量也是有一定限制的。你们可以不买陈货，但是如果等到所有旧的库存在我们国内市场上卖完，而新的又不足以供应时，你们再想买就晚了。建议你方再考虑考虑。"日方沉思良久，仍然拿不定主意。为避免再次陷入僵局，中方建议道："这样吧，我们在供应你们旧货的同时，供应一部分新货，你们看怎么样呢？"日方再三考虑，也想不出更好的解决办法，终于同意进一部分旧货。但是，究竟订货量为多少，新旧货物的比例该如何确定呢？谈判继续进行。

日方最初的订货计划为 2 000 吨，但宣称订货量为 3 000 吨，并要求新货量为 2 000 吨。中方听后连连摇头："3 000 吨我们可以保证，但是其中 2 000 吨新货是不可能的，我们最多只能给 800 吨。"日方认为 800 吨太少，希望能再多供应一些。中方诚恳地说："考虑到你们的订货量较大才答应供应 800 吨新货的，否则，连 800 吨都是不可能的，我方已尽力而为了。"

"既然你们不能增加新货量，那我们要求将订货量降为 2 000 吨，因为那么多的旧货我们回去也无法交代。"中方表示不同意。谈判再次中断。

过了两天，日方又来了。他们没有找到更合适的供应商，而且时间也不允许他们再继续拖下去。这次，日方主动要求把自己的总订货量提高到 2 200 吨，其中 800 吨新货保持不变。

【案例分析】

5.1.1 让步的内容与原则

1. 什么是让步

让步是指谈判双方向对方妥协、退让，降低己方的最高期望目标，向双方靠拢的谈判过程。让步是为了避免使谈判出现僵局，促使协议最终达成。让步，可以使谈判者回到谈判中继续谈判；可以解决争论不休的问题；可以使双方逐渐向对方靠近，最后达成双方都认可的可接受目标。让步体现了谈判人员通过主动满足对方需要的方式来满足自己需要的实质。

2. 让步的原则

让步涉及买卖双方的切身利益，因此，不可随意让步。让步的基本规则应是以小换大，为了达到这一目的，就要事先确定在哪些问题上与对方讨价还价、在哪些方面可以做出让步、让步的幅度有多大。

1）不要做无谓的让步

让步通常意味着妥协和某种利益的牺牲，因此，只有在最需要的时候才能让步。每次让步都应以牺牲眼前利益换取长远利益，或是以己方让步换取对方在其他方面相应的让步或优惠。不是迫不得已，不到最后关头，不要轻易让步。

2）让步要有利于创造和谐的谈判气氛

在维护己方利益的前提下，用让步来保证谈判中平等互利、和颜悦色的谈判气氛，对谈判协议的达成具有现实意义。

3）让步要分轻重缓急

让步是一种有分寸的行为，不可"眉毛胡子一把抓"。让步要让在关键处。每次让步要让得恰到好处，才能使己方以较小的让步获得对方较大的满意。

4）让步要选择恰当的时机

让步的时机会影响谈判的效果。如果让步过早，会使对方以为是"顺带"得到的小让步，这将会使对方得寸进尺；如果让步过晚，除非让步的价值非常大，否则将失去应有的作用。一般来说，主要的让步应在成交期之前，以便影响成交机会，而次要的、象征性的让步可以放在最后时刻，作为最后的"甜头"。

5）让步形态不要表现得太清楚

每次让步都应该有所图，都要指向可能达成的协议，可是又不能让对方看出己方的目标所在，要善于掩饰己方让步的真实原因。暴露真实让步意图，无疑会给己方以后的谈判带来利益损失和不必要的麻烦。

6）让对方珍惜你的让步

尽量延迟让步的时间。如果需要让步，应该将让步延迟到最后一分钟。让对方首先做出让步，然后己方再做让步，从而让对方觉得，己方每次做出的让步都是重大的让步。即使做出的让步对己方损害不大，是微小的让步，也要使对方觉得让步来之不易，从而珍惜得到的让步。

7）让步不能损害己方的基本利益

让步必须要有限度，这一限度是以不损害己方的基本立场、基本利益为前提的。

8）欠妥的让步要及早收回

不要不好意思收回已做出的让步，最后的握手成交才是谈判的结束。但要尽可能避免失误，收回让步，从法律的角度看是允许的，但从信誉的角度看则对自己不利。值得注意的是，收回让步时一定要坦诚承认、及时收回，不可拖延，以免造成更大失误。

5.1.2 让步的方式

让步的具体方式很多，在商务谈判实践中，人们总结了 8 种常见的让步方式。不同的让步方式可传递不同的信息，产生不同效果。选择、采取哪种让步方式，取决于谈判对手的经验、准备采取的谈判策略及谈判各方的反应等。下面以一个卖方让步的案例来加以说明。

假定有一位卖主，在讨价还价中，他决定让步 80 元。假定双方共经历 4 轮让步，让步方式可归结为 8 种，见表 5-1。

表 5-1　让步方式

让步方式	预定让步	第一次让步	第二次让步	第三次让步	第四次让步
1	80	80	0	0	0
2	80	36	32	-2	14
3	80	11	16	21	32
4	80	36	32	0	12
5	80	40	24	9	7
6	80	32	21	16	11
7	80	20	20	20	20
8	80	0	0	0	80

1. 第一种方式：一次性让步方式

一次性让步方式是一开始就拿出全部可让利益，以达到以诚制胜的目的。这种方式的优点是由于卖方一开始就让出自己全部的可让利益，给对方以合作感、信任感，富有强大诱惑力，故比较容易打动对方、使之采取回报行为，促成和局。其缺点是这种方式操之过急，会刺激买方提高期望值从而继续讨价还价，并且由于一次性大步让利，可能会失掉本来能够力争到的利益。

2. 第二种方式：反弹型让步方式

反弹型让步方式是开始时大幅度递减，但后来又出现反弹。这种方式给人以软弱、憨厚、老实之感，谈判成功率较高。其优点是在初期让出绝大部分可让利益，有可能换得对方较大的回报。第三阶段的加价显示了较为坚定的立场，第四阶段为表善意而让出小利，显示出己方的诚意，使对手难以拒绝签约。其缺点是开始时大幅让利，有可能出乎买方的意料，如遇到贪婪的对手，会刺激对手变本加厉、得寸进尺。同时，如果第三阶段遭到拒绝后，可能导致谈判出现僵局或败局。

3. 第三种方式：递增式让步方式

递增式让步方式可以让对方相信，只要坚持下去就还能获得更大的收益，其期望会随时间的推延而增大。其优点是这种方式具有很大的吸引力，能产生一种诱惑力，使对方沿着己方的思路往前走。其缺点是己方的"水分"越挤越多，会导致对方期望值越来越大，很可能使己方遭受重大损失。

4. 第四种方式：危险型让步方式

危险型让步方式是己方在前两个阶段大幅度让利，大大提高了对方的期望水平，而在第三阶段又拒绝做出任何让步，买方往往很难接受这一变化，容易使谈判陷入僵局。卖方虽然在最后又做了一定让步，但与买方的期望值相比，可能仍有很大的差距。

5. 第五种方式：妥协型让步方式

妥协型让步方式是己方表示了较强的妥协意愿，但又告诉对方己方所能做出的让步是有限的。这种方式的优点是让步的起点适中，能给对方传递合作且有利可图的信息；让步的幅度越来越小，可以给对方一种接近尾声的感觉，容易促使对方尽快拍板，最终能保护住自己的较大利益。其缺点是由于这种策略表现为由多到少，容易让买方失望，一般适合谈判高手来使用。

6. 第六种方式：希望型让步方式

希望型让步方式是己方逐步减少其让步金额，显示出己方的立场越来越强硬，不会轻易让步。对于买方来说，虽然己方仍存在让步的可能，但让步的幅度是越来越小。这种方式的优点是比较自然，易为人们所接受；由于采取了一次比一次更为审慎的让步策略，一般不会产生让步上的失误，有利于谈判各方在等价交换、利益均沾的条件下达成协议。其缺点是这种让步由大到小，对于买主来讲，越争取利益越小，因而往往会使买主感觉不好，故终局情绪不会太高。

7. 第七种方式：刺激型让步方式

刺激型让步方式是等额的让步容易使对方相信，只要他有足够的耐性，己方就会继续退让。这种方式的优点是平稳持久，步步为营，不会让对方轻易占了便宜。其缺点是对方每次讨价还价都有等额利润让出，一旦停止让步，就很难说服对方，并有可能造成谈判的中止或破裂。

8. 第八种方式：冒险型让步方式

冒险型让步方式是前三个阶段，己方始终坚持原来的报价，不肯做丝毫退让，第四阶段己方再大幅度退让。这种方式的优点是在谈判的前期和中期，无论买方作何表示，卖方始终坚持初始报价，不愿做丝毫的退让。而到了谈判后期，一次让出己方的全部可让利润，对方会有险胜感，因此会特别珍惜这种让步，会不失时机地握手言和。其缺点是由于谈判让步的开始阶段一再坚持寸步不让的策略，可能失去合作伙伴，具有较大的风险性；同时，易给对方传递己方缺乏诚意的信息，进而影响谈判的结局。

由于交易的内容和性质不同、双方的利益需求和谈判实力不同及其他各方面因素的差异，价格谈判中的让步方式不存在固定的模式，而是通常表现为几种让步方式的组合。而且，在谈判中，这种组合还要根据具体的实际情况不断地调整。

5.1.3 让步的基本策略

1. 互惠式的让步策略

互惠式的让步是指以己方的让步换取对方在某一问题上的让步。在谈判中，只要有一方做出了让步，总希望另一方做出更大的让步，即使不能从对方那儿获得更多的好处，他们也希望对此有所补偿。

谈判的方式决定了能否争取到互惠式的让步。商务谈判的方式有两种：一种是横向式谈判，即采取横向铺开的方法，几个议题同时讨论、同时展开、同时向前推进；另一种是纵向式谈判，即先集中解决某一个议题，而在开始解决其他议题时，已对这个议题进行了全面深入的讨论研究。采用纵向式商谈的方法，双方往往会在某一个议题上争执不下，或在经过一番努力之后出现单方面的让步的局面。而横向式谈判把各个议题联系在一起，双方可以在各议题上进行利益交换，达到互惠式的让步。

争取互惠式的让步，需要谈判者有开阔的思想和视野，除了在某些必得的地方必须坚持外，不要太固执于某一个问题，而应统观全局，分清利害关系，避重就轻，灵活地使己方利益在其他方面得到补偿。

要争取互惠式的让步，可采取以下两种方式：

（1）直接方式。把己方的让步和对方的让步直接联系起来，即只有在己方要求对方让步的问题上能达成一致，己方才可以做出让步。例如，己方谈判人员可以这样说："我们认为在这个问题（对方要求己方让步的问题）上没有多大的障碍，只要在那个问题（己方要求对方让步的问题）上我们能够取得一致就行。"

（2）间接方式。当己方谈判人员做出让步时，要向对方表明，我们做出这个让步是与公司政策或者公司主管的指示相矛盾的。因此，对方也必须在某个问题上有所回报，以使自己对己方公司有所交代。

2. 丝毫无损的让步

谈判中的让步实际上就是牺牲自己的一部分利益，但是在一定条件下能做到既不牺牲自己的利益而又在让步，从而达到让双方都满意效果，这就是丝毫无损的让步。

丝毫无损的让步是指，在谈判过程中，当对方要求己方在某些方面让步，且其要求的确有些理由，但己方不愿意在这些方面做出实质性的让步时所采取的一种让步方式。采取这样一种处理办法，首先要倾听对方的诉说，并表示充分地理解对方的要求，但就己方目前的条件而言又实在难以接受其要求。同时，要保证在这个问题上，己方给予其他客户的条件绝对不会比给他们的更好，希望对方能够谅解。如果不是什么大的问题，对方听了上述一番话之后，往往会自己放弃要求。

认真倾听对方的意见和要求，肯定其要求的合理性，这是对对方的尊重，也满足了对方受人尊敬的需要；而保证给对方的待遇不低于其他客户，则进一步强化了上述效果，迎合了人们普遍存在的相互攀比、横向比较的心理和习惯。

案例阅读

美国一经销商欲从日本一家汽车公司购入一批轿车，双方互派人员就这项业务进行磋商。谈判一开始进行得很顺利，双方很快就价格、交货方式、零配件更换及维修等问题达成了协议。然而，随着谈判的深入，双方开始出现分歧，尤其是在宣传费用上争执不下。美方希望日本方面能够提供一笔专门用作推销宣传的资金，而日方本年度的宣传费用已经用完，现已接近年终，公司不再做宣传费用的预算了，并且，日方认为这笔费用应该由美方自己支付。美方代表思考了一下提出："我们再向贵公司按此价格订购 1 000 辆轿车，不过，我们要求明年 6 月份交货。关于谈判的细节，我们在下一次会晤中再谈。而现在，我们还是先来讨论这笔交易中有关宣传费用的问题，我们还是希望由你方负担。其实，你方可以将宣传费用从明年的预算中先预支出来，我们已承诺明年继续购买贵公司产品。"日方代表几经盘算，最后，同意了美方代表的建议。

【案例分析】

3. 予之远利，取之近惠

谈判中的让步实际上是给对方一种满足。满足有两种形式，即现实的满足和未来的满足。例如，某人肚子饿了，你给他一块饼，他马上用饼充饥，这就是现实的满足；当天气渐冷，某人需要衣服御寒，你告诉他，过几天你可以考虑送给他一件衣服，对他来讲，衣服可以为将来御寒，他会在心理上得到满足，这就是未来的满足。

在谈判中，直接给对方的某一种让步是一种现实的满足，可以通过给予对方期待的满足或未来的满足，来避免现实谈判中要求我们在某一问题上做出让步。这样对己方来讲，只是给对方一个期待的满足，并未付出什么现实的东西，却获得了近惠。

案例阅读

某计算机公司参与一所高等院校的新机房招标，因为机房计算机需求数量巨大，所以投标单位众多，竞争激烈。根据计算机市场分析和计算机以往的降价规律，该计算机公司果断决定，以厂家进货价投标，但提出分期供货的要求，即供货在两年内完成。由于该公司的报价比其他厂家优惠了很多，而老机房尚能继续运行，这所高校便与该公司签订了协议。签约后，计算机公司在初期仅供应了少量计算机，大量的则是价格下跌后供应的，因此赢利不少。

【案例分析】

任务 5.2　迫使对方让步的策略

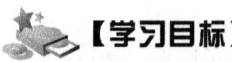

知 识 目 标	技 能 目 标
掌握能够迫使对方做出让步的策略	能运用迫使对方让步的策略来解决谈判中遇到的问题

📖【导入案例】

4月5日，美国谈判专家史蒂芬斯决定建个家庭游泳池，建筑设计的要求非常简单，即长30英尺，宽15英尺，有温水过滤设备，并且在6月1日前竣工。

隔行如隔山。虽然谈判专家史蒂芬斯在游泳池的造价及建筑质量方面是个彻头彻尾的外行，但是这并没有难倒他。史蒂芬斯首先在报纸上登了一个建造游泳池的招商广告，具体写明了建造要求。很快就有A、B、C 3位承包商前来投标，各自报上了承包详细标单，其中包括各项工程的费用及总费用。史蒂芬斯仔细地看了这3张标单，发现其所提供的抽水设备、温水设备、过滤网标准和付钱条件等都不一样，总费用也有不小的差距。

于是4月15日，史蒂芬斯邀请这3位承包商到自己家里商谈。第一个约定在上午9点钟，第二个约定在9点15分，第三个则约定在9点30分。3位承包商如约准时到来，但史蒂芬斯客气地说，自己有件急事要处理，一会儿一定尽快与他们商谈。3位承包商只得坐在客厅里一边彼此交谈，一边耐心地等候。

10点钟的时候，史蒂芬斯请承包商A先生到书房去商谈。A先生一进门就介绍自己干的游泳池工程一向是最好的，为史蒂芬斯建造家庭游泳池实在是小菜一碟。同时，还顺便告诉史蒂芬斯，B先生通常使用陈旧的过滤网；C先生曾经丢下许多未完的工程，现在正处于破产的边缘。

接着，史蒂芬斯请承包商B先生进行商谈。史蒂芬斯从B先生那里又了解到，其他人所提供的水管都是塑胶管，只有B先生所提供的才是真正的铜管。

后来，史蒂芬斯请承包商C先生进行商谈。C先生告诉史蒂芬斯，其他人所使用的过滤网都是品质低劣的，并且往往不能彻底做完，拿到钱之后就不认真负责了，而自己则绝对能做到保质、保量、保工期。

【案例分析】

不怕不识货，就怕货比货，有比较就好鉴别。史蒂芬斯通过耐心地倾听和旁敲侧击地提问，基本上弄清楚了游泳池的建筑设计要求，特别是掌握了3位承包商的基本情况：A先生的要价最高，B先生的建筑设计质量最好，C先生的价格最低。史蒂芬斯决定选中B先生来建造游泳池，但只给C先生提出的标价，但要达到这个目的免不了一番讨价还价。

5.2.1 迫使对方让步的基本策略

谈判中的利益分为可以放弃的利益、应该维护的利益和必须坚持的利益3个方面。对于应该维护和必须坚持的利益，特别是必须坚持的利益，并非可以轻易获得，往往需要经过激烈的讨价还价，才能迫使对方让步。根据以往的实践经验，人们总结了一些迫使对方让步的策略。

1. 软硬兼施策略

软硬兼施又叫"红白脸"策略或"黑白脸"策略。在谈判初始阶段，先由唱"白脸"的人出场，他傲慢无理、苛刻无比、强硬僵死、立场坚定、毫不妥协，让对手产生极大的反感。当谈判进入僵持状态时，"红脸"人出场，他表现出体谅对方的难处，以合情合理的态度，照顾对方的某些要求，放弃自己一方的某些苛刻条件和要求，做出一定的让步，扮演一个"红脸"的角色。实际上，他做出这些让步之后，所剩下的那些条件和要求恰恰是原来设计好的必须全力争取达到的目标。

需要指出的是，如果谈判对方使用这一方法，己方要注意不要落入圈套。在有些情况下，不一定是"白脸"唱完了，"红脸"再上台，而是"白脸""红脸"一起唱。不管对方谈判人员如何表现，都要坚持自己的谈判风格，按既定方针办，在重要问题上绝不轻易让步。

使用该策略应注意的问题是：扮演"白脸"的，既要表现得"凶"，又要保持良好的形象，态度强硬但又处处讲理，绝不蛮横；扮演"红脸"的，应为主谈人，一方面要善于把握谈判的条件，另一方面要把握好出场的火候。

"红白脸"策略往往适合于在对手缺乏经验，很需要与己方达成协议的情境下使用。

案例阅读

一次，美国亿万富豪霍华·休斯要购买一批飞机，由于款额巨大，对飞机制造商来说这是一笔好买卖。但休斯提出了多达34项的要求，而其中11项要求必须满足不可。由于他态度跋扈、立场强硬、方式简单，拒不考虑对方的面子，激起了飞机制造商的愤怒，对方也拒不相让。休斯勃然大怒，拂袖而去。但休斯并不死心，便找了一位代理人，帮他出面继续谈判，条件是只要能获得他的11项基本要求，他就十分满意了。该代表与飞机制造商洽谈后，竟然取得了休斯希望载入协议34项中的30项。当然，那11项目标也全部达到了。当休斯问他的代理人如何取得这样辉煌的战果时，代理人说："那很简单，在每次谈不拢时，我就问对方，他到底是希望与我一起解决这个问题，还是留待与霍华·休斯来解决。"结果，对方自然愿意与他协商，条款就这样逐项地谈妥了。

【案例分析】

2．利用竞争策略

在商务谈判中，如果能让对方感受到其他竞争对手的存在，则容易使对方产生让步的压力，对方的谈判实力就会大为减弱。制造和利用竞争永远是谈判中逼迫对方让步的最有效的武器和策略。

利用竞争策略是指买主把所有可能的卖主请来，同他们讨论成交的条件，利用卖者之间的竞争，各个击破，为自己创造有利的条件。该策略取自"鹬蚌相争，渔翁得利"。这里就是利用卖者之间的竞争，使买者得利。该策略成功的基础是制造竞争，卖者的竞争越激烈，买者的利益就越大。

制造竞争的具体方法有以下几种：

（1）邀请多家卖方参加投标，利用他们之间的竞争取胜。

（2）同时邀请几家主要的卖主，并与其进行谈判，把与一家谈判的条件作为与另一家谈判要价的筹码，通过让他们进行背靠背的竞争，促使其竞相降低条件。

（3）邀请多家卖主参加集体谈判，当着所有卖主的面，以压低的条件与其中一个卖主谈判，迫使该卖主接受新的条件。因为这种情况下，卖主处在竞争的压力下，如不答应新的条件，生意就会被别人抢去，所以不得不屈从买方的意愿。

当对方采用该策略时，己方的对策要因其制造的竞争方式不同而不同。对于利用招标进行的秘密竞争，要积极参加；对于背靠背的竞争应尽早退出；对于面对面的竞争，应采取两种相反的对策（参加这种会议，但只倾听而不表态，不答应对方提出的任何条件，仍按自己的既定条件办事；不参加这种会议，不听别人的观点，因为在会议上容易受到买方所提条件的影响）。

3．"情绪爆发"策略

人们总是希望在一个和平、没有紧张对立的环境中工作和生活。当人们突然面临激烈的冲突时，在冲突的巨大压力下，往往会惊慌失措，不知该如何是好。在大多数情况下，人们会选择退却，以逃避冲突和压力。人们的这些特点常常在谈判中被利用，从而产生了所谓的"情绪爆发"策略，作为逼迫对方让步的手段。

在谈判过程中，情绪的爆发有两种：一种是情不自禁的爆发；另一种是有目的的爆发。前者一般是因为在谈判过程中，一方的态度和行为引起了另一方的反感，或者一方提出的谈判条件过于苛刻而引起的一种自然的、真实的情绪发作。后者则是谈判人员为了达到自己的谈判目的而有意识地进行的情绪发作，准确地说，这是情绪表演，是一种谈判的策略。这里说的情绪爆发是指后者。

在谈判过程中，当双方在某一个问题上相持不下时，或者对方的态度、行为欠妥或者要求不太合理时，我们可以抓住这一时机突然之间情绪爆发、大发脾气，严厉斥责对方无理，有意制造僵局，没有谈判的诚意。情绪爆发的烈度应该视当时的谈判环境和气氛而定。但不管怎样，烈度应该保持在较高水平上，甚至拂袖而去，这样才能震撼对方，产生足够的威慑作用和影响。在一般情况下，如果对方不是谈判经验丰富的行家，在这突如其来的激烈冲突和巨大压力下，往往会手足无措，动摇自己的信心和立场，甚至怀疑和检讨自己是否做得太过分，而重新调整和确定自己的谈判方针和目标，做出某些让步。

当对方在利用情绪爆发来向己方进攻时，己方最好的应付办法有以下两种：

（1）泰然处之，冷静处理。尽量避免与对方进行情绪上的争执。同时，把话题尽量引回到实际的问题上，一方面要表示充分了解他的观点，另一方面又要耐心解释不能接受其要求的理由。

（2）宣布暂时休会，给对方冷静平息的时间，让其自己平息下来，再指出对方行为的无礼，重新进行实质性问题的谈判。

4．声东击西策略

从军事战术上来讲，声东击西是指当敌我双方对阵时，我方为更有效地打击敌人，造成一种从某一面进攻的假象，借以迷惑对方，然后攻击其另一面。这种战术同样适用于谈判。

在谈判中，一方出于某种需要而有意识地将会谈的议题引到对对方而言并不重要的问题上，借以分散对方的注意力，达到己方的目的。实际的谈判结果也证明，只有更好地隐藏真正的利益需要，才能更好地实现目标，尤其是在你不能完全信任对方的情况下更是如此。

声东击西的做法是在无关紧要的事情上纠缠不休或大做文章，把对方的注意力引导到那些不重要的问题上。尽管双方所讨论的问题对己方而言是次要的，但采用这种策略可能能表明己方对这一问题很重视，进而提高该项议题在对方心目中的价值，一旦己方做出让步后，能使对方更为满意。例如，己方重视的是交货期，但在表面上却高度重视价格而不在乎交货期，使对方的注意力也集中到己方的价格上。这样，己方只要在价格上让步就会使对方感到满足，对方则可能在交货期上让步，从而实现自己的目标。

> **案例阅读**

有一回，谈判大师罗杰·道森到亚特兰大参加一个谈判技巧研讨会。研讨会就在他下榻的旅馆举行，开会的前一天晚上，道森很晚才到达旅馆。为了在明天上课时给听众们一个活生生的见证，他走到旅馆柜台前问服务生：

"我已经预订了房间，我要办理登记。"

"是的，我们还剩下一些单人床的房间。"

"哦，你们没有双人床的房间了吗？"道森故意皱着眉头问。

"很抱歉，您今天来晚了。明天这里有研讨会，我们已经没有双人床的房间了。"

"怎么会这样？研讨会的人一个月前就已经帮我订了房间，你们现在才告诉我没有双人床？我不能接受单人床的房间。"

于是，柜台服务生把经理请了出来。经理向他解释：整个大饭店真的只剩下10个单人床的房间了。

道森于是假装不情愿地说："如果是这样，我也许要考虑睡在单人床上了。但是，如果我接受你们的房间，你们要怎样补偿我呢？"道森心里想，经理也许会给他一张免费的早餐券或什么的，没想到经理居然说：

"我们也许可以给你打个折扣吧，就算你半价好了。"

于是10分钟内，住宿费就从70美元降到一半。

5. 吹毛求疵策略

吹毛求疵策略也称先苦后甜策略，它是一种先用苛刻的虚假条件使对方产生疑虑、压抑、无望等心态，以大幅度降低对手的期望值，然后在实际谈判中逐步给予优惠或让步。由于对方的心理得到了满足，便会做出相应的让步。该策略由于用"苦"降低了对方的期望值，用"甜"满足了对方的心理需要，所以很容易实现谈判目标，使对方满意地签订合同，己方从中获取较大利益。使用这一策略，可以实现4个目的：使卖主把价格降低；使买主有讨价还价的余地；让对方知道，买主是很聪明的，是不会轻易被人欺骗的；销售员在以低价将商品售出时，使用这一策略可以有向老板交代的借口，既然我们的商品让买方挑出这么多毛病，能以这个价格卖出去已经很不错了。

但是，任何谈判策略的有效性都有一定的限度，这一策略也是如此。先向对方提出要求，不能过于苛刻，漫无边际。要"苦"得有分寸，不能与通行做法和惯例相距太远；否则，对方会觉得己方缺乏诚意，以致谈判中断。在谈判中运用这一策略时还要注意，提出比较苛刻的要求，应尽量是对方掌握较少信息与资料的某些方面，尽量是双方难以用客观标准检验、证明的某些方面；否则，对方很容易识破你的战术，采取应对的措施。

应对该策略的对策是充分了解信息，尽可能掌握对方的真实意图，并采取相同的策略对付对方。如果对方使用这一策略，那么，对付这一策略的策略是必须要有耐心，那些虚张声势的问题及要求自然会渐渐地露出马脚而失去影响；遇到了问题，要能直攻腹地、开门见山地和对方私下商谈；对于某些问题和要求，要能避重就轻或视而不见；当对方在浪费时间、无中生有、鸡蛋里面挑骨头时，一定要当面制止；向对方建议一个具体而又彻底的解决办法，不要与对方去争论那些与交易关系不大的问题；也可以向对方提出某些虚张声势的问题来增强自己的谈判力量。

6. 车轮战术策略

车轮战术是指在谈判桌上的一方遇到关键问题或与对方产生无法解决的分歧时，借口自己不能决定或其他理由，转由他人再进行谈判。这里的"他人"或者是上级、领导，或者是同伴、合伙人、委托人、亲属、朋友。不断更换自己的谈判代表，有意延长谈判时间，消耗对方的精力，促使其做出大的让步。

一个谈判代表与对方谈了一段时间后，就找理由更换一个新的谈判代表上场；新的谈判代表上场后，可以抹杀其前任所做出的让步，要求重新开始讨论；谈了一段时间后，又找理由换第三个谈判代表上场。这样，便可使对方处在不利的地位。因为他要复述过去争论的话题，要了解新的对手，就会消耗许多精力，使其在正式的谈判中力量不足，从而丧失信心、降低要求。

另外，这种策略能够补救己方的失误。前面的主谈人可能会有一些遗漏和失误，或谈判效果不尽如人意，则可由更换的主谈人来补救，并且顺势抓住对方的漏洞发起进攻，最终获得更好的谈判效果。

7. 分化对手、重点突破策略

在磋商阶段，谈判双方都逐渐地了解了彼此的交易条件和立场。这时，每个谈判人员都会自觉或不自觉地就双方讨价还价的问题进行反思。例如，某个谈判人员认为，对方对己方提出的条件极力反对，只不过是一种"讹诈"，因此不应理睬他，要坚持原则；而另一位谈判人员却认为，从对方的观点来看，其反对并非完全没有道理，甚至可以说是完全正确的，因此，己方应该修改原先提出的交易条件，做出适当的让步，以达成协议。这样一来，一方内部就存在了意见上的分歧。如果这一方的谈判小组组长不能有效地控制和约束这种分歧，而使之表面化、外在化的话，另一方就可以积极地开展"统战"工作，分化对方。其基本做法是，把对方谈判小组中持有利于己方意见的人员作为重点，以各种方式给予各种支持和鼓励，与之结成一种暂时的无形同盟。例如，对他的态度特别友善，对其意见多持肯定态度，有些意见如不能接受，则以很温和、委婉的方式予以说明和拒绝。而对待不利于己方的对方谈判人员，则采取强硬态度。己方的这一策略若运用得当，则能使对方谈判人员中利于己方者毫无察觉。只要对方谈判小组中的某一位成员松了口，其内部必然会乱了阵脚，争取对方让步也就大有希望了。此外，这种做法也容易导致对方谈判小组内部成员之间的相互猜疑，从而瓦解其战斗力。

8. 虚拟假设策略

所谓虚拟假设，首先是分析利害，迫使对方选择让步。例如，2009年2月，正值全球金融危机，中方某机械设备贸易公司与美国某机械设备生产公司谈判陷入僵局，中方运用虚拟假设向对方发出了"最后通牒"："如果你们现在不按照我们要求的价格供货，你们的产品将因为低迷的国内经济而陷入销售低迷状态；但是，如果你们按照我方要求的价格供货，我们将保证下一季度增加订货 25%。你们愿走哪条路呢？"美方公司只好按照中方要求的价格供货。

虚拟假设的另一作用是诱使对方进入圈套，以便自己如愿以偿。例如，有一次，美国谈判大师赫布·科恩飞往墨西哥城去主持一次谈判研讨会，抵达目的地时，旅馆告之已客满。此时，赫布·科恩施展了他的看家本领，找到了旅馆经理问："如果墨西哥总统来了怎么办？你们是否要给他一个房间？""是的，先生，079。"经理回答。赫布接着说："好吧，他没有来，所以我住他那间 079。"结果，他顺利地住进了"总统套房"，不过附加条件是总统来了必须立即让出，而这个概率是很低的。

9. 最后通牒策略

在谈判双方争执不下、对方不愿做出让步以接受己方的交易条件时，为了逼迫对方让步，己方可以向对方发出最后通牒。其通常做法是给谈判规定最后的期限，如果对方在这个期限内不接受己方的交易条件、达成协议，则己方就宣布谈判破裂而退出谈判。

最后通牒在多数情况下是一个非常有效的策略。在谈判中，人们对时间是非常敏感的。特别是在谈判的最后关头，双方已经过长时间紧张激烈的讨价还价，在许多内容上已经达成一致或接近一致的意见，只是在最后的某一两个问题上相持不下，如果这时一方为谈判规定了最后期限，另一方就必须考虑自己是否准备放弃这次赢利的机会，牺牲前面已投入的巨大谈判成本，权衡做出让步的利益牺牲与放弃整个交易的利益牺牲谁轻谁重，以及考虑坚持不做让步、打破对方的最后通牒而争取达成协议的可能性。

如果谈判的对手没有足够的勇气和谈判的经验的话，那么，在最后通牒面前他们选择的道路常常是退却，即做出让步以求成交。

运用最后通牒的策略来逼迫对方让步必须注意以下几点：

（1）己方的谈判实力应该强于对方，特别是此交易对对手来讲比对己方更为重要，这是运用这一策略的基础和必备条件。

（2）最后通牒只能在谈判的最后阶段或最后关头使用，因为这时对方已在谈判中投入了大量的人力、物力、财力和时间，花费了很大成本，一旦谈判真正破裂，这些成本也将付之东流，这样可以促使对方珍惜已花费的劳动，使之欲罢不能。同时，只有在最后关头，对方才能完全看清楚自己通过这笔交易所能获得的利益，意识到只要在这最后的一两个问题上做出让步，那些利益即可到手。利益的诱惑使他们不能因小失大，只有这样，这一策略才会有效。

（3）最后通牒的提出必须非常坚定、明确、毫不含糊，不让对方存留幻想。同时，己方也要做好对方真的不做让步而退出谈判的思想准备，不至于到时反使自己惊慌失措。

10. 得寸进尺策略

得寸进尺策略指一方在争取对方一定让步的基础上，再进一步，提出更多的要求，以争取己方利益。这一策略的核心是一点一点地要求，积少成多，以达到自己的目的。

该策略也称为"蚕食策略"，意思是就像蚕吃桑叶一样步步为营。也有人把它形象地比喻为切"意大利香肠"。你想得到整根的意大利香肠，而你的对手抓得很牢，这时你一定不要去抢，而是恳求他给你切一片，这时他不会十分介意。第二天，你再恳求他给你切薄薄的一片。第三天、第四天……这样一天一片，整个香肠就是你的了。

这种战术的运用也有一定的冒险性。如果一方压得太凶，或要求的方式不恰当，反而会激怒对方，使其固守原价，甚至加价，以进行报复，从而使谈判陷入僵局。因此，在具有一定条件的情况下，才采用这一策略，这些条件是：①出价较低的一方，有较为明显的议价倾向；②经过科学的估算，确信对方出价的水分较大；③弄清一些不需要的服务费用是否包括在价格之中；④熟悉市场行情，一般在对方产品市场疲软的情况下，回旋余地较大。

5.2.2 迫使对方让步时要注意的问题

1．不要感情用事

在迫使对方让步时，己方处于进攻位置，有的谈判人员急于求成，容易感情冲动，往往会造成对己方不利的局面，白白浪费时间和金钱。

2．不要忽视对共同利益的追求

谈判双方各自都有不同的利益和追求，一方获得的利益多，另一方得到的就少。有的谈判者有意或无意地忽视了对共同利益的追求，只顾自己一方的利益，很容易使谈判陷入僵局。

3．不要过早地以撤出谈判相威胁

有的谈判人员在对方也坚守防线时，一看到自己的目标有可能达不到，就以撤出谈判来威胁对方。这其实是软弱的表现，反而容易刺激对方的不妥协心理，增加谈判的难度。因此，除非真的打算重新选择新的交易伙伴，一般不要过早地以撤出谈判相威胁。

4．不要向对手透露太多情况

在谈判中，双方都可能多次提出新的改善条件，也会对对方的出价做出反应。最佳的表现是不动声色，让对手不知你所想，也无法从你的表情或其他途径了解你的目标或对所得的感受。因此，要管理好自己的笔记本，控制好自己的言谈及表情。

1）笔记本

要求不将交易底线记在笔记本或纸上，以免因丢失或被人窥视而泄密。若用笔记本记了成交底线或相关谈判方案，本应该不离身。

2）言谈

在讨价还价时或休息时，谈判组人员内部之间不要谈论对双方出价的看法，这容易让对方偷听到。哪怕双方来自不同的国家，也别以为对方不懂你的语言。随行的谈判组翻译或当地人就可能专门窃听对方闲谈，以分析对方动向。

3）表情

人们的面部表情就是一面心灵或思维的镜子，有的人喜怒哀乐全表露在脸上。正因为存在该问题，有经验的谈判手在这个阶段的谈判时总爱盯住对方的眼睛和脸，以观察对方的心理活动。为了保密起见，事先就要对这类表情易露的人有所提醒，或不让其参加这个阶段的谈判。

任务 5.3　阻止对方进攻的策略

【学习目标】

知　识　目　标	技　能　目　标
掌握阻止对方进攻的策略	能运用阻止对方进攻的策略来解决谈判中遇到的问题

【导入案例】

浙江某合资针织企业的产品销路非常好。有人拿了某领导的批条来找销售经理，要以低于批发的价格购买一大批产品。销售经理看日近中午，灵机一动，先把来人让进饭厅，招待吃饭，并对来人说："你要的东西数量大、批价低，已经超出我的权限。不过你放心，这件事我马上全力去办。你先吃饭。"饭后，他又对持条人说："你的批条需要我们总经理进行指示。可总经理刚到北京开会去了。你是否先回去，过两天再打电话来问问。"这个人碰了个软钉子，发不出火，只好怏怏而返。

过了两天，此人打电话去问。销售经理告诉说，他向总经理汇报过了。总经理答复：这种大事要开董事会研究。他安慰持条人说他会尽力向董事会争取的，要持条人过两个星期再打电话问情况。持条人一听这么麻烦，心早就凉了半截。他明白要董事会里那些外国人点头同意是不可能的事，所以再也不打电话问结果了。

销售经理巧妙地把对方的注意力从自己身上转移到总经理身上，再转移到外国董事身上，叫他有气也无处发。

【案例分析】

5.3.1　阻止对方进攻的基本策略

1. 假装糊涂策略

假装糊涂可以化解谈判对手的步步紧逼，绕开对己方不利的条款，而把谈判话题引到有利于己方的交易条件上。当对方发现你误解了他的意思时，往往会赶紧向你反复解释，在不知不觉中受你的话语的影响、接受你的要求。因此，谈判高手们总是把"难得糊涂"作为他们的一个信条，必要时就潇洒地"糊涂"一回。泛舟商海，此种"糊涂"之举实不算少，而谈判效果却是"清醒"之时所无法取得的。

案例阅读

丹麦一家大规模的技术建设公司准备参与德国在中东的某一全套工厂设备签约招标工程。开始时，他们认为无法中标，后来经过详细的研究分析，在技术上经过充分的讨论，他们相信自己比其他竞争对手更有优势，很有希望中标。

在同德方经过一段时间的洽谈后，丹麦公司想尽早结束谈判，早日签约。可是，德方代表却认为应该继续进行会谈。会谈中，德方主谈人说："我们进行契约招标时，对金额部分采取了保留态度，这一点你们一定能够理解。现在我要说点看法，这可能很伤感情，就是请贵公司在价格上再减2.5%。我们曾把这一想法告诉了其他公司，现在正等他们答复。选哪家公司对我们来说都一样，不过，我还是希望我们能同贵公司进行合作。"

德方代表彬彬有礼的语气中颇有犀利的言辞，丹麦公司表示："我们必须商量一下。"

一个半小时以后，丹麦人回到了谈判桌旁，他们故意误解对方的意思，回答说，他们已经将规格明细表按照德方所要求的价格编写，接着又一一列出可以删除的项目。

德方一看情形不对，马上说明："不对，你们搞错了。本公司的意思是希望你们仍将规格明细表保持原状。"接下来的讨论便围绕着规格明细表打转，根本未提到降价的问题。

又过了1小时，丹麦方面准备结束会谈，于是就向德方提出："你们希望减价多少？"

【案例分析】

德方回答说："如果我们要求贵公司削减成本，但规格明细表不作改动，我们的交易还能成功吗？"这一回答其实已经表明对方同意了丹麦方面的意见。

于是，丹麦公司向对方陈述了该如何工作才能使德方获得更大利益。德方听了之后表现出极大的兴趣。丹麦公司还主动要求，请德方拨出部分负责监察的工作交由丹麦公司分担。交易谈成了，德方得到了所希望得到的利益，丹麦公司几乎未做出什么让步。

2. 以退为进策略

以退为进策略从表面上看，谈判一方或退让妥协，或委曲求全，但实际上退却是为了以后更好地进攻或实现更大的目标。在谈判中运用这一策略较多的形式是，谈判一方故意向对方提出两种不同的条件，然后迫使对方接受条件中的一种。例如，"我方出售的产品享受优惠价的条件是批量购买2 000件以上，或者是预付货款40%，货款分两次付清。"在一般情况下，对方要在两者之间选择其一。

📖 案例阅读

【案例分析】

在比利时某画廊曾发生过这样一件事，美国画商看中了印度人带来的3幅画，标价为25万美元，美国画商不愿出这个价，双方谈判陷入僵局。印度人被惹火了，于是他拿起了一幅画烧掉了。美国人看到画被烧了，感到十分可惜，问印度人剩下的两幅画卖多少，回答还是25万美元，美国人又拒绝了。印度人横下一条心，又烧掉了一幅。美国人着急了，乞求他千万别再烧最后一幅了。当美国人再问价时，印度人竟报价60万美元，最终拍板成交。

3. 不开先例策略

不开先例是谈判一方拒绝另一方要求而采取的策略方式。当一方向对方提出最优惠政策时，对方承担不起，这时对方就可以用"不开先例"拒绝其过分要求。如果买方提出的要求使卖方为难，卖方可向买方解释，如果答应了他的要求，对卖方来说就等于开了一个先例，以后对其他买主要采取同样的做法，这不仅对卖方来说无法负担，而且对以前的买主也不公平。在一般情况下，提出要求一方很难真正掌握回绝一方的真实情报信息，也无法证实回绝一方语言的真实性，因此，只能见好就收，就此罢手。不开先例策略要对事不对人，将一切不利因素都推诿于客观原因，可以挽救自己。运用这一策略既不伤面子，又不伤感情，可以说是个两全其美的好办法。既然不开先例是一种策略，那么，提出的一方就不一定是真没开过先例，也不能保证以后不开先例，只说明对应用者不开先例。

当然，运用这一战术，必须要注意对方是否能获得必要的情报和信息来确切证明己方不开先例的事实。如果对方有事实证明，你只是对他不开先例，那效果就会适得其反。

4. 拖延战术策略

商务谈判中的拖延战术形式多样，目的也不尽相同，由于它具有以静制动、少留破绽的特点，所以成为谈判中常用的一种战术手段。

在商务谈判中，有时会遇到一种锋芒毕露、咄咄逼人的谈判对手。他们以各种方式表现其居高临下、先声夺人的挑战姿态。对于这类谈判者，拖延战术是一个十分有效的策略。在自己处于谈判优势的情况下，采用拖延策略，可以使对方在急于达成协议的情况下答应己方的要求。

这种战术的目的在于通过许多回合的拉锯战，使这类谈判者疲劳生厌、逐渐磨去锐气，同时也可以扭转己方在谈判中的不利地位，等到对手筋疲力尽之时，己方即可反守为攻，促使对方接受己方的条件。

采用拖延战术，要求己方事先要有足够的思想准备并确定每一回合的战略战术，以求更有效地击败对方的进攻，争取更大的进步。

5. 以弱求怜策略

以弱求怜策略也称恻隐术，是一种装可怜相、为难相的做法，以求得对方的同情，争取合作。在一般情况下，人们总是同情弱者的，不愿落井下石，将之置于死地。

恻隐术常见的表现形式有装出一副可怜巴巴的样子，说可怜话，与对方进行沟通，如"这样决定下来，回去要被批评，无法交差""我已退到悬崖边了，再退就要掉下去了""请你们不看僧面，看佛面，无论如何帮我一把"。

例如，某卖方在二次降价后，决定坚守价格，但为了避免出现僵局，他邀请买方去他所住的旅馆洽谈。买方人员走进房间，只见主谈人头上缠着毛巾，腰上围着毛毯，脸上挂着愁容，显出一副痛态。经过询问后得知，由于自己把价压得太低，以致他身体十分难受。这一招很有感染力，部分买方人员以为"他实在是可怜"，真的动摇了谈判意志，甚至还有流眼泪的。又如，某卖方在其项目虽与买方达成协议但未签合同时，被第三者插入，该卖方愿以更低的价格与买方签订合同。买方出于信誉，将形势告诉了卖方并想出可能挽救的措施。卖方估量了买方想出的建议，不想改动实质性条件，反复解释，并流下了眼泪。最终，这位年岁不小的代表所淌出的泪水产生了奇效，买方终于改变了自己的观点。

在使用这一方法请求合作时，一定注意不要丧失人格和尊严，直诉困难也要不卑不亢。与此类似，有的谈判人员"以坦白求得宽容"。当在谈判中被对方逼得招架不住时，干脆把己方对本次谈判的真实希望和要求和盘托出，以求得对方的理解和宽容，从而阻止对方进攻。

6. 有限权力策略

有限权力策略是指谈判者以自己的权力太小、无法接受对方的条件为由拒绝做出较大的让步。当对方迫使自己做出的让步不能接受时，可以声明没有签这种合同的权力，需要找有关领导或有关部门批准，以此减小让步的幅度和减少让步的次数。

案例阅读

美国谈判学会会长尼尔伦伯格在《谈判的艺术》中讲述了这么一个故事。他的一位委托人安排了一次会谈。对方及其律师都到了，尼尔伦伯格作为代理人也到场了，可是委托人自己却失约了。等了好一会儿，也没有看见人影。这3位到场的人就先开始谈判了。随着谈判的进行，尼尔伦伯格发现自己正顺顺利利地迫使对方做出一个又一个的承诺，而每当对方要求他做出相应的承诺时，他却以委托人未到、权力有限为由，委婉地拒绝了。结果，他以一个代理人的身份，为他的委托人争取到了对方的许多让步，而他却不用向对方做出相应的让步。

【案例分析】

在一般情况下，谈判人员不具有全权处理谈判中所有问题的权力（特殊授权除外），这样，谈判人员的权力就会受到某种限制。会利用限制的谈判人员，并不把这些看成是对自己的约束，相反倒更能方便行事。一个优秀的谈判人员必须学会把有限的权力作为谈判筹码，巧妙地与对方讨价还价。

谈判经验告诉我们，任何一位在谈判桌上声明自己可以做出一切决定的谈判者，都是不聪明、不理智的，这是很危险的。因为，如果这时对方提出确实而充分的理由要求其让步时，他的权力就只能使其接受让步，而无理由找借口来回绝了，这其实等于丢掉了自己的保护伞，是不可取的做法。

当然，有限权力也不能滥用。过多使用这一策略，或选择的时机不好，会使对方怀疑己方代表的身份、能力。如果他认为这个人不具有对谈判中主要问题的决策权，就会失去与其谈判的兴趣与诚意，要么退出谈判，要么要求己方更换谈判代表，派有决定权的人前来谈判。

5.3.2　阻止对方进攻时要注意的问题

阻止对方进攻，否定对方要求的让步，其实就是在传递拒绝。在这个过程中，一定要注意以下几个可能会造成传递不利或失败的要素。

1. 先入为主，判断错误

不能积极地去了解对方的真正想法和需求，也就不能积极地聆听，于是便会产生偏见、先入为主，造成判断失误；也有可能是，所拒绝对方的内容实际并不是对方所要表达的内容，结果会闹出笑话。

2. 定式思维

定式思维，即按我们自己的思路去思考，而忽略了他人的需求，造成对方的抵触情绪。

3. 失去信心

失去信心，造成争执，有可能造成沟通的困难。在阻止对方进攻时，我们的情绪同样也代表着我们的内心世界。一个"不"字，怎样把它传递给对手，情绪是积极、主动，还是悲观、消极，都会影响对方。

4. 缺乏自信

在说"不"的时候缺乏自信，可能是因为我们的知识不够全面，掌握的信息不足，或者是制定的谈判策略和方法有偏差。要知道，对方看到你底气不足地拒绝他的要求时，他会变本加厉地向你索取。

5. 重点强调不足或条理不清

在阻止对方进攻时，应该把我们的条件和原因告诉对方，即为什么我们会说"不"。如果条理不清，连几个论据之间的关系都说不清楚，或者强调不足，就会造成很大的障碍。

【参考答案】

一、单项选择题

1. 迫使对方让步的最有效方法是（　　）。
   A. 创造竞争条件　　　　　　　　B. 承诺给对方个人的好处
   C. 以退出谈判威胁对方　　　　　D. 乞求对方同情
2. 不适合采用"车轮战术"策略的情况是（　　）。
   A. 遇到关键性问题需要时间进行思考
   B. 胜利在望需乘胜追击
   C. 己方长途跋涉十分疲劳
   D. 前面的主谈人出现失误
3. （　　）做法会达到更好的谈判效果。
   A. 坚持立场，绝不让步　　　　　B. 承诺给对方个人的好处
   C. 巧妙地运用灵活变通的策略　　D. 激怒对方，使他丧失理智
4. 商务谈判中阻止对方进攻时，不适宜选择的方式是（　　）。
   A. 示弱以求同情　　　　　　　　B. 以权力限制为借口
   C. 以攻对攻　　　　　　　　　　D. 顾左右而言他
5. 在谈判让步时，下列做法不正确的是（　　）。
   A. 不做无谓的让步　　　　　　　B. 要与对方做同等幅度的让步
   C. 一次让步的幅度不要过大　　　D. 先让步次要的，再让步较重要的
6. 最后通牒策略最适宜处于（　　）地位的谈判者。
   A. 平等地位　　　B. 被动地位　　　C. 主动地位
7. （　　）可以让对方相信，只要坚持下去就还能获得更大的收益，其期望会随时间的推延而增大。
   A. 递增式让步方式　　　　　　　B. 妥协型让步方式
   C. 危险型让步方式　　　　　　　D. 反弹型让步方式
8. （　　）是先用苛刻的虚假条件使对方产生疑虑、压抑、无望等心态，以大幅度降低对手的期望值，然后在实际谈判中逐步给予优惠或让步。
   A. "情绪爆发"策略　　　　　　　B. 最后通牒策略
   C. 虚拟假设策略　　　　　　　　D. 吹毛求疵策略

二、多项选择题

1. 迫使对方让步的主要策略有（　　）。
   A. 利用竞争　　　　　　　　　B. 最后通牒
   C. 撤出谈判　　　　　　　　　D. 软硬兼施
2. 谈判让步时机可以选择在（　　）。
   A. 先于对方做出让步　　　　　B. 与对方同时进行让步
   C. 后于对方做出让步　　　　　D. 让步时机选择不重要
3. 按谈判双方所采取的态度划分，谈判有（　　）。
   A. 一对一谈判　　　　　　　　B. 让步型谈判
   C. 立场型谈判　　　　　　　　D. 原则型谈判
4. 让步的原则有（　　）。
   A. 让步幅度不能过大　　　　　B. 让步绝不能无偿让步
   C. 让步要恰如其分　　　　　　D. 让步不要太快
   E. 不承诺作同等级的让步

三、判断题

1. 发现让步欠妥后，让步不能收回。（　　）
2. 车轮战术策略是典型的迫使对方让步的策略。（　　）
3. 在一般情况下，谈判人员都具有全权处理谈判中所有问题的权力。（　　）
4. 车轮战术容易导致对方谈判小组内部成员之间的相互猜疑，从而瓦解其战斗力。（　　）
5. 运用不开先例谈判策略时，必须要注意另一方是否能获得必要的情报和信息来确切证明不开先例的事实。（　　）

四、简答题

1. 让步需要遵循哪些原则？
2. 向对方让步有哪些让步策略？
3. 迫使对方让步的基本策略有哪些？
4. 迫使对方让步时要注意哪些问题？
5. 有哪些策略可以阻止对方进攻？

五、案例分析题

案例一：

"我喝纯牛奶时，竟然发现里面有只死苍蝇，而厂家却一拖再拖，不当回事！"昨天，家住市区绿园小区的毛先生打进某报社热线进行投诉。

毛先生介绍，两天前，他从小区附近某大型超市的分店买来了一箱某品牌纯牛奶。当天中午，他拿出纯牛奶，剪了封口倒到碗里饮用。刚喝了一口，毛先生忽然发觉有黑乎乎的东西从碗底漂浮到剩余的牛奶上，仔细一看是只死苍蝇，他当即感到很恶心。毛先生马上拿着牛奶和死苍蝇来到超市分店理论，店主称牛奶绝对是正宗产品。于是，毛先生又打电话给该品牌牛奶的供应商。供应商与厂家代表派人查看了牛奶，认定是该公司的产品。毛先生提出要求赔偿损失1 000元，厂家代表表示不能接受。

根据毛先生提供的号码，记者联系了厂家代表刘先生。刘先生说，生产车间完全是封闭的，且每隔半小时消毒一次，生产、包装、检验过程全是在无菌环境下作业完成。这样严格的生产条件下制造出的牛奶是不可能会有苍蝇的。至于哪个环节出了问题他们还不清楚。而对于毛先生提出的赔偿要求，他们正与公司总部联系，争取及时给消费者一个满意的答复。

就此，报社记者咨询了市消费者协会，该协会工作人员建议双方最好依据事实，协商解决。

试分析

毛先生和厂家应如何向对方做出让步？

案例二：

我国 A 公司和美国 B 公司之间所进行的合作谈判从 20 世纪 80 年代初期开始，最终双方在北京签订了为期 20 年的合资协议。合资公司作为这一谈判的成功结晶，成为美国和我国最早成立的技术转让合资企业之一。而且更值得一提的是，它是首家涉及高技术转让的中美合资企业。

应该说，在一开始，这场谈判的双方实力与地位的差距是悬殊的。美国 B 公司创建很早，它已成为各方面都领先的全球供应商，年销售额超过 5 亿美元，业务范围涉及全球 10 多个国家，是一家规模巨大的跨国公司。而 20 世纪 80 年代初期的我国，刚刚走上改革开放的道路，市场机制还很不健全，在高新技术领域尚处于落后状态。而且，由于这一谈判涉及极为敏感的高技术转让，美国出口管理部门严格限制 B 公司向我国转让的产品和技术的种类。因此，对于中方谈判者来说，谈判对手的实力是强大的，谈判中所存在的阻力与障碍又将使谈判的进行困难重重，要想取得谈判的成功是非常不容易的。

为了将谈判一步步向成功的方向引导，中方谈判者在充分了解对手和分析对手需要的基础上，首先向美方抛出了"香饵"：我国国家有关方面和美方进行初步接触并向美方发出邀请，请他们组成代表团到我国进行实地考察。在考察过程中，我国方面巧妙地利用各种方式向美方展示了在该领域的光辉前景。我国力求使美方确信，双方如果合作成功，将使 B 公司顺利占据这世界上最后一个、同时也是最大一个尚未被开发的市场，而这一点则是 B 公司所迫切需要的。通过考察，他们已被这一诱人的"香饵"深深吸引。紧接着，中方谈判者又不失时机地抛出了第二个"香饵"：为了表示合作的诚意，中方为美方特意选择了一个最佳的合资伙伴——A 公司。这使美方既省去了进行选择的成本费用，又使其深感满意。随着谈判进入到实质性磋商阶段，中方谈判者又拿出了第三个"香饵"：合资公司将享受最优惠的税收减免待遇。正是这一系列"香饵"的作用，才使中方逐渐扭转了谈判中期的被动局面，并把这一历史性的谈判一步步推向成功。付出了"香饵"，得到了"大鱼"：通过成立合资公司，中方获得了先进的技术——控制仪器生产技术。这将使我国在高技术机械产品方面达到一个新的水平，从而缩短了赶超世界先进水平的进程。

试分析

本案例中用到了哪几种让步策略？

实践训练

假如你所在公司的经营状况出现了问题，销量减少、利润下降。公司老板提出所有人员的工资下调 20%，以帮助公司渡过难关，等公司经营状况好转之后再调回原来的工资标准。从实际出发，以薪酬谈判为例，分析你和公司各自的利益，情况（主次要利益，局部、整体利益，以及在哪些利益上可以让步）。以利益分析为基础，进行模拟谈判，对互惠互利的让步策略进行演练。

谈判游戏

道具：桌子、各种小道具（按需要）、一些白纸、几支笔。

参加人数：3 个以上。

方法与规则：

（1）游戏组织者选择一种商品 A，卖家出售该商品的最优目标价格是 25 万元，最低目标价格是 19 万元。

（2）假设有 3 人参加游戏，其中甲是卖家，乙、丙是买家，乙和丙不知道甲的最低价格。

（3）要求甲、乙、丙 3 人在游戏开始前事先搜集市场信息。

（4）甲分别与乙和丙进行谈判，甲要尽量卖到最高价，乙和丙要尽量使成交价降低。

目的：在谈判过程中，让游戏者体会让步策略在谈判中的运用。

项目 6

商务谈判的成交与签约

一家公用事业公司想从一家生产商那里购买一台变压器,包括价格和送货日期在内的一切事宜都已谈妥,留下最后一个需要谈判的是补偿金的条款问题,在这个问题上谈判双方分歧很大。生产商坚持说他们的法律部是不会批准已经草拟好的赔偿条款的,而这家公用事业公司则说如果没有赔偿条款,他们就不会购买该设备。

【案例分析】

任务 6.1　商务谈判的成交

【学习目标】

知 识 目 标	技 能 目 标
了解商务谈判终结的判定。 了解商务谈判结束的技术准备	初步掌握拟定商务谈判文本的技能

【导入案例】

　　一位法国人，他家有一片小农场，种的是西瓜。经常有人来电话要订购他家的西瓜，但每一次都被他拒绝了。有一天，来了一位男孩，他说要订购西瓜，又被主人回绝了，但小男孩却不走，无论主人做什么，他都跟在主人身边，谈自己的故事，一直谈了几个小时。主人听完男孩的故事后，开口说："说够了吧？那边那个大西瓜给你好了，一个法郎。""可是，我只有一毛钱。"小男孩说。"一毛钱？"主人听了便指着另一个西瓜说："那么，给你那边那个较小的绿色的瓜，好吧？""好吧，我就要那个。"小男孩说，"请不要摘下来，我弟弟会来取，两个星期以后，他来取货。先生，你知道，我只管采购，我弟弟负责运输和送货，我们各有各的责任。"

【案例分析】

6.1.1　商务谈判的终结

　　商务谈判何时终结？是否已到终结的时机？这是商务谈判结束阶段极为重要的问题。人们通常会发现，一场谈判旷日持久但进展缓慢，然后由于某种原因，大量的问题会快速地得到解决，双方互相做一些让步，而最后的细节在几分钟内即可拍板。一项交易将要明确时，双方会处于一种准备完成时的激奋状态，这种激奋状态的出现往往是由于一方发出成交信号所致。谈判终结可以从以下几个方面来判定。

1. 从谈判涉及的交易条件来判定

　　可以谈判所涉及的交易条件（如商业、法律、技术、数字等）得到解决的状况，来衡量全场谈判是否终结。

　　（1）分歧量，指以双方交易条件中尚余留的分歧量为判断根据。例如，从交易条件看，所剩的分歧量极少时，无论是关键性条件，还是次要条件，均可视谈判已进入终结阶段。

　　（2）成交底线，指以谈判条件是否已涉及成交底线来判定谈判是否进入终结阶段。成交底线是指可以接受的最低交易条件，是达成协议的下限。交易涉及的各方面均存在下限、中限和最佳交易条件的具体要求。谈判者所做的一切努力就是力保下限、争取中限和最佳交易条件。当对方已同意的条件已经进入己方内定的成交底线时，谈判自然就进入终结阶段。

（3）一致性，指交易条件全部或基本上达成一致，尚余个别问题需要做技术处理的情况。当谈判达到这种状态时，可以判定谈判终结就要到来。例如，有的交易涉及高技术限制问题，在其他交易条件达成一致后，交易双方要对这个十分敏感的问题做技术处理。首先应由双方专家以双方认可的文字，共同拟订具有约束力的文件，然后上报双方上级签字。其时间应在达成其文字协议之时，其保密程度要高于其他相关的协议文件。这些问题如不适时、适当处理，势必会在其他内容签约后，成为严重问题。

2．从谈判时间来判定

谈判的过程必须在一定时间内终结，当谈判时间即将结束，谈判自然也就进入终结阶段。时间判定准则有以下三种标准：

（1）双方约定的谈判时间。在谈判开始前，谈判双方就确定了谈判所需的时间，所有参加谈判的人员及程序安排均依此而行，当谈判已经接近所定的时间时，谈判自然也就进入终结阶段。

（2）单方限定的谈判时间。单方限定谈判时间的长短是判定谈判终结的另一标准。单方限定时间的动机是多方面的，这些动机有可以明示的，也有不可明示的，故单方限定时间，不一定都要说出原因，只是以请求、通告形式明示即可。

单方限时的谈判一般情况下会按照时限而结束谈判，有时在尚未达成协议，而双方又有诚意继续谈判时，终局也可视为暂时告一段落。

（3）形势突变的谈判时间。本来双方已经约定好谈判时间，但是在谈判进行过程中形势突然发生变化，如市场行情突变、外汇行情大起或大落、公司内部发生重大事件等，谈判者突然改变原有计划，如要求提前终结谈判。这是由于谈判的外部环境在不断发展变化，谈判进程不可能不受这些变化的影响。

3．从谈判者发出的信号来判定

收尾在很大程度上是一门掌握火候的艺术。各个谈判者发出的信号是不尽相同的，但常见的有以下几种：

（1）谈判者用最少的言辞阐明自己的立场，谈话中表达出一定的承诺或意愿，但不包含讹诈的成分。例如，"好，这是我最好的主张，现在就看你的了。"

（2）谈判者所提出的建议是完整的、绝对的，没有不明确之处。这时，如果他们的建议未被接受，除非中止谈判，否则没有出路。

（3）谈判者在阐述自己的立场时，完全是一种最后决定的语调，坐直身体，双臂交叉，文件放在一边，两眼紧盯对方，不卑不亢，没有任何紧张的表示。

（4）回答对方的任何问题尽可能简单，常常只回答一个"是"或"否"，使用短语，很少谈论据，表明确实没有折中的余地。

（5）一再向对方保证，现在结束谈判对他有利，并告诉他一些好处的理由。

发出这些信号，目的就是使对方行动起来，脱离勉勉强强或优柔寡断的状态，促使谈判达成一致协议。这时应注意，不要过分地使用高压政策，否则有些谈判对手就会退步；也不要过分表示出你希望成交的热情，否则对方就会寸步不让，反而向你进攻。

> **案例阅读**

【案例分析】

一位客户给一家咨询公司打电话，要求该咨询公司给他的公司开一个研讨会，时间暂定为6个月后。3个月后，咨询公司打电话给该客户要求他确认原先预定的日期，否则，该咨询公司就会接受另一位要求在同一天开研讨会的客户的预定要求。咨询公司通知该客户他必须在24小时之内确认日期，也就是说，他们向客户下了最后"通牒"。

6.1.2 结束谈判的技术准备

1. 对交易条件的最后检索

1）检索的内容

（1）明确还有哪些问题没有得到解决。

（2）对自己期望成交的每项交易条件都做出最后的决定，同时，明确自己对各项交易条件准备让步的限度。

（3）决定采取何种结束谈判的战术。

（4）着手安排交易记录事宜。

2）检索的时间

检索一般安排在一天谈判结束前的休息时间里进行；也可能安排一个正式的会议，并由单位某个领导主持，这样的回顾和检索会议往往被安排在己方与对方作最后一轮谈判之前进行。

3）检索的形式

谈判结束时是谈判者必须做出最后决定的时刻，并且面临着是否能达成交易的最后抉择。因此，进行最后检索时，应当以协议对谈判者的总体价值为根据，对那些因己方没有同意而未解决的问题重新予以考虑，以权衡是做出相应让步还是失去这笔交易。

2. 确保交易条款的准确无误

在交易达成时，双方对彼此同意的条款应有一致的认识，保证协议名副其实，下面所列的是最容易产生问题的地方。

1）价格方面的问题

（1）价格是否已经确定，缔约者是否能收回人工和材料价格增长后的成本？

（2）价格是否包括各种税款或其他法定的费用？

（3）在履行合同期间，如果行市发生了变化，那么成交的产品价格是否也随之变化？

（4）在对外交易中是否考虑汇率的变化？

（5）对于合同价格并不包括的项目是否已经明确？

2）合同履行方面的问题

对"履约"是否有明确的解释？是否包括对方对产品的试用？

3）合同与规格方面的问题

（1）合同履行能否分阶段进行？规格方面的问题是否已做了明确规定？

（2）是否已经明确了哪些问题运用哪些标准，哪些标准与合同的哪部分有关？

（3）对于在工厂或现场的材料与设备的测试，以及它们的公差限度和测试方法，是否做了明确的规定？

4）仓储及运输等问题

（1）谁负责交货到现场？谁负责卸货和仓储？

（2）一些永久性或临时性的工作由谁来负责安排与处理？

5）索赔的处理

（1）索赔处理的范围如何？

（2）处理是否排除未来的法律诉讼？

这些问题适用于各种谈判，在谈判双方对某些问题的标准理解不一致的情况下签订合同，会给双方带来极大的风险。因此，这些问题对谈判而言都非常重要。

3．最后的回顾

（1）明确还有哪些问题没有得到解决。双方可能已经就主要问题达成协议，但是总有一些细节问题被认为是必然的问题被人忽视，此时有必要仔细检查一下，看是否有遗漏。

（2）对所有的交易条件进行最后确认，明确是否每项交易条件的谈判都达到了己方的期望值或谈判目标。

（3）确定己方最后可做让步的限度。

（4）决定采取何种技巧结束谈判，进行签约。

在这个时候，一般不要轻言放弃，只有风险估计对整个合同和整个业务境况来说仍然是不可接受的，才可做出放弃的决定。

4．谈判记录及整理

每一次洽谈之后，重要的事情应写一份简短的报告或纪要，并向双方公布，这样可以确保以后协议不致被撤回。在一项长期而复杂、有时甚至要延伸为若干会谈的大型谈判中，每当一个问题谈妥之时，都需要通读双方的记录，查对一致，以避免存在含混不清的地方。

谈判者通常要争取自己一方做记录。谁保存着会谈记录，谁就握有一定的主动权。如果对方向你出示他们的会谈记录，那就必须认真查看，要将自己的记录与对方的加以比较，发现偏差就应加以指出并要求修正。

在最后阶段，检查、整理记录。双方共同确认记录正确无误后，记录所记载的内容便是起草书面协议的主要依据。

任务 6.2　商务谈判的签约

【学习目标】

知 识 目 标	技 能 目 标
掌握商务谈判合同的特点与合同种类。 掌握商务谈判合同的构成及合同的签订	具备运用商务合同相关知识正确处理有关商务合同各项事宜的能力。 熟悉合同的签订及签约过程

【导入案例】

速达电子公司的一个客户有个奇怪的习惯,每次业务人员和电子公司谈妥所有条件后,客户公司的经理就会出面要求业务人员再给两个点优惠。速达电子公司应该怎么办?

(1)速达公司业务人员直接找经理去谈判。

(2)速达公司业务人员据理力争,和经理讲明已经让到底线了,把他挡回去。

(3)速达公司业务人员与客户谈判时讲明已把经理要的两个点优惠给他了,让他告诉经理没有优惠点了。

(4)速达公司业务人员和客户谈判时,每次留下两个优惠点等待和经理谈……

【案例分析】

签订谈判协议或合同,是谈判的直接目的。就谈判本身而言,谈判的最终结果就是签订谈判协议或合同,即以契约的方式,把双方达成的目标、条件和意见确定下来,经双方签字后成为具有法律效力的谈判文件。因此,签订契约不仅是商务谈判过程中一个极重要的环节,而且也是较容易出现疏漏甚至差错的一个环节。在谈判过程中,费了九牛二虎之力争得的某些正当利益,往往因签约时的疏忽而功亏一篑。同时,如果契约不符合法定规范,缺少了合约有效成立的要件时,也得不到法律的保护。

6.2.1 商务合同的概念、特点与种类

1. 商务合同的概念

商务合同又称经济合同,是经济组织之间,或经济组织与其他社会组织或个人之间,为进行经济合作和贸易往来,通过协商一致的谈判而共同订立的,以明确合作与往来目的,明确相互之间的权利、义务、责任、承诺的协议。涉外商务合同当事者必有一方为境外经济组织、社会组织或个人。订立商务合同是一种经济法律行为,它所明确规定的当事者的权利、义务、责任及承诺等,均有法律效力,任何一方违约或毁约,都必须承担法律上的经济责任。因此,它最典型地体现了市场经济的契约性质,是契约性质的最高表现形式。

2. 商务合同的特点

(1)法制性。它包括3层含义:对当事者有法律约束力,是经济性法律契约;合同条款必须合法,即符合有关经济法律、法规的规定与要求,不得与之相抵触,更不能与之相违背,违法合同自然无效,也得不到法律的保障和保护;当事人必须具有法人或自然人的身份,即是法律意义上的完整的行为责任人。

(2)目的的明晰性。合同是谈判目的的实现与体现,是谈判双方共同认可的,它将约束、导引谈判双方的谈判后行为,因此,在目标确定上绝无歧义可言,或规定合作项目,或规定交易内容,都要一清二楚、一目了然;否则,合同便起不到它所应有的作用。

(3)细节的确定性。合同所列条款是将合同内容加以具体分解,从每一细节上安排落实,从而富有可操作性。对当事者的权责、利益、义务、承诺及其条件构成均明细列出,使合同双方无可回避、无可推诿。

(4)互利的合作性。谈判是互利的自利行为,其目的是自利,但必须通过互利才能实现,双方必须交换利益才能实现各自的利益,因此,成功谈判的结局都是双方利益的均衡。合同

作为谈判终结的具体形式，完整地体现了双方利益的均衡与各自利益的实现，其互利性与合作性是显而易见的。

3. 商务合同的种类

（1）以参加商务谈判和签订合同的主体来划分。
① 政府间签订的合同。
② 法人间签订的合同。
③ 法人与自然人间签订的合同。
④ 自然人与自然人间签订的合同。

（2）以涉及单位所属国家来划分。
① 国内商务合同，如国内企业间签订的货物购销合同、技术转让合同等。
② 国际商务合同，如进出口货物贸易合同、国际技术转让合同、融资合同等。

（3）以合同标的物来划分。
① 货物购销合同。
② 技术贸易合同。
③ 合资、合作经营合同。
④ 融资信贷合同。
⑤ 来料加工、来件装配合同。
⑥ 补偿贸易合同。
⑦ 产权转移合同。
⑧ 信息咨询合同。

（4）以合同形式来划分。
① 口头合同。在贸易上，并非只有正式签订的书面文件才是合同，如卖方在一个实盘电报中发出要约，买方在规定时期内予以口头承诺（最好以磁带录音），合同即告成立。在国际贸易中也是如此，《联合国国际货物销售合同公约》中规定，销售合同无须以书面订立或书面证明，在形式方面也不受任何其他条件的限制。销售合同可以用包括人证在内的任何方法证明。当然，口头合同一般用于交易金额不大、交易双方彼此熟悉、交易频繁、履约时间不长的经济交往活动。这种合同形式在发生违约和争议时，举证困难，较大的商业活动很少采用这种形式。

② 书面合同。许多国家都规定，商务合同在一定情况下必须采用书面合同的形式。例如，美国法律规定，500美元以上的动产买卖，或协议成立后年内不能履行完毕的合同，必须采取书面合同形式。《中华人民共和国合同法》则规定，法律、行政法规规定采用书面形式的，当事人约定采用书面形式的，都应当采用书面形式的合同。

（5）以合同当事人的直接性和间接性来划分。
① 直接合同。
② 代理合同，也称居间合同。

6.2.2 商务合同的构成

尽管商务合同种类多，但无论哪一种书面合同，一般都由"约首""本文"和"约尾"3个部分构成。

1. 约首

约首是指合同的首部，用以反映合同的名称、编号、签约的日期和地点、双方的法定名称和地址及合同序言等内容。

2. 本文

本文是谈判各方协议的具体内容，也即合同的正文。它是整个合同的重点，包括以下内容：
（1）标的（货物买卖合同应写明规格、数量、质量及包装）。
（2）价格或酬金。
（3）履行的方式、期限和地点，如实物形态的交易，就要写明验收标准、地点及方法。
（4）支付方式和支付时间。
（5）违约责任。
（6）争议及仲裁。

3. 约尾

约尾是指合同的结尾部分，反映合同的文字效力、份数、附件及其效力，各方签字盖章等。

除了以上主要内容外，根据不同谈判目的和合同类型的具体特点，可以将谈判双方已经达成的一致意见以书面形式确定下来，并以准确的词语加以表达，形成一份合同。

由于书面合同种类多、内容广，尤其是在一些特殊标的的谈判中，很少有统一的固定格式可以采用。但常见的货物买卖合同，由于发生频繁，且大多已约定俗成，所以较多地采用已印刷好的格式，只要将谈妥的内容填写进去，就能形成一份规范的合同文本。

一般货物买卖合同范本如下所示。

一般货物买卖合同范本

买方：_____（下称甲方）　　卖方：_____（下称乙方）
地址：_____　邮编：_____　地址：_____　邮编：_____
电话：_____　传真：_____　电话：_____　传真：_____

甲、乙双方经充分协商，本着自愿及平等互利的原则，订立本合同。

第一条　名称、品种、规格
名称、品种、规格：_____（应注明产品的牌号或商标）。

第二条　数量和计量单位、计量方法
1. 数量：_____。
2. 计量单位和方法：_____。

第三条　包装方式和包装品的处理
_____（应尽可能注明所采用的包装标准是否为国家或主管部门标准，自行约定包装标准应具体可行，包装材料由谁供应，包装费用的负担等）。

第四条　交货方式
1. 交货时间：_____。
2. 交货地点：_____。
3. 运输方式：_____（注明由谁负责代办运输）。

续

> 第五条 验收
> 1. 验收时间：_____。
> 2. 验收方式：_____。
> 3. 验收如发生争议，由____检验机构按____检验标准和方法，对产品进行检验。
>
> 第六条 价格与货款支付
> 1. 单价：_____；总价：_____（明确币种及大写）。
> 2. 货款支付：货款的支付时间_____；货款的支付方式_____。
>
> 第七条 违约责任
> 1. 甲方违约责任：（略）
> 2. 乙方违约责任：（略）
>
> 第八条 不可抗力
> 任何一方由于不可抗力原因不能履行合同时，应在不可抗力事件结束后___日内向对方通报，以减轻可能给对方造成的损失，在取得有关机构的不可抗力证明后，允许延期履行、部分履行或者不履行合同，并根据情况可部分或全部免予承担违约责任。
>
> 第九条 争议解决
> 凡因本合同引起的或与本合同有关的任何争议，如双方不能通过友好协商解决，均应提交中国国际经济贸易仲裁委员会，按照申请仲裁时该会实行的仲裁规则进行仲裁。
>
> 第十条 附加条款
> （略）
>
> 本合同正本一式____份，双方各执____份；合同副本一式____份，分送_____等单位。
> 甲方：_____ 乙方：_____
> 受权代表：（签字）_____ 受权代表：（签字）_____

6.2.3 商务合同签订的方式

1. 会议签约

相当多的商务活动是通过会议形式开展的，如各地区、各部门、各行业、各企业组织的贸易洽谈会和商品交易会等，在这些会议上成交的项目不少，金额也不小。在会议上签订商务合同是一种重要的签约方式。有时，主管部门征得其所属企业的同意后，也可在会议上代其签订合同。

2. 指定签约

指定签约是属于委托签约的一种签约方式，这里有一个"第三人"。"第三人"在取得一方法人代表就某项贸易的委托证明后，按照委托证明确定的授权范围（规定的交易条件所限定的条款）签订合同，这种方式就叫指定签约。指定签约的有效合同直接对委托单位产生权利、义务关系。

3. 直接签约

直接签约是谈判双方代表就某项贸易进行面对面洽谈，达成协议后签订合同的方式。

6.2.4 商务合同签订的过程

1. 签约人的法律地位

商务合同一般应由企业法人代表签字。主谈人不一定是合同的签字人，签字人的选择主要是为了保证合同的履行。复杂的合同涉及面广，可以邀请上级有关政府部门对其进行了解参与，执行中若出现问题容易得到解决，也可以保证合同的顺利执行。在目前的交易合同中，签字人分 4 种情况：金额不大、内容一般的合同由业务员或部门经理签字；金额较大、合同内容一般的合同由部门经理签字；金额大、合同内容重要的合同多由公司经理签字；涉及政府政策或涉及面广的合同协议，由政府代表、企业代表共同签字。有的国家、地区的厂商习惯在签约前请签约人出示授权书，授权书由其所属企业最高领导人签发。若签字人就是公司或企业的最高领导，可不出示授权书，但要以某种形式证实其身份。

2. 签约过程的礼仪

为了体现合同的不同分量和影响，签约过程的礼仪也有所不同。一般合同的签订，由双方法人代表签字，地点在谈判间或在宴请的饭店。签字仪式简单，双方与会者可站到签字人身后，也可不站，视对方要求或是否需要摄影留念而定。重要合同的签订，有领导出面签字时，仪式稍为隆重。要安排签字仪式，签约场所要备有专门的签字台，有的设置在谈判间，有的设置在宴请的饭店。宴请要排桌次，席间祝酒。重大合同和涉及政府参与的合同签字仪式比较隆重，需选择较高级的饭店或会堂作为签字仪式举行的地点，签字在一个厅，宴会在另一个厅。有的还要请高级领导（上级政府部门或总公司领导人）在签约前会见对方代表团成员并出席仪式，签字时，要专设签字桌，宴会时，双方代表要致辞，席间祝酒，并且宴会桌次、座次严格按来宾身份排列。

仪式繁简有时也取决于双方的态度，一般均按礼宾规格办。有时，由于对方是老朋友，为表明己方对其特别重视，也可破格会见。此外，双方出于经济考虑，仪式也可从简。

3. 签约礼仪应注意的事项

（1）当对方提出签字仪式要求时，己方应尽力配合，不要因签字仪式产生误会或不快。有时，双方为了扩大影响，谋求某些利益或别的竞争事项，宁愿出钱办得隆重些。

（2）重大合同签字仪式参加人员较多时，要注意安全。入场的凭证、交通的调度、安全警卫等都要照顾到。

（3）新闻稿在送发前要注意审稿。

（4）涉外合同的签字，最好事先同外事部门联系办理。

6.2.5 商务合同的履行

合同经双方或有关各方签署后依法成立，各方均应按合同规定的条件、时间、地点、方法履行自己所应承担的义务并获得应有的权利。因此，合同的履行是指合同当事人实现或完成合同中所规定的权利和义务事项的法律行为。

1. 合同履行的方式

（1）实际履行，指按照合同规定的标的履行，而不以货币或其他财物代替履行。

（2）全面履行，指按合同规定的标的数量、质量、规格、技术条件、价格条件及履行的时间、地点、方法等全面完成双方所承担的义务。例如，商品买卖合同，一方按约定金额按时全部付清货款，另一方则按时、按量、按质（包括包装要求）交货。

（3）中止履行，指对合同暂时停止履行，它是合同当事人一方掌握了另一方不能履行合同的确切证据而采取的措施，违约方应承担相应责任，并支付遭受损失一方违约金和赔偿金。

（4）合同转让，指合同当事人一方将合同规定的权利和义务转让给第三者。

> **案例阅读**
>
> 德国某公司向天津某工厂提供了一条电子器件生产线，全线有近百台设备，其中有十几台该公司需要获得其联盟的出口许可证。合同生效后，所有德方的其他供货和中方负责提供的设备、仪器工具、场地、动力、人员均到位，但一年过去了，这十几台设备仍未有出口许可证。此时，中方向德方提出交涉，认为一年多的人力、物力、财力损失较大，德方应给一个说法。双方通过查阅合同，合同中提出了许可证问题，但没有明确时间长度。合同主体义务没有修改，中方仅提出了"责任和补偿"问题。德方同意补偿，在服务量上加大以保证不降低技术水平，并协助寻找替代设备、补充已供设备备件量。

2. 合同履行的管理

即使合同制订在谈判和审核过程中做到了十分细心、周密，在细节问题上也规定得相当完善，但还是不可能包罗万象，在履行中还是会出现一些无法预料到的情况，因此，要本着互信、互让、互惠的精神，做好合同履行的管理。

【案例分析】

（1）建立对合同履行情况的监督统计制度。对合同成立及其履行过程要有完善的统计记录，如商品贸易合同应包括合同本身主要交易条件记录及成交、备货、发运直至结算进程的记录，以掌握合同履行的全过程。对于重大技术引进或建设项目的合同执行过程，双方都有可能发生细小违约行为。项目管理机构应把每一件违约行为都记载下来，并由对方的项目执行人签字确认，然后在一定时候从总体上进行解决。

（2）建立信用证和收汇的管理制度。出口贸易的顺利履约重在及时安全收汇，建立信用证和收汇管理制度，就是要检查督促催证，复核对方来证，督促及时出运，防止信用证误期；货物出运后，要及时检查收汇情况，与银行保持密切联系，定期催索应收未收账款。

（3）建立合同岗位责任制。为保证合同的顺利履行，要建立以合同为中心的明确的岗位责任制，防止各工作环节出现脱节和差错。例如，在进出口贸易合同的执行中，主要应建立起外销业务员、资源业务员、综合单证员和合同员的"四员"岗位责任制。

（4）在工程项目合同履行过程中，要加强与对方委派的工程技术专家的联系与交流。尤其是与外方签订的工程和技术合同，其实际履行有赖于与对方派遣的专家和工程技术人员的合作。

【参考答案】

基本训练

一、单项选择题

1. 气氛最紧张、难度最大的谈判是（　　）。
   A. 履约中的谈判　　　　　　　　B. 实质性谈判
   C. 定向谈判　　　　　　　　　　D. 签约谈判
2. 在所有导致谈判僵局的谈判主题中，（　　）是最为敏感的一种。
   A. 价格　　　　　　　　　　　　B. 付款
   C. 立场　　　　　　　　　　　　D. 关系
3. 对重要的问题应争取在（　　）进行。
   A. 主场　　　　　　　　　　　　B. 客场
   C. 中立场　　　　　　　　　　　D. 无所谓
4. 你认为商务谈判的履约阶段，其主要工作是（　　）。
   A. 签约即大功告成，此阶段不重要
   B. 协议的进一步修改、完善
   C. 处理违约索赔和争议仲裁等事务
   D. 后续合作，落实协议，做好总结

二、多项选择题

1. 寻找替代打破僵局的做法是指（　　）。
   A. 创造性地提出既有效地维护自身利益又兼顾对方要求的方案
   B. 寻找第三者来参与谈判的方案
   C. 提出对方要求以外能体现对方利益的方案
   D. 更换谈判小组成员
2. 谈判信息沟通障碍主要有（　　）。
   A. 文化背景差异　　　　　　　　B. 语言不通
   C. 谈判策略不同　　　　　　　　D. 心理因素
3. 打破谈判僵局的具体做法有（　　）。
   A. 采取横向式谈判　　　　　　　B. 改期再谈
   C. 更换谈判人员　　　　　　　　D. 改变谈判环境
4. 谈判僵局形成的原因主要有（　　）。
   A. 信息沟通障碍　　　　　　　　B. 外部环境突变
   C. 观点分歧较大　　　　　　　　D. 人员素质较高
5. 商务谈判备忘录与记录相同的地方主要有（　　）。
   A. 都可以作为签订大宗商品买卖合同的重要依据
   B. 都对下一轮谈判的重要议题起着决定或参考作用
   C. 都对下一轮谈判的重要内容起着决定或参考作用

6. 在非常重要的商务谈判进程的后期，达成协议后需要签约，这种签字行为是（   ）。
   A. 一种常见和有用的仪式　　　　B. 一种多余的形式
   C. 一种纯礼仪方式　　　　　　　D. 一种无所谓的形式

三、判断题

1. 谈判开局是整个商务谈判的起点，它的好坏并不能决定整个谈判的走向和趋势。（   ）
2. 在谈判中，如果谈判双方实力相当，在语言表达上应该做到礼貌自信、轻松严谨。（   ）
3. 当谈判对手让步的幅度已大于己方的期望值时，应该立即接受。（   ）
4. 无论采用何种谈判形式，都必须签订书面合同。（   ）
5. 商务契约也称商务合同，在我国则称为经济合同，它是两个或两个以上的当事人之间为了实现一定的经济目的，依照法律规定，通过协商所达成的明确双方权利义务的协议。（   ）

四、简答题

1. 成功结束谈判需要具备哪些条件？
2. 谈判记录是否必要？为什么？
3. 对圆满结束谈判需做出哪些精心安排？

五、案例分析题

我国一家食品进出口公司有意跟新加坡华裔客商A先生洽谈一笔大蒜生意，将我国的大蒜卖给A先生。在第一轮谈判中，我国公司报价720美元/吨，而A先生只肯出705美元/吨，显然，双方在价格上有分歧，经过谈判，均未能做出让步，双方只能握手告别。几天以后，双方决定举行第二轮谈判，再次坐到谈判桌前。因为当时大蒜收获期即将开始，我方既要抓紧收购工作，同时又要考虑如何售出。新加坡一方考虑到要在大蒜收获季节买到新鲜大蒜，不能错过大蒜收获季节，如果错过，不但质量没有保证，而且价格也会上涨。我国食品进出口公司与新加坡A先生从各自角度出发，都认为这笔大蒜生意还得要谈，所以双方又举行第二轮谈判。我公司权衡利弊后，愿以每吨705美元成交，一下子让了15美元，交易似乎到此应该举杯祝贺了，可A先生又出了一个"怪招"，提出给我方每吨加价5美元。

等合同正式签字生效后，我国公司问新加坡A先生为什么加价，他说："新加坡华人多，而我们的老主顾都是北方人，对蒜的食味要求是越辣越好，嘉定蒜牌子虽响，但辣味不如山东蒜浓，因此，我愿意出高价买山东蒜。但加价5美元并非没有考虑，这批货虽说少赚了1万美元，但我想借此交个朋友，我们双方日后还要长期交往，一旦有求于你们，我想你们是乐意帮忙的。有些同行，一点蝇头小利也不放过，这样会使对方产生反感，对方也会反过来对你斤斤计较，虽然生意做成了，但并不愉快，表面上看是赢家，实际上却是输家。"在发货时，果然验证了A先生的话，事情是这样的：本来定在青岛口岸发货，可青岛口岸只在月初有到达新加坡的船，要想抢在其他卖主之前上市，卖个好价，就得早装船，可A先生买的货刚好错过了月初的船期，要等一个月后才能发货，这会给A先生造成很大损失。A先生把自己的处境和盘托出，请我国公司把发货口岸由青岛改为上海，因为上海近期就有到新加坡的船。我国公司考虑到：把大蒜从产地运往青岛是用汽车，运往上海可换成火车，虽然路程远一倍，但火车比汽车运费便宜，所以并没有增加费用；A先生从价格上已先给我方便利；从长远利益考虑，A先生可以作为我们的老客户，是我们的长期合作伙伴。

试分析

A先生的观点是否正确？试用谈判理论分析此案例。

实践训练

李先生是苏州一家电子元件生产企业的销售人员,他新开发了上海一家新客户,双方就供货事宜达成了长期合作协议。最近,李先生按公司的要求与客户签订了销售合同,合同中规定货到付款,支付方式是银行汇票,运费由卖方承担。李先生按客户要求按时送货上门,对方验货后以现金的方式支付了全部货款。在回公司的途中,李先生与驾驶员在高速公路服务区餐厅用餐时,他身旁装有货款的皮包被盗。

参加实训的学生分成若干谈判小组,分别代表两家正在准备谈判的公司进行模拟谈判,讨论并汇报双方在合同履行中存在什么问题。

谈判游戏

道具:根据需要准备。

参加人数:6人以上,最好为单数。

方法与规则:

(1)游戏组织者在游戏前拟订一份"合同",写明游戏参加者在游戏中可以做和不可以做的事。"合同内容"最好详细,并写在纸上。

(2)最好在户外进行。将游戏参加者平均分成两组,分别为 A 组和 B 组,游戏组织者将"合同"交给游戏参加者传阅,有条件的话,可以给每人复印一份。

(3)游戏开始,每个游戏参加者可以做任何"合同"中允许的事情,也可以做"合同"中没有提到的事情,如果做了"合同"中不允许的事情则停止他的游戏。游戏组织者进行监督。

(4)最后剩下的游戏参加者所代表的组获胜。

目的:在游戏中体会在"合同"限制下应该怎样做事。

思考:游戏中你是不是能记得所有的"合同"要求?你是因为违反了哪条合同条款被淘汰?有没有人能在不违反"合同"的情况下,总能做到他想做的事?坚持到最后的人,是因为做事少还是因为做事的时候小心翼翼?对比游戏想一想,谈判时双方签订的合同对双方行为的约束力有多强。

项目 7

国际商务谈判

直至1992年，迪士尼公司在开办主题公园方面一直是非常成功的。1955年，迪士尼公司在美国加利福尼亚州开办了第一家主题公园，20世纪70年代在佛罗里达州再奏凯歌。1983年，成功开办了东京迪士尼乐园，使日本人快乐之后，迪士尼公司把注意力转移向巴黎。因为大约1 700万欧洲人居住在离巴黎不到2个小时的汽车旅程的地方，还有3.1亿人用不到2小时或更短时间就可飞到巴黎。此外，法国政府也渴望把迪士尼公司吸引到巴黎来，并给它提供超过10亿美元的各种奖励。法国政府也期望这个项目能给法国创造30 000个就业机会。1986年年底，迪士尼公司深陷于和法国政府的谈判中。谈判时间比预期要长得多，激怒了以夏皮罗为首的迪士尼公司的谈判代表。法国谈判首席代表白纳德说："美国的夏皮罗先生居然失去耐性，冲向房门，以完全非法国人的方式，用脚不断踢门并大喊：'让我砸点什么东西！'"此时，法国代表真是大吃一惊。1992年的夏天，迪士尼公司按计划开办了价值50亿美元的主题公园。但在迪士尼乐园开张不久，法国农民就将拖拉机开到乐园门口并将它封锁，全世界都转播了这次抗议行动，但这一行动不是针对乐园本身，而是针对美国政府的，原因是美国政府要求法国削减农业补贴。尽管如此，这一事件使全世界都关注到迪士尼乐园与巴黎之间这桩"没有爱情的婚姻"。之后，发生的是经营上的失误：

（1）迪士尼公司的政策是在乐园内不提供酒精饮料，但法国人的习惯是午餐要喝一杯酒，这个政策引起了法国人的恼怒。

（2）迪士尼公司认为星期一旅客最少而星期五最多，并按这种想法安排人手，但实际情况与此相反。

（3）吃早餐期间的旅馆一片混乱，因为迪士尼公司认为欧洲人不吃早餐而挤占了餐厅面积，在只有350个座位的餐厅里招待2 500个吃早餐的人。队伍长得让人害怕，而且欧洲人不仅想吃小面包、喝咖啡，还想吃咸肉和鸡蛋。另外，还有职工问题和游园时间问题等。结果到1994年年底，这家迪士尼乐园累计亏损额已达20亿美元。

【案例分析】

任务7.1 国际商务谈判概述

【学习目标】

知 识 目 标	技 能 目 标
了解国际商务谈判的概念及特征。	初步形成对国际商务谈判的基本认识。
掌握国际商务谈判的原则	提高自己的国际商务谈判的素质

【导入案例】

中国 X 公司到与阿拉伯 Y 公司进行谈判纺织品的交易。阿方 Y 公司接到报价后认为需要研究，约定改日上午 9:30 到 E 饭店咖啡厅会面再具体谈。上午 9:20，中方 X 公司人员如约到 E 饭店，在咖啡厅一直等到上午 10:00 仍未见 Y 公司人员影子。这时，有人建议："走吧。"有人开始抱怨，认为"阿方太过分"，X 公司组长说："既已按约到此，就等下去吧。"一直到上午 10:30，咖啡已喝了好几杯了，阿方人员才晃晃悠悠地走过来。一见中方人员，高兴地握手致敬，但未讲一句道歉的话。

在咖啡厅，阿方要求中方降价。中方组长没有正面回复，而说："按约定，我们上午 9:30 来此，已等了 1 个小时，桌上的咖啡杯数量可以作证。说明我方诚心与贵方做生意，价格不会虚（尽管还有余地）。如贵方有意见，请讲出具体方案来。"阿方代表笑了笑说："我昨天睡得太晚了，我们认为贵方报价难以接受。"尽管中方做了多方面解释，阿方仍坚持中方降价。中方组长建议双方认真考虑对方意见后再谈。阿方代表沉思了一下，提出下午 3:30 到他家来谈。

下午 3:30，中方人员准时到了阿方代表家，并带了几件高档丝绸衣料作礼品，在对方西式客厅坐下后，阿方代表带他的夫人一起与客人见面，其夫人脸上没有平日阿拉伯妇女佩戴的面罩。中方人员趁势将礼品给了她，引来她的赞叹声："好漂亮。"阿方代表也很高兴，说："我让她来见你们，是把你们当朋友。"中方立即转入正题。阿方代表让其夫人回避，听完了条件后即表示："不管新条件如何，贵方说研究，就拿出了新条件，我佩服贵方信誉好！"于是，他也讲出了他的条件。

此回合后，双方观点已基本靠近，中方组长觉得可以成交，但仍很自然地说："贵方也很讲信誉，不过还有些差距，怎么办呢？既然来到您的家，我们也不好意思只让您让步，我建议双方一齐让步如何？"阿方代表看了中方组长一眼说："可以考虑，但价格外的其他条件呢？""我们可以先清理，然后再谈价。"中方应到。清理完后，阿方说："好吧，我们折中让步吧！将贵方刚才讲的价格与我方折中成交。"中方说："这是好建议。不过结果还不大合我方要求，但我很看重它。我建议贵方同意的折中数与我方刚才的折中成交。"阿方笑了："贵方真能讨价还价，看在你们等我 1 个小时的诚意上，我同意。"于是，双方合作正式达成。

【案例分析】

国际商务谈判是不同国家的经济主体，在商务活动中，为了各自的经济利益，就各方既相互联系又相互差异的各种提议和承诺进行洽谈协商的过程，是各方旨在确立、变更、发展或者消除相互商务关系而进行的一种积极行为。

7.1.1 国际商务谈判的概念与特征

1．国际商务谈判的概念

国际商务谈判是不同国家利益相关的两个或两个以上的个人之间，组织、团体之间，为解决特定贸易问题，沟通歧见，而各自提出方案，就特定议题或范围进行磋商讨论，最终达成一项双方满意的协议的这样一个不断协调的过程。

既然国际商务谈判是谈判双方通过磋商讨论方式解决彼此间商务问题，并争取其最大利益或避免损失，那么在"扩大利益，减少损失的理性"下，谈判当事双方只有在一定的需求上限和需求下限之间才愿意达成协议。

国际商务谈判是国际商务活动的重要组成部分，在国际商务活动中占据相当大的比重。根据有关研究表明，在国际商务活动过程中，销售人员、企业在各个地区的管理人员、律师及工程技术人员等的50%工作时间用于各种各样的商务谈判之中，其中多数是与来自不同文化背景或不同国家的对手之间的谈判。

国际商务谈判是国际商务理论的主要内容和核心，是指在国际商务活动中，不同国家之间的商务活动主体为满足某一需要或达到某一目标而进行的讨论和洽谈的商业活动的总称。

尽管目前还没有让大家都接受的表述一致的定义，但一般认为，比较完整、准确地国际商务谈判的含义应该包括以下几个层次的内容：

（1）国际商务谈判是国际商务活动的主要内容。在国际商务实践活动中，谈判占有很大的比重，并往往起决定性作用。

（2）国际商务谈判是国际商务交易的讨论、洽谈等商业活动的总称。不能仅仅把签约的辉煌时刻称为国际商务谈判，也不能把它理解为仅仅是签约之前那一阶段的事情，它还包括签约之后协议的履行阶段。签约只是交易的开始，更重要的是协议的圆满执行。相当一部分人重视签约之前那一阶段的研究，却容易忽略签约之后的事情。

（3）商务活动的主体分属于不同的主权国家。谈判中利益主体分别是不同国家的政府、企业或公民，也就是说，谈判主体属于不同的主权国家。同一个国家的人，大家彼此熟悉，但也许会代表不同的国家进行谈判。在这种情况下，国家和民族利益必须充分考虑。

（4）国际商务谈判是国内商务谈判的延伸和发展。国内商务谈判和国际商务谈判都是商务活动的必要组成部分，是企业发展国内市场和国际市场业务的重要手段。与国内商务谈判相一致，国际商务谈判仍然是以实现商业利润为目标，以价格谈判为核心。只不过，在一定阶段上，国际商务谈判的商业目标表现得比较间接和委婉而已。

2．国际商务谈判的特征

1）具有跨国性

跨国性是国际商务谈判的最大特点，也是其他特点的基础。国际商务谈判的主体是两个或两个以上的国家，谈判者代表了不同国家或地区的利益。由于国际商务谈判的结果会导致资本的跨国流动，必然在贸易、金融、保险、运输、支付、法律等领域都具有国际性，所以在国际商务谈判中必须按国际惯例或通行做法来操作。因此，谈判人员要特别熟悉各种国际惯例，熟悉对方所在国的法律条款，熟悉国际经济组织的各种规定和国际法，以国际商法为准则，以国际惯例为准绳。

目前，国际上有3条关于国际货物买卖的国际公约，它们是《国际货物买卖统一法公约》《国际货物买卖合同成立统一法公约》及《联合国国际货物买卖合同公约》。关于国际货物买卖的国际贸易惯例，主要有《国际贸易术语解释通则》《1932年华沙-牛津规则》。另外，各国也就对外经济贸易活动建立起各自的法律体系，如美国的《美国贸易法》、英国的《英国货物买卖法》、我国的《中华人民共和国涉外经济法》等。必须指出的是，上述各项对于国际贸易的各种法规、国际惯例并不具备普遍的约束力，只有当双方当事人在他们订立的国际货物买卖合同中采用了某种国际法规、惯例来确定他们之间的权利、义务时，该法规、国际惯例才适用于该合同并对当事人产生约束力。

2）具有较强的政策性

国际商务谈判的跨国性决定了它是政策性较强的谈判。国际商务谈判参与方处于不同国家的政治、经济环境中，谈判常常会牵涉国与国之间的政治、外交关系，在谈判中，双方国家或地区政府常常会干预和影响商务谈判的进程。因此，国际商务谈判必须贯彻执行国家的有关方针政策和外交政策，特别是执行对外贸易的一系列法律和规章制度。这就要求国际商务谈判人员必须熟知本国和对手国家的方针政策及对外经济贸易的法律和规章制度。

3）具有跨文化性

国际商务谈判参与方处于不同的文化、宗教、伦理环境中，谈判的各方一般具有不同的价值观、道德观、思维方式和行为方式，在语言表达及风俗习惯等方面也各不相同。因此，国际商务谈判的难度要大大高于国内商务谈判。国际商务谈判的各参与方在谈判时，不仅要注意协调好各自的经济关系，而且要努力尊重和协调好各自在文化、宗教和伦理等各方面的差异。

4）具有复杂、多变性

复杂、多变是由国际商务谈判的上述3个特点派生出来的。正是因为这些特点，使得从事国际商务谈判的人员总是面临着国际环境多变、复杂的局面，要花费更多的精力来适应。例如，贸易标的各方面的复杂多变、国际法的掌握、语言沟通的差异、风俗习惯的差异、价值观和思维方式的差异等，这些都增加了谈判的复杂、多变性。

5）具有较大的困难性

国际商务谈判涉及不同国家、不同国家企业之间的关系，如果出现问题，需要协商的环节很多，解决起来就比较困难。因此，要求谈判人员事先估计到可能出现的问题和不测事件，加以相应的防范。

6）谈判人员应具备更高的素质

国际商务谈判的特殊性和复杂性，要求国际商务人员在知识结构、语言能力、谈判策略及技巧的实际运用能力、防范风险能力等方面具备更高的水准。谈判人员必须具备广博的知识和高超的谈判技巧，不仅能在谈判桌上因人而异、运用自如，而且要在谈判前注意资料的准备、信息的收集，使谈判按预定的方案顺利进行。

7.1.2 国际商务谈判的原则

国际商务谈判的原则较国内商务谈判复杂之处是涉及国际通行的原则。虽然世界上至今还没有为国际商务谈判制定出一套专门成文的行为规则，但各国之间不断重复的类似行为已逐渐形成了一些共同认可的准则，它们给国际商务谈判提供了应予遵守的一般原则。

1. 平等互利原则

美国《时代》周刊记者查克·史密斯谈到谈判时认为，如果双方都认为让步已经达到了极限，无法再有新的进展时，就到了谈判结束的时候了。谈判是双方的谈判，谈判成功取决于双方利益的兼顾。为此，公平往来和平等互利是谈判中的首要原则。在国际商务谈判中，这一原则有其特殊含义。

（1）我国与各国进行经济交流时，反对以任何借口、附带任何政治条件谋求政治上和经济上的特权；同时，也不接受对方附加任何不平等条件和不合理的要求。

（2）坚持双方的需要与可能，在自愿的基础上进行交易。绝不强人所难，硬塞给人家不要的商品或强要人家无力供应的商品。

（3）在经济交往中，必须重合同和守信用。合同是谈判双方共同协定以后产生的一种契约。它体现了双方的权利和义务，代表了谈判双方的利益。任何一方违反合同，都会给另一方带来损失。因此，在签订合同前必须慎重对待，合同一旦签订，必须严格执行，同时也反对对方的各种违约行为。

（4）在商务交易活动中的商检、海关、运输、保险、仲裁等方面，必须考虑双方的利益和要求。

（5）在作价时，坚持按照国际市场价格水平平等协商，绝不脱离实际情况违反价值规则，不顾对方利益而主观决定。

2. 求同存异原则

谈判者的共同目标，在于各方需求的求同存异，经协商达成各方均能满意的方案。在这一求同过程中，既竞争又合作，既进取又让步。对于成功的谈判来讲，必要的妥协是不可避免的。为此有人认为"必要的妥协是成功之母"，"求同存异是横渡谈判之水的良舟，必要妥协是连接谈判沟壑的桥梁"。

3. 以诚待人原则

谈判是一种竞争，要竞争就要有竞争的手段。为此，各种谈判和策略都要充分运用。但是，无论何种谈判都应在真诚的基础上进行。

真诚的含义包括：①谈判是一种和平的磋商过程，而不是胁迫的代名词；②谈判的协议要靠谈判者的信守来保证；③谈判者不仅要重视己方的利益，而且也应充分顾及他方的利益。

正如英国前国务卿、著名的谈判专家亨利·基辛格认为，在外行人眼里，外交家是狡诈的。而明智的外交家懂得，他绝不能愚弄对手。从长远的观点看，可靠和公正这种信誉是一笔重要资产。

任务 7.2　跨国谈判中文化的作用

【学习目标】

知　识　目　标	技　能　目　标
熟悉国际商务谈判中的文化差异。 掌握不同文化背景下谈判风格的差异	具备洞察中外文化差异并将其运用到实际国际商务谈判中的能力。 能够结合不同国家谈判风格及相关对策并将其运用到跨国商务谈判中

【导入案例】

王先生是一家大型国有企业的总经理。有一次，他获悉有一家著名的德国企业的董事长正在本市进行访问，并有寻求合作伙伴的意向。他于是想尽办法，请有关部门为双方牵线搭桥。

让王先生欣喜若狂的是，对方也有兴趣同他的企业进行合作，而且希望尽快与他见面，到了双方会面的那一天，王先生对自己的形象刻意地进行一番修饰，他根据自己对时尚的理解，上穿夹克衫，下穿牛仔裤，头戴棒球帽，足蹬旅游鞋。无疑，他希望自己能给对方留下精明强干、时尚新潮的印象。然而事与愿违，王先生自我感觉良好的一身时髦的"行头"，却偏偏坏了他的大事。

【案例分析】

不同文化会对谈判者产生不同影响。考察文化因素对国际商务谈判带来的影响，可从以下几个方面进行：谈判者对时间价值的理解；谈判者所在国家的文化是个人趋向，还是集体趋向；谈判者作为社会个体在社会中扮演的角色如何协调；文化对谈判者语言、非语言交往模式带来影响如何。此外，在文化谈判的总体影响分析的基础上，还要分析不同文化背景下谈判的进展速度、谈判者对谈判策略的偏好、谈判者对谈判对方个人关系的强调程度、谈判者的情感因素、谈判者的决策过程、谈判者对谈判契约文本的重视程度。

7.2.1　文化对沟通理解的影响

1. 文化的内涵及其对谈判行为的影响

文化是一个特定的人群社会中一系列习俗、规范和准则的总和，是在长期的社会生活环境中将人们联结起来的纽带，它包括风俗习惯、宗教信仰、道德规范，以及人与人之间的价值观念、态度和行为方式等内容。人们总是借助于一套长期形成的确定的风俗习惯、各种制度、道德规范和思维方式来观察世界。人们没有无缘无故的行为，不同的文化融汇了详尽入微的人类行为，文化是影响人们行为的最重要的因素。

文化既包括文学、艺术等形式，也包括一个民族的风俗、习惯和礼仪，还包括意识形态等方面的内容。根据文化理论，文化与行为是相互联系的，一方面，文化从总体上对行为进行约束或界定，同时也成为我们解释行为的依据；另一方面，行为从微观上构成文化，从长远来看，文化的内涵也反映了这个时期人们行为方面的特征。因此，在某一特定的文化背景下，人类行为是有一定的可预知性的。

人的任何一种行为，不仅要受到驱动力、需要、动机等内在的因素的支配，而且还要受到诸如风俗习惯、宗教信仰、生活方式等社会环境、社会文化的外部因素的影响。谈判作为一种个人或群体的行为，它同样也不可避免地受到人的内在因素的支配和外部因素的制约。

1）谈判人员存在文化差异

谈判行为的参与者往往来自不同的国家和地区。由于不同国家和地区的人的价值观、立场、经历各不相同，所以拥有的文化习惯也不相同。例如，阿拉伯人与欧洲人有着各自独特的交流方式；我国的北方人与南方人也各具有自己明显的特点和爱好。因此，只有充分了解来自不同国家、不同地区的谈判者所具有的文化差异，才能更好地把握他们的谈判行为，促使谈判成功。

2）文化差异决定谈判者的行为方式

文化塑造了人的行为，个人生活和行为的主轴是对社会遗留下来的社会文化、传统模式和道德准则的顺应。每一个人，从他诞生的时候起，他所面临的风俗习惯便塑造了他的经验和行为；到了能说话的时候，他已经是从属于那种文化的小小造物了；待长大成人，能参与各种活动时，社会的习惯、信仰、禁忌就成了他的习惯、信仰、禁忌。因此，风俗习惯、宗教信仰、嗜好禁忌和道德规范等文化特征塑造了人的行为。因为文化塑造个人行为，不同文化背景下的人就会具有不同的行为方式，有什么样的文化特征，就会有什么样的行为方式。

具体到谈判行为来说，由于谈判者个人或群体来自不同国度或地区，具有明显的文化差异，所以导致谈判双方表现出不同的行为方式。例如，阿拉伯人的谈判有阿拉伯人的特点，欧洲人有欧洲人的谈判特色，土著印第安人同样也有反映其民族文化的谈判方式等。这些不同方式的谈判行为，正反映了谈判者之间的文化差异。

3）文化差异决定谈判者的价值观念

文化的价值观念是一种被广泛认可的信念。在经济发达的社会里，价值观发展更为抽象化，并打破了空间范围流传至全社会，使人们的行为表现复杂化和多样化。抽象的、有时相互矛盾对立的和广泛传播的文化价值观，在一定的条件下，左右着人们的生活方式和行为方式。而这种抽象的被广泛认可的信念，即价值观念，又是以社会文化为背景的，有什么样的社会文化，就有什么样的价值观念。风俗习惯、道德准则、宗教信仰等文化背景对人的经验和信仰起了决定性的作用，其表现形式又是千差万别的。

作为商务谈判者来说，由于他们彼此存在文化差异，致使其对事物的认识结构及所形成的广泛的信念等各不相同，所以他们需要很好地了解文化差异对谈判人员价值观念的影响程度，以利于谈判双方尽快达成协议，促使谈判成功。

综上所述，文化不仅塑造了人的行为，而且文化的多样性与差异性又决定着人的行为方式和价值观念。要深入地研究谈判行为，就必须充分了解来自不同国家和地区谈判人员所处地域的文化环境及其差异。只有这样，才可能做到知己知彼，充分认清与深入了解谈判对手，争取谈判的进行与结局朝着对己方有利的方向发展，促使谈判的最后成功。

2. 几种对沟通理解影响最大的文化因素

1）对谈判目的的理解——"双赢"及"零总和"博弈

对于来自不同文化环境中的人，在谈判过程中基本上会趋向于两种不同的结果。有些文化认为谈判是为了达到"双赢"的目的——在这种情况下，双方认为谈判的意义就在于彼此都能够通过协商达到最大的利益。而另一些文化则趋向于一种"零总和"的结果，这意味着双方中必有一方赢、一方输，且赢方所得利益基本上等价于另一方的损失。对于持有这样一种观点的谈判方来说，谈判就是一系列激烈的对抗赛，要么赢，要么输。而持有"双赢"思想的谈判方将会把谈判看成是为了使利益最大化而进行的双方的合作。对于他们来说，对抗是毫无意义的，反而会影响预期目标的达成。但是，试图说服"零总和"观点的谈判方接受"双赢"的观点几乎是不可能的。在谈判活动中，卖方一般都会选择"双赢"战略，而买方更趋向于"零总和"。

2）对"面子"和"关系"的理解

提到"面子"问题，大多数人都会将其与亚洲或是中东人联系起来。事实上，"面子"问题在全世界都存在，只是叫法不同罢了。在西方，"面子"叫做自尊或尊严。所有的人都需要尊严，而且当其受到影响时，任何人都会感到愤怒或是不安。

在亚洲文化中，"面子"是一个根深蒂固的观念。事实上，社会中有些人会为了"面子"而走一些没有必要的极端，如为了使对方不失"面子"而不指出对方的错误等。同时，让对方失"面子"不仅仅是一种不礼貌的行为，更多时候被认为是对对方在社会中地位的挑战，有想破坏等级制度的嫌疑。如果一个亚洲人失了"面子"，他在社会中也将不再那么容易出头了，因为在别人看来丢"面子"是一件非常耻辱的事情。

在西方文化中，丢"面子"仅仅只是个人失败的表现，局限于个人的范畴。而在亚洲文化或是中东文化中，一个人丢了"面子"就意味着他所在的整个组织或是公司丢了颜面。因此，大多数有着亚洲文化背景的谈判者在整个谈判过程中，更多的是注重如何在矛盾的解决过程中避免让对方尴尬。这意味着给予对方更多的空间或是权力，或是隐藏自己真实的反映而使对方能够更好地下台。因此，对于谈判者来说，事先弄清楚"面子"问题对对方团队的重要性，再采取适当的策略则不失为一个好的办法。

有些文化十分看重"关系"在商业交流中的重要性。他们认为，只有先交朋友，才可能接着谈生意。因此，来自这些文化的人往往会花不少时间在一些社交活动上，因为这是建立"关系"比较有效和直接的方式。而这种做法对于那些就事论事的谈判者来说就显得多余，没有必要。他们会对一次又一次的宴请感到不耐烦，有的甚至会催问对方为什么还不开始谈正事。而他们的不耐烦又会被对方解读为态度不诚恳，不想真正谈生意，从而导致谈判的失败。注重"关系"还体现在有些谈判者不喜欢或不习惯与陌生人做生意，他们会拒绝直接找上门的合作伙伴。因此，参加正规大型的交易会，或参与政府组织的参观访问团，或通过双方都认识的且受人尊敬的中间人来做生意，是与对方建立起初步"关系"的有效方式。最后还应该注意的是，与注重"关系"的对方一直保持适当频率的联络是维持双方关系的必要手段，也是今后是否能够继续贸易关系的关键所在。

3）对时间的利用

不同文化中的人对时间有着不同的概念。北美人及部分欧洲人都非常严格地遵守时间。一般来说，他们的工作和个人生活都很守时。同时，他们也会将时间作为谈判中用以要求对方的条件之一。例如，美国人会说"我方能够在3月1日前完成这些项目，但是如果我方保证在2月1日前完成，贵方能否考虑给我方一些优惠？"

而对于其他文化的人来说，北美人似乎过分沉溺于时间观念中。他们认为，时间是死的，人是灵活的，应该根据情况来定时间。因此，生长在这种文化背景下的人经常会在谈判中迟到很长时间，有时候甚至是一个或是几个小时。而且在会议进行过程中，往往会被电话、来人拜访等事情打断。这种对时间并不是非常重视的态度经常被与其相对文化中的人误解，认为是对自己及谈判事项的不尊重，从而引起一些不必要的麻烦。其实，如果能够互相理解对方由于文化的不同而产生的对时间不同的观念而适当地迁就对方，其实也是促进谈判顺利进行的一个很好的方式。

4）对空间的概念

美国人在他们的企业或者生活中通常喜欢彼此之间拥有相当大的身体间距，在商务场合与人交谈时，通常要与对方保持约1米的距离，很少有触碰。但在许多文化中，社交及商务场合中人与人的间距要比在美国近得多。在拉丁美洲或是中东一些地区，商业同行习惯于相互拥抱，轻吻对方脸颊，在商业会谈中人与人之间也只保持30厘米的距离。

在国际商务谈判中，有时候会因为不理解对方在空间上的习惯和禁忌而简单地认为对方过于热情，不怀好意或是觉得对方过于冷淡没有合作诚意。因此，应该更好地去理解和接受不同的习惯和风俗。

5）语言及非语言交际上的差异

语言交际上的差异首先表现在双方所使用的语言的不同。当然，随着世界经济全球化的发展，这个问题已经可以由称职的翻译们来解决了。但需要注意的是，在谈判过程中，不能完全依赖对方的翻译，最好能够也带上自己的翻译。

【拓展知识】

纯语言沟通上的问题很容易解决，但是由于不同文化的人们在使用语言上的习惯不同也会造成沟通理解上的困难。亚洲文化和部分中东文化的人习惯于拐弯抹角地说话，这种含糊的、不直接的表达方式令很多北美及欧洲人摸不着头脑。例如，中国人不习惯于当面说"不"，因为那样显得不礼貌，所以他们会说"这还需要进一步研究""那不太容易"等。这种模棱两可的话常常让对方莫名其妙。而事实上，这些文化的人并不是想误导对方，而仅仅是为了不当面触犯对方（这里又是一个"面子"问题）。因此，了解双方的语言习惯也是谈判成功的必要步骤。

非语言交际或者说肢体语言之所以重要，主要有以下两个理由：①帮助确定对方所说的含义；②帮助己方把自身的信息传递出去。在各种文化中，肢体语言差异极大，面部表情、手势、眼睛接触、触碰及其他"非语言行为"均受到文化的制约，就连问候和握手形式也是不一样的。例如，与大部分其他国家的人相比较，来自美国、德国和俄罗斯的谈判者握手更有力。这会造成某些实际上的感觉问题，如对方会认为美国人太粗鲁，或者从语言和比喻上认为他们笨手笨脚，而美国人则认为那些握手不怎么有力的人没有自信。这种感觉曾给许多美国谈判者造成了困难，因为他们后来发现，对方不但很自信，甚至有些还具有很强的攻击性。

在破译礼节、手势、礼貌形式、"面部"表情、沉默及停顿的含义方面，非语言交际也是很关键的。例如，当你问对方"这是您最后的价格吗？"如果对方抱起手臂，这不一定意味着他在防备或撒谎，也许是屋子冷，或者他只是觉得那种方式坐着舒服。不过，倘若他突然抱起双臂，在座位上移动，清理嗓门，开始迅速眨眼睛，那么，你就要进一步探究情况了。

因此，在碰到这种情况的时候，应该要注意对方的一整套行为而不是将其分解成单个的行为，因为有非语言差异的存在，作为一名国际商务谈判者，非常有必要不断探究对方理解什么样的语言及非语言意向。

以上谈到了一些由于文化背景的不同所造成的在谈判沟通理解上的困难和问题，事实上谈判者千差万别，不能以笼统的归属于某个文化来妄下结论。对于一个国际商务谈判者来说，事先做好充分的准备是促使谈判成功的重要因素之一。

7.2.2 不同文化背景下谈判风格的差异

1. 美洲商人的谈判风格

1）美国商人的谈判风格

在国际贸易中，美国占有举足轻重的地位。相应地，美国人的谈判风格在世界上也具有相当大的影响力。我国商务人员与美国商人谈判的机会也较多，因此，掌握美国商人的谈判方式对我国商务人员来说具有十分重要的意义。

美国是世界上经济、技术最发达的国家之一，英语几乎是国际谈判的常用语言，世界贸易有50%以上用美元结算，这使得美国人对自己的国家深感自豪，对自己的民族具有强烈的自豪感和荣誉感。美国人的性格外向、随意，表现为直率、开朗、豪爽、热情、自信、果断、善于交际，不拘礼节，追求物质生活，富有强烈的冒险精神和竞争意识等特点，这就形成了美国商人独特的谈判风格。美国谈判者有着与生俱来的自信和优越感，他们总是十分有信心地步入谈判会场，不断发表自己的意见和权益要求，往往不太顾及对手而显得气势咄咄逼人，而且语言表达直率，喜欢开玩笑。这种心态常常会在谈判桌上形成一种优势，即无论其年龄或资历如何，似乎都不把对手放在眼里（其实不一定）。他们坦率外露，善于直接地向对方表露出真挚、热忱的感情，这种情绪也容易感染别人，应充分利用，以创造良好的谈判气氛，并以相应的态度予以鼓励，创造成功机会。

（1）谈判关系的建立。在经商过程中，美国人通常比较直接，不太重视谈判前个人之间关系的建立。如果在业务关系建立之前竭力与美国对手建立私人关系，反而可能引起他们的猜疑。他们会认为或许你的产品质量、技术水平存在问题才拉拢他们，反而使他们在谈判过程中特别警惕和挑剔，结果是过分"热情"的谈判者备感委屈，甚至蒙受损失。他们喜欢公事公办，个人交往和商业交往是明确分开的。他们认为良好的商业关系会带来彼此的友谊，而非个人之间的关系会带来良好的商业关系。不过，美国人强调个人主义和自由平等，生活态度积极、开放，还是很愿意而且容易交朋友。美国人以顾客为主甚于以产品为主，他们很努力地维护和老客户的长期关系，以求稳定的市场占有率。

（2）决策程序。受美国文化的深层影响，美国人对角色的等级和协调的要求比较低，往往尊重个人的作用和个人在实际工作中的表现。在企业的决策上，常常是以个人或少数人为特点，自上而下地进行，在决策中强调个人责任。他们的自我表现欲望很强，乐意扮演"牛仔硬汉"或"英雄"的形象，在谈判中表现出大权在握的自信模样。在美国人的谈判队伍中，代表团的人数一般不会超过7人，很少见到大规模的代表团。即使是有小组成员在场，谈判的关键决策者通常也只有一两人，遇到问题，他们往往有权做出决定，"先斩后奏"之事时常发生。但他们在谈判前往往非常认真、充分、详细而规范地进行资料准备，以便在谈判过程中能干脆、灵活地决策。

（3）时间观念。美国人的时间观念很强，办事要预约，并且准时。约会迟到的人会感到内疚、羞耻，一旦不能如期赴约，一定要致电通知对方，并为此道歉，否则将被视为无诚意和不可信赖。美国谈判者总是努力节约时间，不喜欢繁文缛节，希望省去礼节、闲聊，直接切入正题。他们喜欢谈判紧凑，强调尽可能有效率地进行，迅速决策不拖沓。在美国人的价值观念中，时间是线性的而且是有限的，必须珍惜和有效地利用。对整个谈判过程，他们总有进度安排，并精打细算地规划谈判时间的利用，希望每一阶段逐项进行，并完成阶段性的谈判任务。他们一件事接一件事、一个问题接一个问题地讨论，直至最后完成整个协定的逐项议价，这种方式被称为"美式谈判"。他们重视时间成本和谈判效率，常用最后期限策略来增加对方的压力，迫使对手让步。

（4）沟通方式。根据文化人类学家对文化的分类，美国文化属于低内涵文化。在低内涵文化模式中，沟通比较容易和直接。美国商人坦诚直率、真挚热情、健谈，不断发表自己的意见和看法。他们注重实际，对"是"与"非"有明确理性的定义。当他们无法接受对方提出的条件时，就明白地告诉对方自己不能接受，而且从不含糊其辞，使对方心存希望。无论介绍还是提出建议，美国谈判者都乐于简明扼要，尽量提供准确数据。对于任何非直接、模棱两可的回答，美国谈判者则视之为缺乏能力与自信，不真诚甚至虚伪的表现。美国人推崇人人平等，交往中不强调等级差别。对谈判，他们认为是双方公平自由的协商，应该有"双赢"的结果，所以希望彼此尽量坦诚陈述观点和意见，有理的争论都会受到欢迎。美国人十分欣赏能积极反应，立足事实，大方地讨价还价，为取得经济利益而精于施展策略的人。每当这时，他们便有种"棋逢对手"的兴奋；相反，过分谦虚，立场不鲜明，只会把事情弄糟。

（5）对合同的态度。美国人重视契约。由于美国人口的高度流动性，使他们彼此之间无法建立稳固的持久关系，所以只能将不以人际关系为转移的契约作为保障生存和利益的有效手段。他们认为，双方谈判的结果一定要达成书面的法律文件，借之明确彼此的权利和义务，将达成书面协议视为谈判成功的关键一步。美国人总是认真仔细地订立合同，力求完美。合同的条款从产品特色、运送环节、质量标准、支付计划、责任分配到违约处罚、法律适用等无一不细致精确，以致显得冗长而烦琐。但他们认为正是包含了各方面的标准，合同才提供了约束力，带来安全感。合同一旦签订，他们会认真履约，不会轻易变更或放弃。

2）加拿大商人的谈判风格

加拿大居民大多数是英国和法国移民的后裔。在加拿大从事对外贸易的商人也主要是英语语系人和法语语系人。英语语系商人大多集中在多伦多和加拿大的西部地区；法语语系商人主要集中在魁北克。温哥华是华侨的主要聚居地，温哥华商人中，华人有一定势力，他们可以为我国与加拿大的商务合作起到桥梁作用。

（1）谈判关系的建立。加拿大是个移民国家，民族众多，各民族相互影响，文化彼此渗透。大多数人性格开朗，强调自由，注重实利，发挥个性，讲究生活舒适。受多元文化的影响，加拿大商人一般懂英、法两种语言。

（2）决策程序。正是因为加拿大居民大多是法国人和英国人的后裔，在谈判决策上，有非常深的法国人和英国人的风格（请参阅英国人和法国人谈判风格）。加拿大各省对自己的社会建设、经济活动、科技开发等有较大的独立决策权。

（3）时间观念。拜访加拿大政府官员和各类商人应注意取得秘书和助手的协助，事先约定，并准时前往。

（4）沟通方式。加拿大是冰雪运动大国，人们讨论的话题多与滑雪、滑冰、冰雕、冰球等有关。他们忌讳"13"这个数字，宴请活动不宜安排在这天。他们喜欢蓝色，应邀做客时，可带上一束较高价值的鲜花或蓝色包装的礼品。他们在谈判时不喜欢在商品价格上讨价还价，不愿做薄利多销的生意。

（5）对合同的态度。法语语系商人对签约比较马虎，往往在主要条款谈妥后就要求签字，他们认为次要的条款可以在签字之后再谈；而英语语系商人谨慎、保守、重誉守信，他们在进行商务谈判时相当严谨，一般要对所谈事物的每个细节都要充分了解后，才可能答应要求。

2．欧洲商人的谈判风格

1）英国商人的谈判风格

英国是世界上率先进入工业化的国家，曾为世界头号经济大国，被称为世界工厂、日不落帝国、海上霸主、世界贸易垄断者、世界金融中心，其经济、政治、军事实力曾经显赫一时。自19世纪以来，美国、德国的经济水平相继赶超英国；尤其是第一次世界大战以后，英国殖民体系逐步动摇、瓦解，经济实力进一步削弱。近年来，英国经济增长率不高，经济实力增长不快。虽然如此，英国人的"曾经称霸过世界"的大国民意识仍旧很强，总是有一副悠然自得的样子。而他们也始终保留着岛国民族的特性，比较保守、害羞，对新事物裹足不前，并且显得高傲、矜持，给人难以接近的印象。

（1）谈判关系的建立。言行持重的英国人不轻易与对方建立个人关系，即使本国人，个人之间的交往也比较谨慎，很难一见如故。特别计较尊重"个人天地"，一般不在公共场合外露个人感情，也决不随意打听别人的事，未经介绍不轻易与陌生人交往，不轻易相信别人或依靠别人。

英国人有很强的民族自豪感和排外心理，总是一种强国之民悠然自得的样子。初与英国商人交往时，总会感觉有一段距离，让人感到他们高傲、保守。但慢慢地接近，建立起友谊之后，他们会十分珍惜并长期信任你。与美国人相似，英国人习惯于将商业活动和自己个人生活严格分开，有一套关于商业活动交往的行为礼仪的明确准则，个人关系往往以完成某项工作、达成某个谈判为前提，是滞后于商业关系的。

（2）决策程序。英国商人比较看重秩序、纪律和责任，组织中的权力自上而下流动，等级性很强，决策多来自于上层。他们比较重视个人能力，不喜欢分权和集体负责。在对外商务交往中，英国人的等级观念使他们比较注重对方的身份、经历、业绩、背景，而不像美国人那样更看重对手在谈判中的表现。因此，在必要的情况下，派较有身份地位的人参加与英国人的谈判，会有一定的积极作用。

（3）时间观念。英国人对时间的看法非常严谨。他们崇尚准时和守时，有按日程或计划办事的习惯和传统。在商务活动中，他们讲究效率，谈判大多进行得较紧凑，不拖沓。

（4）沟通方式。英国人以绅士风度闻名世界，常常处变不惊、谈话轻描淡写。对他人和他物，英国人所能给的赞赏是"像英国式的"。他们喜欢以他们的文化遗产、喂养的宠物等作为谈论的话题，尽量避免讨论政治、宗教、皇家是非等。初识英国人，最佳和最安全的话题当然是天气。

英国人谈判稳健，善于简明扼要地阐述立场、陈述观点，之后便是更多地沉默，表现出平静、自信而谨慎。在谈判中，与英国人讨价还价的余地不大，有时他们采取非此即彼的态度。在谈判关键时刻，他们往往表现得既固执又不肯花大力气争取，使对手颇为头痛。英国人认为，追求生活的秩序与舒适是最重要的，勤奋与努力是第二位的。因此，他们愿意做风险小、利润少的买卖。在谈判中如果遇到纠纷，英国商人会毫不留情地争辩。

（5）对合同的态度。英国人很重视合同的签订，喜欢仔细推敲合同的所有细节，一旦他们认为某个细节不妥，便拒绝签字，除非耐心说服，并提供有力的证明材料。英国商人一般比较守信用，履约率比较高，且注意维护合同的严肃性。但国际上对英国商人比较一致的抱怨是，他们有不大关心交货日期的习惯，出口产品经常不能按期交货。因此，在与英国人签订的协议中万万不可忘记写进延迟发货的惩罚条款加以约束。

2）法国商人的谈判风格

在近代世界史上，法兰西民族在社会科学、文学、科学技术方面有着卓越成就。法国商人具有浓厚的国家意识和强烈的民族、文化自豪感。他们性格开朗、眼界豁达，对事物比较敏感，为人友善，处事时而固执，时而随和。法国人对本民族的灿烂文化和悠久历史感到无比骄傲，他们时常把祖国的光荣历史挂在嘴边。重视历史的习惯使法国谈判手也很注意商业与外交的历史关系和交易的历史状况，即过去的交易谈判情况。因此，利用历史的观念可以排除一定的现实干扰，如现实中可能出现的第三者的干扰，而讲历史就为谈判双方树起一道历史的墙，使双方在历史交易的基础上只能前进，不能后退。

（1）谈判关系的建立。法国人乐观、开朗、热情、幽默，注重生活情趣，富有浓郁的人情味、爱国热情和浪漫情怀，非常重视相互信任的朋友关系，并以此影响生意。在商务交往上，法国人往往凭借着信赖和人际关系去进行，在未成为朋友之前，他们不会同你进行大宗交易，而且习惯于先用小生意试探，建立信誉和友谊之后，大生意便接踵而至。热情的法国人将家庭宴会作为最隆重的款待，但决不能将家庭宴会上的交往视为交易谈判的延伸。一旦将谈判桌上的话题带到餐桌上来，法国人会极为不满。

（2）决策程序。法国公司家族企业多，讲究产品特色，不轻易做出超越自己财力范围的投资。一般情况下，法国公司的组织结构单纯，自上而下的层次不多，比较重视个人力量，很少集体决策。从事谈判也大多由个人承担责任，决策迅速。法国商人大多专业性强，熟悉产品，知识面广，即使是专业性很强的专业谈判，他们也能一个人独当几面。

（3）时间观念。对别人要求严格，对自己比较随便是法国人时间观的一大特点。如果你迟到，不论出于何种原因都会受到冷遇，但他们自己却会很自然地找个借口了事。在法国社交场合，有个非正式的习惯，主宾越重要到达的时间越晚。法国人工作时认真投入，讲究效率，休闲时便会痛快玩耍。他们十分珍惜假期，十分舍得在度假中花钱。

（4）沟通方式。法国商人大多十分健谈，富有感情，话题广泛，而且口若悬河，出口成章。在谈判开始时，他们喜欢聊一些社会新闻及文化方面的话题，以创造一种轻松友好的气氛；否则，将被视为"枯燥无味的谈判者"。法国商人在边聊边谈中慢慢转入正题，在最后做出决定阶段，才一丝不苟地谈生意。法国人非常尊重自己的传统文化和语言，在商务谈判中多用法语，如果能讲几句法语，将有助于谈判形成良好的气氛。

在谈判方式的选择上，他们偏爱横向谈判，谈判的重点在于整个交易是否可行，不太重视细节部分。主要问题谈妥后，他们便急于签约，认为具体问题可以以后再商量或是日后发现问题时再修改，经常出现昨天签的协议明天就要修改的情况。

（5）对合同的态度。法国人比较注重信用，一旦签约，会比较好地执行协议。在合同条款中，他们非常重视交货期和质量条款。在合同的文字方面，法国人往往坚持使用法语，以示其爱国热情。为此，与法国商人签订协议不得不使用两种文字，并且要商定两种文字的合同具有同等的效力。

法国商人不喜欢为谈判制订严格的日程安排，但喜欢看到成果，所以在各个谈判阶段，都有"备忘录""协议书"之类的文件，为后面的正式签约奠定基础。

3) 德国商人的谈判风格

德国人的民族特点是倔强、自信。他们办事谨慎，富有计划性，敬业精神很强，工作重视效率、追求完美。德国能在短短几十年内在世界经济中再度崛起，是同他们这种自强不息的民族奋斗精神分不开的。简而言之，德国人做事雷厉风行，有军旅作风，德国谈判者身上所具有的这种日耳曼民族的性格特征会在谈判桌上得到充分的展现。

(1) 谈判关系的建立。德国人沉稳、自信、好强、勤奋、严谨，对发展个人关系和商业关系都很严肃，不大重视在建立商务往来之前先融洽个人关系。他们十分注重礼节、穿戴、称呼等。要想得到德国伙伴的尊重和信任，着装必须严肃得体。在交谈中，应避免提及个人隐私、政治及第二次世界大战等。在与德国人最初的几次会面中，他们显得拘谨、含蓄甚至生硬，一旦彼此熟悉，建立商务关系且赢得他们的信任后，便能有希望长期保持。德国人不喜欢"一锤子"买卖，求稳心理强。

(2) 决策程序。在商务谈判中，德国人强调个人才能，个人意见和个人行动对商业活动有重大影响。各公司或企业纪律严明，秩序性强，决策大多自上而下做出，不习惯分权或集体负责。

(3) 时间观念。无论公事还是私事，德国人非常守时。在商业谈判和交往中忌讳迟到，对迟到者，德国人会毫不掩饰他们的不信任和厌恶。勤奋、敬业是德国人的美德。在欧洲，德国人的上班时间最长，8点之前上班，有时要到晚上8点才下班。

(4) 沟通方式。尽管德国人比较保守，但他们办事雷厉风行，考虑事情周到细致，注重细枝末节，力争任何事都完美无缺。在谈判前，他们会收集详细的资料，进行十分周密的准备，他们从不打没有准备的仗。充分的准备使他们在谈判一开始便占据主动，谈判思维极有系统性、逻辑性。他们谈判果断，极注重计划性，一开始就一本正经地进入正题。谈判中，德国人语气严肃，陈述和报价清楚明白；谈判建议具体、切实，以一种清晰、有序和有权威的方式加以表述。因此，德国人在谈判中常常固执己见，缺乏灵活性。

(5) 对合同的态度。德国人有"契约之民"的雅称，非常重视和尊重契约。在签订合同之前，他们将每个细节都谈判到，明确双方的权利及义务后才签字。这种100%的谈判作风，使得德国商人的履约率在欧洲最高。他们会一丝不苟地按照合同办事，诚实可信。同时，他们也严格要求对方，除非有特殊情况；否则，绝不理会其贸易伙伴在交货和支付的方式及日期等方面提出的宽限请求或事后解释。他们重视商权，在德国的法律条文中有严格而明确的商权规定，例如，如果要取消代理契约，必须支付5年期间平均交易额的所得利润，否则不能取消代理契约等。

3. 俄罗斯商人的谈判风格

1) 俄罗斯人的文化习俗

在人际交往中，俄罗斯人素来以热情、豪放、勇敢、耿直而著称于世。在交际场合，俄罗斯人惯于和初次会面的人行握手礼，但对于熟悉的人，尤其是在久别重逢时，他们则大多要与对方热情拥抱。

在称呼方面，正式场合中，他们也采用"先生""小姐""夫人"之类的称呼。在俄罗斯，人们非常看重人的社会地位，因此，对有职务、学衔、军衔的人，最好以其职务、学衔、军衔相称。依照俄罗斯习俗，在用姓名称呼俄罗斯人时，可按彼此之间的不同关系，具体采用不同的方法。只有与初次见面之人打交道时，或是在极为正规的场合，才有必要将俄罗斯人的姓名的3个部分连在一道称呼。在迎接贵宾之时，俄罗斯人通常会向对方献上"面包和盐"，这是给予对方的一种极高的礼遇，来宾必须对其欣然笑纳。

俄罗斯人大都讲究仪表，注重服饰。在俄罗斯民间，已婚妇女必须戴头巾，并以白色的为主；未婚姑娘则不戴头巾，但常戴帽子。在城市里，俄罗斯人目前多穿西装或套裙，俄罗斯妇女往往还要穿一条连衣裙。前去拜访俄罗斯人时，进门之后务必要自觉地脱下外套、手套和帽子，并且摘下墨镜，这是一种礼貌。

在饮食习惯上，俄罗斯人讲究量大实惠，油大味厚。他们喜欢酸、辣、咸味，偏爱炸、煎、烤、炒的食物，尤其爱吃冷菜。总的来说，他们的食物在制作上较为粗糙一些，一般以面食为主，很爱吃用黑麦烤制的黑面包。除黑面包之外，俄罗斯的特色食品还有鱼子酱、酸黄瓜、酸牛奶等。吃水果时，他们多不削皮。俄罗斯人很能喝冷饮，并且爱喝具有本国特色的烈酒伏特加。用餐之时，俄罗斯人多用刀叉。他们忌讳用餐时发出声响，并且不能用汤匙直接饮茶，或让其直立于杯中。通常，他们吃饭时只用盘子，而不用碗。参加俄罗斯人的宴请时，宜对其菜肴加以称道，并且尽量多吃一些。他们将手放在喉部，一般表示已经吃饱。

在俄罗斯，被视为"光明象征"的向日葵最受人们喜爱，被称为"太阳花"，并被定为国花。拜访俄罗斯人时，送给女士的鲜花宜为单数。在数目方面，俄罗斯人员最偏爱"7"，认为它是成功、美满的预兆。对于"13"与"星期五"，他们则十分忌讳。俄罗斯人非常崇拜盐和马。俄罗斯人主张"左主凶，右主吉"，因此，他们也不允许以左手接触别人，或以之递送物品。俄罗斯人讲究"女士优先"，在公共场合里，男士往往自觉地充当"护花使者"。

同其他国家相比，俄罗斯人常有较多的身体接触，但他们不善于使用手势和脸部表情。典型的晚间款待是观赏马戏表演或音乐会，或去酒店进餐，几乎没有人会邀请外国客商去其私宅访问。参加俄罗斯人的商务款待时，要准备多方敬酒及回敬。就餐时双手放在桌上，用完餐后要稍坐一会儿，并称赞东道主的款待。谈论话题时，可选俄罗斯人引以为豪的建筑、文学、艺术、芭蕾、戏剧等，以及曲棍球、足球、篮球、排球和越野滑雪等大众化体育运动。

2）与俄罗斯人谈判的要点

（1）俄罗斯人提出的要求往往趋于极端，因此，谈判时要给自己多留余地。

（2）如果谈判是销售商品，应当判定对方是否真的有兴趣和有能力为己方的产品或劳务支付报酬。如果觉察俄方只是为了获得信息而不是做生意，就不要提供详细的资料。

（3）谈判者应做好准备，陈述应详尽并与符合实际，正确地回答对方提出的特别是高新技术产品的技术和标准等方面的问题，谈判小组中需配备这方面的专业技术人员。

（4）谈判者在同对方的主要决策者交往时，要注意充分利用给人印象深刻的头衔和职务，要准备在与高层行政人员交往中投入大量的时间。

（5）俄罗斯人受到官僚主义办事拖拉作风的影响，做事断断续续，大大增加了谈判的困难。他们绝不会让自己的工作节奏适应外商的时间表，绝不会急急忙忙奔回自己的办公室，向上级呈送一份有关谈判的详细报告，除非供应的商品恰好是他们极想要的商品。在谈判期间，如果向他们发信息或打电话，征求他们的意见或反应，往往得不到及时回应。

（6）俄罗斯人非常精通传统的以少换多的交易之道。在价格谈判阶段，无论外商的报盘报价多么低，他们也绝对不会相信，更不会接受外商的第一次所报价格。他们千方百计迫使外商降低价格，为了达到这一目的，他们会使用"降价求名"的策略。他们会告诉外商："我们第一次向你订货，你的开价低一些，以后你就会源源不断地接到订单。"而事实上并非如此，无论如何不要为未来的交易而降低你现在的价格，一旦他们得到了低的价格，他们就会盼望、要求价格永远保持在低水平上。

（7）有时，俄罗斯商人也会使用"欲擒故纵"等最古老的策略："我们没有办法同你做生意，因为你的价格和你的竞争者们相比实在太高了，跟别人做生意，我们现在都快达成协议了。"

（8）俄罗斯商人还有其他惯用的招数，如大声喊叫、敲桌子、甚至拂袖而去等。在谈判时，最好的办法就是不为所动，牢牢把住自己的价格防线。

（9）在达成最后协议以前，应当再三检查以确保所有条款都经过了再三考虑。

（10）在己方认为所有细节都已解决之后，俄罗斯商人有时会在最后 1 分钟提出新的要求。

4．亚洲商人的谈判风格

1）日本商人的谈判风格

日本是一个岛国，资源缺乏，人口密集，具有民族危机感，这就使日本人养成了进取心强、工作认真、事事考虑长远影响的性格。他们慎重、礼貌、耐心、自信地活跃在国际商务谈判的舞台上。日本人深受中国传统文化的影响，儒家思想道德意识已深深地沉淀于日本人内心的深处，并在行为方式上处处体现出来。第二次世界大战后，日本通过引进高新技术并形成外向型经济，创造了经济上的奇迹，从战后的废墟中一跃而成为世界经济强国。目前，中日经济交往日益密切，并在今后很长一段时间内将持续升温，因此，了解掌握日本文化和日本人的谈判风格是十分必要的。

（1）谈判关系的建立。日本人的谈判方式独特，被认为是"很难对付的谈判对象"或"圆桌武士"。日本人相信良好的人际关系会促进业务的往来和发展，他们十分重视人际关系，人际关系的建立及信任程度，决定了与日本人建立商务关系的状况。日本人相信一定形式的介绍有助于双方尽快建立业务关系。因此，谈判开始之初，日本商人会想方设法找一位与他们共事的人或有业务往来的公司来作为谈判初始的介绍人。日本人往往通过私人接触建立联系，或通过政府部门、文化机构及有关的组织安排活动来建立联系。为了进一步了解谈判对手，日本商人常常邀请谈判对方去饭店或其他场所。

（2）决策程序。日本商人的决策程序或步骤往往令谈判小组的每个成员感觉到自身参与的重要作用，表现为以下两大特点：

① 自下而上，上司批准。即先由下级或部属对某个方案进行讨论认同，然后再由上级领导决定。日本人在提出建议之前，必须与公司的其他部门和成员商量决定，这个过程十分烦琐。日本人决策如果涉及制造产品的车间，那么决策的酝酿就从车间做起，一层层向上反馈，直到公司决策层反复讨论协商；如果谈判过程中协商的内容与他们原定的目标又有出入的话，

那么很可能这一程序又要重复一番。这一特点由于建立在充分讨论的基础上，所以容易执行，但决策时间过长，效率不高。

② 认同在先，集体决策。日本人的价值观念与精神取向都是集体主义，以集体为核心。谈判过程中，日本商人总是分成几个小组；任何个人都不能对谈判的全过程负责；决策必须征求全组人员的意见。任何决策只有在全组人员均认可后才能付诸实施。在一个企业中，如果某个职工工作出色，他并不希望上司的公开表扬或特殊奖励，这是因为，他认为这是集体智慧的结果；如果要得到奖励或表扬，对象往往是整个班组。

一旦日本商人同意了一项提议，做出某种决定，他们往往坚持自己的主张，很难改变他们的决定，因为改变决定需要参与谈判的全体成员的同意。

（3）时间观念。由于认同在先，集体决策，所以日本商人的决策过程较慢，并受到许多外国谈判人员的批评。在与日本商人的谈判过程中，想急于求成是不太现实的，日本商人对截止日期、时间期限等不理不睬。在对方的各种压力之下，他们仍然心平气和、沉着冷静。耐心使日本人在谈判中具有充分的准备；耐心使他们手中提有利剑，多次成功地击败那些急于求成的欧美人；耐心使他们成功地运用最后期限策略。所以与日本人谈判，缺乏耐心，或急于求成，恐怕会输得一败涂地。另外，要让日本商人在谈判中畅所欲言，必须花大量的时间来发展与他们的私人关系。

（4）沟通方式。日本商人注重"面子"，不喜欢在公共场合发生冲突，往往采用委婉、间接的交谈风格。虽然他们表达方式大都清晰明了，但某些听似肯定的回复，实际为否定的回答。这种间接的沟通方式容易误导对方。

日本是一个重礼仪的社会。日本人所做的一切，都要受严格的礼仪的约束。如果外国人不适应日本人的礼仪，或表示出不理解或轻视，那么，他就不大可能在推销和采购业务中引起日本人的重视，不可能获得他们的信任与好感。

日本人重视人的身份、地位、资历。在日本社会中，人人都对身份地位有明确的概念，知道如何谈话办事才是正确与恰当的言行举止。日本人不愿与年纪较轻、资历较浅的人谈判。他们不相信年轻人有什么实权，更重要的是，他们感到与"毛孩子"谈判有损于他们的尊严，是对他们地位的贬低。

要"面子"是日本人普遍的心理。无论在什么情况下，日本人都非常注意留"面子"，或者说不让对方失掉"面子"。这在商务谈判中表现最突出的一点就是，日本人从不直截了当地拒绝对方。日本人对任何事情都不愿意说"不"，因为他们觉得断然拒绝会伤害对方的感情，或使他丢"面子"，所以在对方阐述立场、提出要求、讨价还价时，日本人讲得最多的就是"hi"，尽管这个词在词典里的解释是"是"，但实际上绝不是表示同意，而是意味着"我在听你说"。这种情形经常给初次与日本人接触的外国谈判者造成了极大的误会，特别是西方人，当他们侃侃而谈，不断听到日本人的"hi"之后，便以为一切都很顺利，很快就会大功告成，可是当具体落实合同条款时，却发现一切都要从头来，这使他们大为恼火，也感到不可理解。

对此，要把保全"面子"作为与日本人谈判时需要注意的首要问题。具体来说，第一，避免直截了当地拒绝日本人。要尽量婉转地表达，或做出某种暗示，也可以陈述你不能接受的客观原因。第二，千万不要直接指责日本人。较好的方法是把你的建议间接地表示出来，或采取某种方法让日本人自己谈起棘手的话题，或通过中间人去交涉令人不快的问题。第三，不要当众提出令日本人难堪或他们不愿回答的问题。第四，要十分注意送礼方面的问题。在日本人的商业圈里，他们注重礼仪，对对方的感激之情往往借助于馈赠礼品或热情款待对方等方式来表达。馈赠礼品的时间通常在岁末或其他节假日。赠送各种礼品是日本社会常见的现象，但对日本人的送礼要根据对方职位的高低，确定礼品价值的大小。如果总裁收到的礼物和副总裁的价值相等，那么前者感到是受到了侮辱，后者也会觉得尴尬。

（5）对合同的态度。日本商人有一套自己的标准和原则。他们认为，相互之间的信任在业务往来中最重要，而不必明白无误地签订详细的合同，现在这种观念正在发生变化。不过，即使是书面形式的合同，合同的内容也非常简短。他们大量依赖于口头协议，书面协议仅仅是在纠纷产生时的参考文件。

日本人做生意注重建立个人之间的人际关系。要想在日本社会取得成功，关键是看你能否成功地与日本人结交。在商务谈判中，如果你与日本人建立了良好的个人友情，特别是赢得了日本人的信任，那么，合同条款的商议是次要的。欧美人愿意把合同条款写得尽可能具体详细，特别是双方责任、索赔内容，以防日后纠纷，而日本人却认为，双方既然已经十分信任了解，一定会通力合作。即使万一做不到合同所保证的，也可以再坐下来谈判，重新协商合同的条款。当外商在同从未打交道的日本企业洽谈时，他们必须在谈判前就要获得日方的信任，公认的最好办法是取得对方认为可靠的、另一个信誉甚佳的企业的支持，即找一个信誉较好的中间人，这对于谈判成功大有益处。

案例阅读

【案例分析】

某公司推销组赴日本某公司谈判，到会议室时，门口站着一位小姐及几位日方公司代表，由于是第一次到该公司，推销组组长不认识对方人员，看到该小姐站在门口旁边第一个，于是就按门远近的秩序依次与对方人员握手。其小组成员也依次按照上述顺序与对方握手。

2）韩国商人的谈判风格

韩国是一个自然资源匮乏，人口密度很大的国家，以"贸易立国"，近几十年经济发展较快。韩国商人在长期的贸易实践中积累了丰富的经验，常在不利于己的贸易谈判中占上风，被西方国家称为"谈判的强手"。

（1）进行充分的咨询准备工作。谈判前，韩国人通常要对对方进行咨询了解，如经营项目、规模、资金、经营作风及有关商品的行情等。一旦韩国人与你坐在一起谈判，那么可以肯定地说，他已对这场谈判进行了周密的准备。

（2）注重礼仪，创造良好的谈判气氛。韩国人十分注意选择谈判地点，他们一般喜欢选择有名气的酒店进行会晤，并且特别重视谈判开始阶段的气氛，见面时总是热情地与对方打招呼，向对方介绍自己的姓名、职务等。当被问及喜欢用哪种饮料时，他们一般选择对方喜欢的饮料，以示对对方的尊重。

（3）巧妙地运用谈判技巧。韩国人常用的谈判方法有两种，即横向式谈判和纵向式谈判。前者是先谈主要条款，然后谈次要条款，最后谈附加条款；后者即对双方共同提出的条款逐条协商，达成一致后，再转向下一条款进行讨论。有时也会两种方法兼而用之。他们还时常使用"声东击西""先苦后甜""疲劳战术"等策略。有些韩国商人直到最后一刻仍会提出"价格再降一点"的要求。

3）中东商人的谈判风格

中东地区主要指阿拉伯地区，东起伊朗，西至北非的摩洛哥，地处亚、欧、非三洲的连接处，地域宽广，包括20多个国家、地区。其中，多数居民为阿拉伯人，绝大多数信奉伊斯兰教。与中东商人打交通，必须对伊斯兰教有所了解。

受宗教、地理、民族等问题的影响，阿拉伯人具有沙漠人的特点，即以宗教划派，以部落为群，喜欢结成紧密、稳定的部落集团；他们的个性比较保守，有严重的家庭主义，性格比较固执，脾气比较倔强；不轻易相信别人。中东人追求团体利益和个人利益，在谈判过程中，有讨价还价的习惯，认为没有讨价还价就不是"严肃的谈判"。在他们看来，评价一场谈判不仅要看通过谈判争取到什么利益，还要看是如何争取来的，只有经过艰苦努力争取到的利益才是最有意义、最有价值的。中东商人十分好客，待人热情，喜欢闲聊，在商务谈判中也不会寒暄几句就立即进入正题，经过长时间友好的会谈，增进了彼此的敬意，也许会出现成交的可能性。因此，在一般性的社交场合，他们有时还会做成一笔生意。

美国人称中东人是"远离钟表的人们"，他们的时间观念不强，做出决策的速度也不快，而且对于洽谈的有关决定不太遵守。在中东地区几乎所有的阿拉伯国家，都坚持无论是私人企业还是政府有关部门对外谈判，都必须通过代理商。没有合适的阿拉伯中间商，谈判就不可能顺利进行。在涉及大笔生意时，代理商能帮助谈判者在政府中找到合适的关系，使谈判项目获得政府批准。

在与中东人谈判过程中，有种经常出现且令人头疼的语言，即"IBM"。这是3个阿拉伯词语的字头，其中，"I"是"因夏拉"，指神的意志；"B"指"波库拉"，代表明天再谈；"M"是"马列修"，指不要介意。这是阿拉伯商人在商谈中保护自己、抵挡对方的一种有力武器。由于中东人有悠久的经商历史，精于商谈，故而会以神的旨意为借口来终止商谈或反悔已经做出的承诺。此时若能找到他们最信任的人或其长辈进上一言，或许可以改变"神的旨意"。例如，双方在商谈中已订好合同，后来情况有变，中东商人想取消合同，就可以名正言顺地说这是"神的旨意"，很轻易地取消合同。在商谈即将进一步促成交易时，他们却耸耸肩说："明天再谈吧！"到了第二天，昨天的有利气氛和有利形势已不复存在，一切须从头再来。当谈判对方被上述行为或其他的不愉快的事弄得极其恼怒时，他们会轻松地拍拍对方的肩膀说道："不要介意。"

针对中东阿拉伯商人的谈判风格与特征，和他们谈判时要尊重对方的教义与习俗，如果己方能有懂得伊斯兰教教义甚至会说阿拉伯语的人参加谈判，更有利于创造和谐的谈判气氛和取得对方的好感。与信奉伊斯兰教的商人交谈时，要注意适当的称谓。对他们的教义、教规，不应妄加评论。切忌用左手和他们握手、替他们拿食物。要充分利用对方喜欢交际和好客，不习惯谈判一开始就转入正题，认为这样有失身份的特点。在谈判前和谈判开始时，要主动热情地进行广泛友好的交流，选择他们喜欢的话题，甚至先请他们喝上一杯咖啡，使他们高兴。这样既可密切与对方的关系，获得对方的信任与敬意，又可从中了解一些己方需要的信息，这其实也有助于缩短开局与磋商阶段的时间。

要区分阿拉伯人讨价还价的两种不同类型而区别对待：对漫天要价者，应就地还价；而对追求利润者,则应当适度还价,并在还价的幅度和策略上做文章。对其松散的时间观念要予以理解,切忌急躁,在充分准备的前提下耐心地与之周旋,步步为营,捕捉一个又一个的机会,不断扩大战果。但是又不能操之过急,以防止对方突然中断谈判;否则,着急的心理一旦让对方抓住,反而会让对方采取反常措施,推翻承诺。

谈判中要规避中东及邻近诸国的禁忌,部分禁忌列举如下:

(1)交通全部停止的安息日。在安息日,耶路撒冷市内的一切交通机关,全都停止工作,饭店也悉数关门。这一天,观光客最好不要搭车前往正统犹太教徒的居住区;否则,那些犹太教徒会怒不可遏地向车上的人投掷石头。

(2)莫夸奖阿拉伯国家。以色列和阿拉伯诸国之间的纠纷层出不穷。伊斯兰教徒视耶路撒冷为他们的圣地,这个问题纠缠至今难以解决。因此,到了以色列或阿拉伯诸国,应该避免夸奖对方任何一国;否则,势必引起麻烦。

(3)不能双手交叉着说话。说话或跟对方面对面的时候,在中东地区有个习惯,即不可以双手交叉,如在利比亚,若做出这个动作会被认为是在侮辱对方。其实,在任何国家双手交叉着说话,都会被视为态度傲慢或是不礼貌,只是在中东地区把这个动作看得比较严重,认为是一种侮辱,或是有意挑战。

(4)参观进入伊斯兰教堂的时候,必须脱鞋,赤足而入。气氛应该是严肃的,绝不可以嬉笑打闹。

(5)洋娃娃不能当礼物。伊斯兰教徒严禁偶像崇拜。例如,在中东地区,佛像类形状的东西,都不可以膜拜。因此,洋娃娃等外形类似人像的东西,也禁止放在家里当装饰品。在这些国家,绝不能以洋娃娃当礼物;否则,会被误以为蔑视他们的宗教。

(6)禁穿有星星图案的衣服。阿拉伯诸国对穿着星星图案衣服的人反应强烈,非常不满。除了衣服,有星星图案的包装纸也不受欢迎。

(7)不送酒。阿拉伯国家是禁酒的,对他们来说喝酒是直通罪恶的途径。对禁酒成习的教徒,应避免赠送酒类,因为这种行为无异公然劝他破戒,不符礼数,绝对做不得。

(8)不问家族的事。沙特阿拉伯可说是戒律最严的伊斯兰教国家,向他们询问妻子的近况、嗜好,都在严禁之列。在他们看来不能对别人的妻子抱任何兴趣或好奇。另外,询问他们家族的种种,也会被认为是有意探查隐私,无礼至极。沙特阿拉伯人把家族视为财产之一,追问家族的事就如同在调查别人的私有财产,万万不可做这样的事。

【案例分析】

案例阅读

一个中国谈判小组赴中东某国进行一项工程承包谈判。在闲聊中,中方负责商务条款的成员无意中评论了中东地区盛行的伊斯兰教,引起对方成员的不悦。当谈及实质性问题时,对方较为激进的商务谈判人员丝毫不让步,并一再流露撤出谈判的意图。

4)印度商人的谈判风格

与印度商人谈判要规避的禁忌主要有以下三点:

(1)印度有多种宗教,教徒对其所信仰的宗教皆十分虔诚。例如,牛对印度教来说是神圣的动物,因此,即使牛漫步在街上,也不可冒犯它。

（2）印度居民尤其是女人皆不喝含酒精的饮料。在印度有授受关系时皆须用右手，正统的回教徒不能喝任何含酒精的饮料。逢斋月之时，在日出到日落禁止一切饮食。

（3）对印度的女人不可行握手礼，打招呼时只能以合掌颔首的方式（类似祈祷的姿势）。观光到印度须留意拜会的对方是信奉何种宗教，不可逾礼。若要参观宗教的圣物、庙宇时须穿着深色服装，并脱鞋，以示尊重。

印度商人的传统观念和保守思想较重，印度的企业家们一般都不愿意把自己掌握的技术知识教给别人。他们责任感不强，常常喜欢找借口逃避责任，在商务谈判中不愿意做出责任性的决定。在工作出现失误受到指责时，他们会不厌其烦地重复解释。印度商人疑心很重，在没有利害关系时是很好相处的，可一旦有利害冲突，就判若两人，层层设防，处处猜疑。因此，如果要想在商务上同印度人建立牢固的关系，需要很长的时间。

印度税收很高，逃税情形很普遍，因此，对印度公司进行资信调查很困难，有时即使调查到一些数据，是否真实可靠也很难分辨。因此，同印度人进行商务交往时，最好委托本国驻印机构帮助调查，或亲自进行调查；否则，很难避免上当受骗。

由于印度的社会监督和法制不严，使整个社会包括工业、商业和国际贸易等领域存在比较普遍的行贿受贿现象。

印度人谈判时立场十分坚定，他们想改变合同时，绝不会给对方留丝毫情面。即使已签订的合同，他们也能从一些条款中找出点麻烦，以至于要求增加附加条款。因此，在与印度人的贸易中，永远不要将主动权交到对方手里。

印度商人最擅长的招数是拖延，用此招可以充分消磨对方的意志，从而能够彻底探清对方的底牌。对于对方要急于了解的信息，他们闭口不言，有时甚至连一个是或否的简单结果都不会给。

5）印度尼西亚商人的谈判风格

印度尼西亚位于亚洲东南部，有"千岛之国"的盛名。各岛热带风光迷人，爪哇岛有著名的"花园城市"，巴厘岛以"世外桃源"闻名于世。印度尼西亚大多数居民信奉伊斯兰教，官方语言为印度尼西亚语，通用语言为英语。

与印度尼西亚商人打交道，应熟悉那里的风土人情，这对于双方交往是很有帮助的。一个种族复杂的国家，其人民的风俗习惯也是千差万别的，例如，苏门答腊人通常喜欢睡在高地，而爪哇人却宁愿打地铺。印度尼西亚人一个显著的特点就是重深交，讲旧情，老朋友在一起可以推心置腹，若是一般交情的商人客户或朋友，虽然也客客气气，甚至谈得相当投机，但那也只能是形式上的表现，真正的心里话是不轻易说出来的。所以与印度尼西亚人交往，见一两次面是不能抱太大的希望的，在交往中要着眼于将来，把印度尼西亚商人当作自己的朋友，充分表现出自己的真诚，才能获得他们的信赖。

加深与印度尼西亚人的感情，还必须记住的一点是印度尼西亚人喜欢客人到他们的家中作客访问，而且在一天中任何一个时间去拜访他们，都是受欢迎的。在印度尼西亚人家中作客时，你可以看到，即使不是十分富裕的家庭，其客厅的摆设布置也是很讲究的。到印度尼西亚人家中作客，可增加感情交流，这已成为与印度尼西亚人交往的一个诀窍。商业谈判如果能选择在印度尼西亚人的家中进行，那是最好不过的事，这可以消除主客之间的隔阂，使交易洽谈的效果更佳。如果你去作客时看到印度尼西亚人家里铺着地毯，那你在进屋前要把鞋脱掉。如果进入圣地特别是进入清真寺，更要脱鞋。

印度尼西亚人很懂礼貌，绝对不讲别人的坏话，自然也不喜欢那些讲别人坏话的人。与印度尼西亚人见面时可以握手，也可以点头致意。在印度尼西亚，一般商务访问要穿西服，打领带。访问政府办公厅应穿西装，还须事先约请，并准时赴约。印度尼西亚贸易事业公私混淆，大多数进出口业务由几个国营贸易公司经手。印度尼西亚商人做决定很慢，与他们进行业务谈判要花费很长的时间。印度尼西亚的商界好礼，尤其喜欢互赠礼物，拜访时宜准备一些小礼物给商人、官员及他们的妻子。应邀作客时，可以给主人带上一束鲜花。客人不一定非要送礼不可，但最好说几句感谢的话，或写个便条表示谢意。谈话时，避免谈论当地政治、社会主义和国外对他们的援助。

印度尼西亚人大都平易近人，和印度尼西亚人相处时不可愁眉苦脸。印度尼西亚人最喜欢笑，心情舒畅会笑，顺利完成某件事也会笑，笑是他们的另一种语言。他们也喜欢开玩笑，甚至认为笑口常开是社交上的一种礼貌。在印度尼西亚，具有良好教养的商人在彼此初次相识时，应马上把自己的名片送给对方，不然，便会遭到对方的冷眼相待。

由于12月至次年2月印度尼西亚多阴雨天气，而七八月又多为印度尼西亚人的假期，所以商务活动最好在9月至次年6月进行。另外，每年假日不同，在开始商务活动时，应宜在出发前查问清楚。

6）新加坡商人的谈判风格

新加坡连接太平洋和印度洋，地理位置十分重要。新加坡经济很发达，是亚洲"四小龙"之一。其人口构成简单，中国裔占绝大多数，其次是马来裔、印度裔、巴基斯坦裔等。

新加坡商人也以华侨为最多，他们乡土观念很强，勤奋、耐劳，充满智慧，一般都很愿意与中国进行商务洽谈合作。老一代华侨还保持着讲"面子"的特点，"面子"在商务洽谈中有时具有决定意义。年轻一代华侨商人虽已具备了现代商人的素质和特点，但是，依然保持了老一代华侨的一些传统特点。例如，在洽谈中，如果遇到重要的决定，他们往往不喜欢写成书面的字据，但一旦订立了契约，则绝对不会违约，而是千方百计地去履行契约。这些都充分体现了华侨商人注重信誉、珍惜朋友之间关系的商业道德。

7）泰国商人的谈判风格

泰国商人多为华侨。但是，泰国的华侨已经消除了和其他民族之间的隔阂，完全融进了泰国的民族大家庭中。

泰国商人的性格特点是不信赖别人，而依靠家族来掌管生意；不铺张浪费；同业间能互相帮助，但不会结成一个组织来共担风险。假如外国商人想要同泰国商人建立推心置腹的友情，将会需要很长的一段时间。但一旦建立了友谊，泰国商人便会完全信赖你，当你遇到困难时，也会给你通融。因此，诚实和富于人情味，是被泰国商人充分肯定的。

【参考答案】

基本训练

一、单项选择

1. 当和日本公司做生意时，日本方面认为（　　）项因素最重要。
   A. 对方公司的盈利率　　　　　　　　B. 对方公司的市场占有率
   C. 对方公司的增长率　　　　　　　　D. 对方公司中的管理体制

2. 假如你正在同波哥大的业务对手进行交际性谈话，话题转到了拉丁美洲的经济发展问题，那么你应该（   ）。
   A. 趁机简要地比较一下 19 世纪北美和南美在社会政治发展过程中的差别
   B. 询问对方的观点，自己不表态
   C. 向对方介绍中国的发展经验，充分表达拉丁美洲经济发展的关注
   D. 以上都可以
3. 在国际商务谈判中，将最低价格列在价格表上以求首先引起买主兴趣的是（   ）。
   A. 西欧式谈判   B. 日本式谈判
   C. 中国式谈判   D. 东欧式谈判
4. 国际贸易的特点之一是多国性、多民族性、谈判对象多层次性。不同国家、不同民族、不同地域的人，其（   ）、消费习俗、生活方式、文化背景等差异极大，因而形成了各具特点的谈判风格。
   A. 风俗   B. 价值观
   C. 世界观   D. 伦理观
5. （   ）属于德国商人的谈判风格。
   A. 开放随意   B. 严谨保守
   C. 讲究效率   D. 自信固执

二、多项选择题

1. 国际商务谈判中政治因素有（   ）。
   A. 政局稳定性   B. 经济运行机制
   C. 国家对企业的管理程度   D. 政策背景
2. 商务谈判交往空间被看作是一个极其敏感的问题，那么影响交往空间的因素主要有（   ）。
   A. 社会文化习俗   B. 社会生活环境
   C. 人与人之间的亲密与熟悉程度   D. 个体素养
   E. 谈判目的
3. 谈判人员经常参加各种各样的外交活动，在日常交往中，需要注意的礼节包括（   ）。
   A. 遵守时间   B. 尊重老人和女士
   C. 尊重风俗习惯   D. 举止得体
4. 阳春三月，28 岁的赵先生参加一次非常重要的商务谈判，但单身的他不知选择什么颜色的领带配他的浅灰色西装，比较好的选择应该是（   ）。
   A. 白色   B. 灰色   C. 红色   D. 蓝色
5. 在关于中美知识产权的全部谈判过程中，体现出了国际商务谈判的特点有（   ）。
   A. 跨文化性   B. 国际性   C. 政策性   D. 复杂性
   E. 困难性   F. 互补性
6. 中国人"爱面子"的行为在商务谈判中表现得十分明显，这种"爱面子"的谈判风格有（   ）这些特点。
   A. 对内得一致性   B. 表现的唯一性
   C. 成因的一致性   D. 对外的独特性

三、判断题

1. 不同文化背景的人，对同一件事、同一句话，同一个动作都有着相同的理解。（　　）
2. 在国际商务谈判中语言及非语言行为远比价值观方面的差异隐蔽得深 因此也更难以克服。（　　）
3. 一个国家企业的决策程序属于影响国际商务谈判中的法律因素。（　　）
4. 一名合格的国际商务谈判人员，应具备 "X" 型的知识结构。（　　）
5. 涉外商务谈判是跨越国界的谈判，谈判的根本区别源于谈判者成长和生活的环境及谈判活动与谈判协议履行的环境的差异。（　　）

四、简答题

1. 美国商人谈判的特点是什么？
2. 什么是国际商务谈判？国际商务谈判的原则有哪些？

五、案例分析题

我国一家石油公司经理在与石油输出国组织的一位阿拉伯代表谈判后自述："我会见石油输出国组织的一位阿拉伯代表，和他商谈协议书上的一些细节问题。谈话时，他逐渐地朝我靠拢过来，直到离我大约只有15厘米才停下来。当时我并没有意识到什么，我对中东地区的风俗习惯不太熟悉。我往后退了退。在我们两人之间保持着一个我认为适当的距离，大约60厘米。这时，只见他略略迟疑了一下，皱了皱眉头，随即又向我靠过来。我不安地又退了一步。突然，我发现我的助手正焦急地盯着我，并摇头向我示意。我终于明白了他的意思，我站住不动了，在一个我觉得最别扭、最不舒服的位置上谈妥了这笔交易。"

试分析

结合以上案例，谈一谈阿拉伯国家进行商务谈判时的主要特点及与之谈判时应采取的对策。

实践训练

苏州某机械加工公司与日本一家企业进行零件加工洽谈，双方已经在中国进行了三次谈判，初步取得了一些共识，并达成一些合作意向，但仍未就零件价格及运费等问题最后达成协议。经双方商定，第四次谈判定在日本举行，而且极有可能达成最终合作协议。现请你根据中方情况制定一份初步的行动方案，交给公司讨论。

谈判游戏

道具：桌子、椅子。

参加人数：至少2人。

方法与规则：

（1）游戏前，游戏参与者需要从不同的渠道了解美国（或其他国家）的文化及其特点，并做记录。

（2）每个人都将自己收集的他国民俗讲给大家听，最好能找到这一民俗的来源。

（3）所有人一起讨论，并与我国对比，找出不同点与相同点。

目的：从他国文化、民俗中体会外国人的性格和作风，为与他们能友好地进行谈判做准备。

附　录

商务谈判典型案例

本书在编写过程中，对大量的案例进行了整理、分析，但穿插于某个项目的案例均是针对该项目或任务而给出的，分析的时候难免出现不够系统、不够全面的问题。

附录的案例不拘泥于本书的特定项目或任务，对于灵活运用本书知识、全面分析案例可以起到抛砖引玉的作用。

一、认识谈判案例

礼仪缺失丢"饭碗"

大学毕业的小张，刚到一家外贸公司工作，经理就交给他一项任务，让他负责接待最近将到公司的一个法国谈判小组，经理说这笔交易很重要，让他好好接待。小张粗略的想了一些接待顺序，就开始准备他的接待活动。小张提前打电话和法国人核实了一下人数，乘坐的航班，以及到达的时间。然后，小张向单位申请了一辆车，用打印机打了一张 A4 纸的接待牌，还特地买了一套新衣服，并到花店订了一束玫瑰花。

到了对方来的那天，小张准时到达机场，结果该国际航班提前15分钟降落，客人只好在机场等候小张。等到终于坐上小张的车，开到公司指定的接待酒店，却发现酒店早已客满。小张只好把客人带到一家离公司较远的酒店，该酒店条件较差，对方表现出不满情绪。送到房间后，一心想将功补过的他决定和客人好好聊聊，让他们消消气，谁知在客人房间待了半个多小时，对方已经不耐烦了。小张起身告辞时，告知客人公司经理准备宴请他们，并和他们约定晚上7点在饭店大厅见。到了晚上7点，小张在大厅等待对方到来，谁知直到7点半人才陆续到齐。到了宴会地点，经理已经在大厅门口准备迎接客人，小张赶紧给双方进行介绍，双方寒暄后进入宴席。小张一看宴会桌，不免有些得意：幸亏我提前做了准备，给他们都排好了座位，这样总万无一失了吧。谁知经理一看对方的主谈人正准备坐下，赶紧请对方到正对大门的座位，让小张坐到刚才那个背对大门的座位，并狠狠地瞪了小张一眼。小张有点莫名其妙，心想：怎么又错了吗？突然，有位客人问："我的座位在哪里？"原来小张忙中出错，把他的名字给漏了。客人露出一副很不高兴的样子。好在经理赶紧打圆场，神情愉快地和对方聊一些趣事，对方这才不再板面孔。一心想弥补的小张在席间决定陪客人好吃好喝，频繁敬酒，经理及时制止了小张。席间，小张还发现自己点的饭店的招牌菜辣炒泥鳅，对方几乎没动。小张拼命劝对方尝尝，经理很不悦地要小张不要劝，小张不知自己又错在哪里。好在健谈经理在席间和客人聊得很愉快，客人很快忘记了这些小插曲，等双方散席后，经理当夜更换了负责接待的人员，并对小张说："你差点坏了我的大事，从明天起，请你另谋高就。"

小张就这样被炒了鱿鱼，但他仍不明白自己究竟错在哪里？

（案例来源：周晓琛. 商务谈判理论与实践[M]. 北京：知识产权出版社，2004. ）

商务沟通显技巧

小郭是一家信息技术公司的业务人员。一天，他听说有一家大公司为了对企业进行精细化管理，需要采购一批电脑和软件，于是他想方设法得到了该企业负责这次采购工作的周经理的电话。小郭准备好自己的开场白后，拨通了周经理的电话。

"周经理，您好！我是顺康信息技术公司的郭某。听说贵公司准备引进一些硬件设备实施精细化管理，这在企业管理科学化和规范化上可是先行了一步。您当然知道，符合自己企业需要的设备和软件才是最好的，如果不适用，再好的设备也是废物。正好我们公司有一系列专门针对各种类型企业精细化管理的产品和服务方案。只是不知贵公司现在需要什么样的产品。所以，我想进行作一些实际调查，看看我们是否能为贵公司提供最合适的产品。不知您意下如何？"

"哦，这样啊！那你过来看看吧。"

"周经理，不知道您什么时候有时间呢？"

"我明天上午都会在办公室。"

"那我明天上午10点去您办公室拜访可以吗？"

"可以。"

（案例来源：卢斌. 看故事轻松说服顾客[M]. 北京：人民邮电出版社，2010. ）

认可别人助自己

业务员:"您好,打搅一下,请问贵公司需要做网络推广吗?"

客户:"哦,我们已经在别的代理商那里做过了,现在不需要了。"

业务员:"是吗,那看来您在网络上的投入力度还是很大的。"

客户:"嗯。"

业务员:"那我能问一下您做的是什么类型的推广吗?"

客户:"新浪的固定排名。"

业务员:"您是和哪一家合作的呢?叫什么名字啊?"

客户:"这个不方便说吧?"

业务员:"哦,是这样的,因为我们公司下面还有很多我们的子代理,或许和您合作的公司就是他们,就是说您所有的业务都是他们经过我们来提交的,所以也可以说是我们之间的一种间接的合作,在这个过程中可能会出现这样或那样的问题,如他们的服务、价格,等等,如果他们存在没有做好的地方,我们就可以通过了解给他们制定一定的规范,因为我们也在规范市场,以便能够更好地保障客户的利益。"

客户:"哦,好像是一家叫××的公司。"(如果是我们的竞争对手)

业务员:"哦,是这样啊!这个公司是我们的兄弟公司。但我相信做生意是没有绝对的事情的,或许另一家公司可以为贵公司节省更大的成本,带来更好的收益,提供更好的服务,我想作为企业来讲是不会拒绝的吧。"

客户:"那你说说你们这边的情况吧。"

业务员:"是这样……"(进入主题)

(案例来源:由丽丹. 直销实物与案例分析[M]. 北京:清华大学出版社,2009.)

认同法则处异议

有一名推销员,代表斯通公司经销高质量的复印机。

一天,他走进张先生的办公室,交谈中才知道张先生是斯通公司的老主顾。刚开始推销员就陷入了困境,张先生说:"两年前,我们买了一台斯通复印机,它的速度太慢了,我们只得放弃使用。用你们的复印机,我们损失了不少宝贵的工作时间。"在这种情况下,一般的推销员通常会进行争辩,证明斯通复印机速度同其他复印机一样快。这样的争辩很少能有结果,且常常会得到这样的回答:"好啦,我知道了,但是我们不再想要斯通复印机。谢谢光临,再见。"然而,这位推销员却没有这么做,而是把斯通公司董事长的"帽子"戴到了张先生的头上,说:"张先生,假定您是斯通公司的董事长,已经发现复印机速度慢的问题,您会怎么办呢?"张说:"我会叫我的工程技术部门采取措施,促使他们尽快解决这个问题。"接着推销员笑着说:"这正是斯通公司董事长所做的事情。"张先生继续听完推销员的介绍后,又订购了一台斯通高质量、高速度的复印机。

(案例来源:由丽丹. 直销实物与案例分析[M]. 北京:清华大学出版社,2009.)

循序渐进增进关系

推销员："太太，请给您的宝宝买份教育基金吧。"

客户："我觉得我根本没必要买。"

推销员："凡事总是未雨绸缪的好呀！太太，您还记得吗？小宝宝刚出生时不是收到很多亲友送的衣服吗？"

客户："是啊！当时收了那么多！"

推销员："其中不是有6个月、1岁或2岁才能穿的衣服吗？当时您不是觉得不知什么时候才能用得上呢，可是转眼之间，那些衣服不是都不能穿了吗？"

客户："是啊，时间过得真快！"

推销员："太太，请您闭上眼睛回想一下！小宝宝从会爬到站起来，蹒跚地走出人生的第一步，似乎才是昨天的事，您看他现在叫起爸爸妈妈来多叫人疼爱。再过不久他就要背着书包上小学了，别说还早，趁现在保费较便宜，先准备一些教育基金，将来孩子一定会感谢您为他设想得客观周到。"

推销员："买保险永远不嫌太早，只怕您买得不够，就像大人买小孩衣服一样……您希望用月缴的方式还是季缴的方式？"

（案例来源：由丽丹. 直销实物与案例分析[M]. 北京：清华大学出版社，2009. ）

婉陈真相解情绪

丰田汽车公司某年度频出狠招，一路攻城拔寨，高唱凯歌。但就在丰田公司要为本年度的经营工作画上一个圆满句号之时，却因"霸道"广告危机弄得满城风雨。

在某年第12期《汽车之友》杂志上，丰田汽车共刊登了三份汽车广告，分别为其三款新车"陆地巡洋舰""霸道"和"特锐"。

在"霸道"车的广告页上，两只石狮蹲居路侧，其中一只挺身伸出右爪向"霸道"车做行礼状，该广告的文案为"霸道，你不得不尊敬"。

由于石狮在一定意义上是我国民族传统文化的产物，蕴含着极其重要的象征意义。丰田公司选择这样的画面为其做广告，有读者认为其有辱我国民族尊严。某年12月4日，《解放日报》以"日本丰田汽车'霸道广告'有辱民族尊严"为题报道了该事件，同日几大门户网站及相当多的媒体进行了转载，引起了极大关注。一时间该广告触动了国人敏感的民族情绪，引起轩然大波，群情激昂，声讨不断。

丰田公司在危机汹涌而来时，婉陈事实真相，化解了民族情绪。

一汽丰田汽车销售有限公司总经理是如此代表丰田公司通过在座的新闻媒体向中国消费者道歉的："虽然我们在投放广告之前没有任何其他用意，但由于我们表达得不妥帖，在中国消费者中引发了不愉快、不好的情绪，对此我们表示非常遗憾。公司在事件发生后首先停发了这个广告，并在一些媒体上发布致歉信，同时也在丰田网站上登出。为了防止类似事件再次发生，公司正在采取相应措施，我们希望在最短的时间内取得消费者的谅解和信任。"

同时，该总经理在座谈会上说明这则广告的创意其实是中国人设计的，"但我们是广告主，我们要负责任"。

（案例来源：曾红颖. 世界名企如何渡过难关[M]. 北京：电子工业出版社，2009. ）

二、谈判准备案例

游泳池里谈生意

英国某啤酒公司的副总裁在去南美洲做商务旅行时,接到总部的传真,要他在归途中顺便去牙买加和当地一家甜酒出口公司的经理谈生意。但问题是他没有去牙买加做公务旅行的签证,想临时办一个,时间又来不及。

于是,他只好以旅游者的身份来到金斯敦的诺尔曼雷机场。在检查护照的关口,移民官从他皮包的工作日志及来往信函中判明他是在做公务旅行,所以不许他入境。他反复向移民官声明,自己不过是在返回伦敦前来这儿做短暂的休整,这才勉强被允许入境。

他刚在旅馆安顿好,便打电话和那位甜酒出口商联系。刚打完电话,就来了一位移民局的官员,说他是怀着商务目的来到此地,而没有取得应有的签证。该官员对他说,他将受到有关方面的严密监视,一旦发现从事商务活动,便将立即驱逐出境,并处以高额罚款。足足两天,他身边总有一位警察,像个影子似的,使他不得不像一位旅游者一样打发时光,看来此行是只能白费时间和金钱了。

但是在他离开之前,却在警察的眼皮底下与那位出口商谈成了生意。旅馆设有游泳池,池旁有个酒吧供客人喝饮料和休息。监视的警察只见他与一位身着比基尼泳装的妙龄女郎正坐在酒吧前喝酒,还有一搭没一搭地和酒吧服务员聊天。

谁知那位服务员竟是出口商装扮的,而那名妙龄女郎则是出口商的女秘书。

(案例来源:根据网络资料整理)

闻风乘虚抢订单

中国第一汽车集团公司(以下简称"一汽")经过谈判引进了美国克莱斯勒公司轻轿结构的发动机后,顺理成章地也准备引进该公司的车身。一汽的谈判能手吕福源带领谈判代表团重返设在底特律的克莱斯勒公司时,对方要求合作的条件变得异常苛刻,要价极高,用吕福源的话讲,简直是天方夜谭的数字。

谈判陷入严重的僵局,我代表团毅然返回。情况表明,美方早已获得我国已批准一汽要上轿车的信息,既然发动机已经是美方的产品,离开克莱斯勒,一汽就肯定会一筹莫展,所以对方觉得无论其开出如何苛刻的条件,一汽也得就范。

一汽总裁耿某毅然决定中断与克莱斯勒的谈判,其冒险性可想而知,但是被人要挟的事情绝不答应!

中方的意志是美国人没有想到的,更没想到的是下面的事情……

此时,恰逢德国大众公司董事长哈恩博士到一汽进行礼节性拜访,耿某认为这是千载难逢的好机会!

哈恩博士到了一汽,大吃一惊,仿佛看到了新大陆,大有相见恨晚之意。他与一汽一见钟情,与耿某也谈得十分投机。双方合作的意图油然而生,哈恩博士在会见时向中方频频暗示合作意愿。耿某看在眼里,但是心有顾虑:轿车的发动机生产线已经是美国的了,娶来的"媳妇"怎样才能退回去?如果再与德国大众公司合作,只能要他的车身和整装技术,具有世界一流水平的德国大众能接受美国"媳妇"并与之合为一体吗？

耿某把这个担心作为一个试探性的气球放了出去，想不到哈恩非常热情地、以德国企业家特有的坦诚做出了精明慷慨的允诺，并正式邀请中方四个星期后去德国朗堡大众汽车所在地考察。

四个星期后，谈判能手吕某身负重任飞往朗堡，想不到大众公司已把美国的发动机装进了德国奥迪的车身中，这是为安装克莱斯勒公司的发动机而专门定做加长的。大众合作的诚意和效率可见一斑。

美国底特律克莱斯勒总裁艾柯卡立即得到了中德合作的信息，并深深地感到了这一信息的压力和内涵，立即通过有关人士与中方示好，"如果一汽和我们合作，将只象征性地收 1 美元技术转让费……"此时，一汽已由开始的山穷水尽变得柳暗花明，经过反复的论证和比较，最终选定大众公司为合作伙伴。

汽车工业巨子艾柯卡悔之莫及，后来在中国考察时，他公开总结了自己过去几年获得的教训，并要求能去一汽看一看，尤其是看看耿某。

两年后，装有美国克莱斯勒发动机的德国奥迪汽车在中国市场备受青睐。

（案例来源：李旭穗. 商务谈判[M]. 北京：清华大学出版社，2010.）

准备不足招风险

罗伯特家里计划购买一台家用电脑，恰好离他家不远处有一家比较有影响的品牌电脑的连锁店，他们认为大品牌比较可靠而且价格是全国统一定价，应该是明码实价，他本人自认为缺乏讨价还价的能力和耐心，因此决定在这家连锁店购买比较合适。于是他和妻子走进这家店，一进门就有服务小姐迎上来招呼他们："欢迎光临，请问有什么可以帮到您？"罗伯特说："我们来看看电脑。"服务小姐马上为他们请来一位电脑工程师准备向他们介绍产品。这时罗伯特的妻子说："我们对电脑不懂，能否帮我们介绍一下？"那位工程师询问了他们电脑的用途，得知他们是普通家庭使用后，就向他们推荐了一款电脑，并详细介绍了相应的配置，罗伯特听了以后说："我们反正也不懂，只是对你们的品牌比较信任才决定购买的，你帮我们选一款能够适合家用并价格合适的即可。"工程师说："我刚才介绍的这款最近卖得非常好，并且我们的品牌售后服务是一流的。有全国统一的服务热线，每天有 200 位工程师在线解答您的疑问，如果电话解决不了将有上门服务，所以您不必担心使用问题。价格是全国统一定价我们没权降价，不过我们为了回馈顾客，有礼品赠送，并且您只要多加 200 元就可以优惠购买我们的一款打印机，这款打印机的零售价是 690 元，所以是相当划算的。"罗伯特听后和妻子简单商量后就决定购买这款电脑和打印机，交款后，当天由专门人员上门安装。罗伯特一家在之后一个月的使用过程中没有任何问题。有一天，在一个画报上偶然看到这个品牌的电脑有新的换代产品推出，配置更高，价格并没有提高，并且这个升级换代产品的推出时间是一个月前，罗伯特马上意识到他们买回的是已经被淘汰的产品，他还发现那台打印机在使用后需要更换墨盒时只能更换特定的墨盒，价格 200 多元，而市场上比较著名品牌的打印机也不过 300 多元，并且更换墨盒时的成本也只有几十元。

（案例来源：李旭穗. 商务谈判[M]. 北京：清华大学出版社，2010.）

三、谈判开局案例

幽默谈判起作用

幽默本身就是一种艺术性语言,它不仅可以营造轻松愉快的谈话氛围,还可以为销售创造一个良好的工作环境。

有位顾客向推销灭蚊剂的销售人员提问:"你敢保证这种灭蚊剂能把所有的蚊子都杀死吗?"

"不敢。"销售人员老实地回答,那位顾客为自己的提问难倒了销售人员而洋洋自得。

"是啊,在你没打药的地方,蚊子照样活得很好!"销售人员的这句话立刻将顾客吸引了过来。

大家不禁暗自赞许这位机智幽默的销售人员。但也正是这句玩笑话,使得人们愉快地接受了他的宣传,几大箱灭蚊剂很快就被销售一空。

(案例来源:卢斌. 看故事轻松说服顾客[M]. 北京:人民邮电出版社,2010.)

亚当森的"赞美法"

美国柯达公司创始人乔治•伊斯曼打算捐巨款建造一座音乐厅、一座纪念馆和一座剧院。为承揽这批建筑物内的座椅,许多制造商展开了激烈的竞争。

但是,找伊斯曼谈生意的商人无不乘兴而来,败兴而归。正是在这样的情况下,美国优美座椅公司的经理亚当森前来会见伊斯曼,希望拿到这笔生意。

秘书对亚当森做了简单的介绍后,便退了出去。这时,亚当森没有谈生意,而是说:"伊斯曼先生,我仔细观察了您的这间办公室,我本人长期从事室内装修,但从来没见过装修得如此精致的办公室。"

伊斯曼回答说:"哎呀!您提醒了我,我都忘记这件事了,这间办公室是我亲自设计的,当初刚建好的时候,我喜欢极了,但后来一忙,一连几个星期都没有机会仔细欣赏一下这个房间。"

亚当森看到伊斯曼谈兴正浓,便好奇地询问他的经历。伊斯曼便向他讲述了自己青少年时代的苦难生活,母子俩如何在贫困中挣扎的经历,自己发明柯达相机的经过,以及自己打算对社会的巨额捐赠……

亚当森由衷地赞扬了他的功德心。

最后,亚当森不但得到了大批订单,而且和伊斯曼结下了终生的友谊。

(案例来源:马仁勇. 谈判雄略[M]. 北京:兵器工业出版社,1996.)

运用情感的力量

有一次,法国一名推销员奉命前往印度,去做公司多次谈判都没有成功的一笔军火生意。

到达目的地后,他设法与负责军火谈判的一位将军联系上。他在电话里说:"尊敬的将军阁下,我将到加尔各答去,这次是专程来拜见您的,您给我10分钟就够了。"

推销员按时来到将军的办公室，将军说他很忙，不要占用太多的时间。很明显，将军的态度十分冷淡。

"将军阁下，您好。首先请让我向您致意，衷心地感谢您对敝公司的态度如此强硬。"推销员热情地招呼道。

将军颇感意外，颇为不解。

看到对方不知说什么好，推销员连忙解释道："您使我有机会在我生日的这一天，得以回到我的出生地。"

"哦，先生，您出生在印度？"将军的脸由阴转晴。

"正是这样。以前，我父亲是法国米歇尔公司派驻贵国的代表，母亲也一同来到这个美丽的国度。1943年3月4日，我出生在名城加尔各答，并且在那里度过了我美好的童年。印度民风淳朴，人民热情好客，对我们全家关怀备至，令人难以忘怀。"

推销员对往事记忆犹新，他动情地说道："记得在我三岁生日的那一天，我收到隔壁一个印度老妈妈送的精致小玩具。那一天，我和印度小朋友一起骑在象背上，玩得十分开心。"

将军已经完全陶醉在推销员娓娓道来的叙旧之中，被深深地感染了。他高兴地邀请道："尊敬的先生，今天是您的生日，而且童年是在印度度过的，这真是一件喜事。我想请您一道共进晚餐。"

对于推销员来说，这当然求之不得。

在开往餐厅的汽车上，他从公文包里拿出一张老照片，展现在将军面前。这是一张合影照片，由于年代久远而颜色泛黄，但上面的人像依稀可辨。

"将军阁下，请您看看他是谁？"推销员指着照片上的人问。

将军一眼就认出来了："呵，是国父圣雄甘地。"

"对，请您再瞧一瞧左边的这个孩子，就是我。4岁时，父母领着我回国，我们非常荣幸的和圣雄甘地乘同一条船。这张照片就是当时拍下来的。他已成为我父亲最珍贵的礼物，一直保存至今。我这一次要去拜谒圣雄甘地的陵墓，以表达我崇高的敬意。"

将军激动地握住推销员的双手，说道："太谢谢你了，感谢你对圣雄甘地和印度人民的友好感情。"

第二天，将军与推销员恋恋不舍地分别了，而且，推销员公文包里装着一份有将军签字的购买军火协议书。

（案例来源：王熙章. 军火是这样被推销的[J]. 现代营销，2008（10）：35.）

四、报价与磋商案例

"地头蛇"先报价的优势

小王、小张、小李和小高是广州某公司的女职员，关系极其要好。每年度该公司都有一次旅游的机会。每次出去旅游这四位好友总是会买回一大堆土特产之类的东西，之后却发现用不上或价格比当地商店卖得要高很多。快到年末了，公司又将组织一次去桂林旅游的路线。四位好友在兴奋之余商定，这次决不轻易上当买回价格高或不想要的商品。

旅行社到桂林后先把队伍带到了一个土特产商场，每个摊档都是由当地人租下出售商品的。小王喜欢各种各样的包，她一进商场马上就被一个卖包的摊档吸引过去了，那些色彩艳丽、图案精美的彩绣提包，有筒形的、扁形的，于随意休闲中透出浓浓的民族风情，小王爱不释手地抚摸着包，问店主："这包的价格是多少？"店主是个精明的年轻女子，说："我这些包可都是手工制作的，你手上这个185元。"185元？小王吓了一跳。她怀疑地看着店主，说："你这包有什么不同吗？品牌的布包都比这便宜。"店主笑呵呵地说："我采用壮锦织法绣出极具民族特色的休闲背包，民俗风情浓郁，色彩艳丽而又古香古色，背带的长短可随意调节，是个性女孩的宝贝，独特的你是不会错过的哦！这样吧，你实在喜欢就出个价吧，我看能不能卖给你。"小王决定狠一点，削一半价。"90元"。对方毫不迟疑地回话："最低160元。"经过一番讨价还价，小王最终以115元获得了这个包。

成交后，小王到集中地去找好友，准备添油加醋地炫耀一番自己的砍价本领。到了那，只见小张、小李和小高个个喜气洋洋，小张手里抱着桂林三宝，她说本来只想买桂林辣椒酱，但老板说买组合产品优惠很多；小李手里抱着横县茉莉花，声称只要30元/两；小高手里拿着一个龙州梾木砧板，她是个烹饪家，经过老板的一番对比说服，她坚信这块龙州梾木砧板寿命能达150年，在这块砧板上切过的菜会更加香甜。

就在四人都为自己的宝贝而自豪时，旁边一个冷眼旁观的桂林通开腔了。他指出包其实40元就能买到，至于其他三样，同样是价格偏高。四人极其郁闷，想不通为什么这回又上当了。

（案例来源：李旭穗. 商务谈判[M]. 北京：清华大学出版社，2010. ）

讨价，容易被忽略的商务谈判环节

我国某公司与日本某公司在上海著名的国际大厦，围绕进口农业加工机械设备，进行了一场别开生面的谈判。

谈判一开局，按照国际惯例，首先由卖方报价。首次报价为1 000万日元。这一报价与实际卖价相比偏高许多。日方之所以这样做，是因为他们以前的确卖过这个价格。如果中方不了解谈判当时的国际行情，就会以此作为谈判的基础，那么，日方就可能获得厚利；如果中方不能接受，日方也能自圆其说。

由于中方事前已摸清了国际行情的变化，深知日方是在放"试探气球"。于是中方直截了当地指出：这个报价不能作为谈判的基础。日方对中方如此果断地拒绝了这个报价而感到震惊。他们分析，中方可能对国际市场行情的变化有所了解，因而己方的高目标恐难实现。于是日方便转移话题，介绍起产品的特点及其优良的质量，以求采取迂回前进的方法来支持己方的报价。但中方一眼就看穿了对方的意图。

因为，在谈判之前，中方不仅摸清了国际行情，而且研究了日方产品的性能、质量、特点以及其他同类产品的有关情况。于是中方不动声色地说："不知贵国生产此种产品的公司有几家？贵公司的产品优于A国、C国的依据是什么？"

中方话未完，日方就领会了其中含意，顿时陷于答也不是、不答也不是的境地。但他们毕竟是生意场上的老手，其主谈人为避免难堪的局面借故离席，副主谈人也装作找材料，埋头不语。过了一会儿，日方主谈人神色自若地回到桌前，因为他已利用离席的这段时间，想好了应付这一局面的对策。果然，他一到谈判桌前，就问他的助手："这个报价是什么时候定的？"他的助手早有准备，对此问话自然心领神会，便不假思索地答道："以前定的。"

于是日方主谈人笑着解释说:"唔,时间太久了,不知这个价格是否变动,我们只好回去请示总经理了。"老练的日方主谈人运用"踢皮球"战略,找到了退路。中方主谈人自然深谙谈判场上的这一手段,便采取了化解僵局的"给台阶"方法,主动提出"休会",给双方以让步的余地。中方深知此轮谈判不会再有什么结果了,如果紧追,就可能导致谈判的失败。而这是中日双方都不愿看到的结局。

休会期间中方人员认为,既然日方承认了报价是偏高的,那么就有了讨价的前提,因此决定下轮谈判开始进行讨价。

(案例来源:根据网络资料整理)

"先虚后实"的讨价技巧

澳大利亚A公司、德国B公司与我国C公司谈判在我国合作投资滑石矿事宜,中方C公司欲控制出口货源,但又不能为该合作投入现金,只想用人力与无形资产投入。A公司和B公司代表来华欲参观考察矿山,C公司积极派人配合并陪同前往,整个日程安排周到,准备有效,在有限的时间里满足了A公司和B公司该次访问的要求。双方在预备会和小结会上对合作投资方式进行了讨论。

A公司:我公司是较大的生产滑石产品的专业公司,产品在国际市场上占有相当份额,尤其在精细滑石产品方面。

B公司:我们在中国投资过,但失败了,正在纠结中,但我们认为中国资源丰富,潜在市场大,很想找一个合作伙伴再重新干。

C公司:贵公司算找对人了。谢谢贵方这么看重我公司,贵方欲与我公司怎么合作呢?

A公司:我公司的计划是在中国找一个有信誉、有能力的大公司,一起投资中国矿山。

C公司:我公司是出口滑石的公司,若要投资则需集团审批,据我集团的近期发展规划看,这个行业不是投资重点。

B公司:贵公司的情况,我们理解,不过我公司却有诚意在中国投资,由于第一次的失败,使这次投资十分谨慎。

C公司:的确,我们国家国是个投资环境不平衡的地方。尤其是采矿投资,与地质条件关系很大,而当矿床跨越不同村镇时,还会发生所有权的问题。过去,我们已遇到这类的问题,作为外国投资者需要解决地质探测、矿山合伙人选择、国家政策、人文、商务法律、市场等问题,这些均影响投资成本和成败。

A公司:贵公司讲的正是我们担忧的,我们希望贵公司可以解决这些问题。

C公司:我公司是国际化的公司,按国际规范进行工作,尽管我们是中国人,但我们认为,使中国企业按国际规范与外国投资者合作是中国经济发展的重要条件。

B公司:若贵公司能参与合作,将是有意义的。

C公司:刚才我们已谈到贵方这样投资的问题所在,但我们十分赞赏贵公司对中国投资的勇气,作为中国公司,我们很愿意提供帮助,不过,我方将不以现金投入,而以我们的商誉和协助解决上述问题的义务投入。

A公司:贵方这种投入也是有意义的。

C公司:如贵方认为是有价值的,那么我建议贵方可以将它罗列出来,并予以作价。当贵方与中方矿山谈判合资时，我们公司可与贵方作为一方谈判。我方在合资企业的股份，将从贵方所占份额中划出。

B公司：贵方的建议可以考虑。

C公司：若贵方同意我方合作的方式，那么，请贵方提供协议方案以确定双方关系，便于以后的工作。

B公司：待我回国汇报后，将书面回答贵方。

A、B公司代表回国后三周，给C公司来电，同意C公司以其商誉和服务入股。C公司为保出口货源和不出现金入股的方案谈判成功。

（案例来源：根据网络资料整理）

步步为营、循序渐进提要求

一个暴风雨的日子，有一个穷人到富人家讨饭。

"滚开！"仆人说，"不要来打搅我们。"

穷人说："只要让我进去，在你们的火炉上烤干衣服就行了。"

仆人以为这不需要花费什么，就让他进去了。来到厨房，这个可怜的穷人请求厨娘给他一个小锅，说要"煮石头汤喝"。

"石头汤？"厨娘说，"我倒想看看你怎样用石头做成汤。"于是她就给了他一个小锅。

穷人于是到外面拣了块石头洗净后放在锅里煮。

"请问，您能给我一些盐吗？"穷人对厨娘说，她又给了他一些盐。随后，他又依次要了豌豆、薄荷、香菜，最后还把能收拾到的碎肉末都放在汤里。

结果，这位穷人美美地喝到了一锅肉汤。

（案例来源：郭建北. 看故事弄懂顾客心理[M]. 北京：人民邮电出版社，2010.）

客观标准的重要性

张三要建一所住房，便与某工程队签订了承建合同。合同中对价格和材料都规定得很明确，但是却没有明确规定地基的深度。动工后便出现了分歧，工程队认为地基有1米深就足够了，而张三则认为住房的地基一般需要2米左右。

工程队负责人说："我们记得，采用较浅的地基当初是你自己同意的。"

张三说："可能当时我说过类似的话，1米深的地基也许就够了。但我要求地基一定稳固，否则，时间长了整个房子就有可能变形。"

工程队负责人说："我们认为1米深就保证没有问题，我们在其他地方建房大多数的地基是1米深，有的还不到1米。"

张三说："地基的深度，取决于地层的坚固程度，不同地区的地层结构是不一样的。当地的城市建设规划部门在这方面有明确的规定标准，当地其他房子的地基都是2米深。你们认为我们应该以什么作为标准来解决问题？"

工程队的负责人最终同意了张三的意见。

在事先没有明确地基深度的情况下，如果张三不是坚持客观标准，而是与对方进行讨价还价，折中地解决问题，那可能就不会取得理想的结果。

（案例来源：蒋春堂. 经济谈判案例精选评析[M]. 武汉：武汉测绘科技大学出版社，1998.）

坚持原则拒赔偿

甲方：中国对外贸易总公司

乙方：新加坡某贸易公司

乙方从我国内蒙古自治区购买马铃薯干转卖给法国客商，因天气异常，内蒙古自治区的供货方未能交货。为此，乙方向甲方索要赔偿。

乙方："我们交给法国客户的18万美元无法收回，请你们协助解决。"

甲方："我们已尽了最大的努力。你们要天气异常报告，我们的内蒙古自治区分公司请求内蒙古自治区气象局提供了；你们要求我们出具中国国际贸易促进委员会的证明，分公司也请内蒙古国际贸易促进委员会出具了人力不可抗拒的证明。该做的，我们都做了。你们看还有什么事，只要我们能做到的，我们就尽力而为。"

乙方："法国客户要求出具中国气象台和中国国际贸易促进委员会的证明，内蒙古国际贸易促进委员会出具的证明不行，人家不承认。"

甲方："内蒙古自治区气象台是中央气象台的一部分，内蒙古国际贸易促进委员会是中国国际贸易促进委员会的分会，为什么不行？"

乙方："因为我们签的是中国马铃薯干，不是内蒙古自治区马铃薯干。对方说，内蒙古自治区不能交货，不等于中国不能交货，中国可以在其他地方交货。"

甲方："事情的经过你最清楚。签合同的时候，我们一再坚持注明'内蒙古自治区马铃薯干或马铃薯干内蒙古自治区产'，你们不同意。况且，我们只有内蒙古自治区出口马铃薯干，其他地方不出，怎能由其他地方代交呢？合同也是你同内蒙古自治区签的，内蒙古自治区因自然灾害不能执行，是内蒙古自治区的事，内蒙古自治区出具证明，应该说是有效的，请你们再同对方交涉。"

乙方："我们请了律师，同对方交涉多次了，不解决问题。对方非要代表中国官方的文件不可。"

甲方："我们认为这种要求是过分的，我们无法同意，我们也做不到。"

乙方："这样一来，我们的押金就撤不回来了。你们应该赔我们。"

甲方："按合同规定，对违约行为、违约方须向受损方赔偿3%合同金额的赔偿金，但不可抗力原因引起的违约除外。不可抗力免赔是国际惯例，任何国家都应该遵守。"

乙方："对方不是不遵守国际惯例，只是贵方出具的证明文件不能代表中国。"

甲方："这种说法是没有道理的。"

乙方："还是请你们帮忙，以总公司的名义请示中国贸促会出具证明，问题就解决了。"

甲方："我们总公司已经应你们的要求写了一封证明信，难道还不能代表分公司？"

乙方："总公司当然能代表分公司，但总公司不是公证部门，不能作为证明文件。"

甲方："这些都是你们要求的，我们都已经满足了，现在又都不行了。对进一步的要求，我们的确无能为力了。若要求索赔，我已经说过了，不可抗力，属免赔之列。"

乙方："但我们的18万美元怎么办呢？"

甲方："生意赔赚是正常的事，将来有机会时我们会给予适当照顾。"

乙方："我们向内蒙古自治区购买了 15 000 吨红薯干，如果能够供货，我们还能弥补一下损失，如果不能供货，我们的亏损就更大了。"

甲方："据内蒙古自治区分公司汇报，红薯干的货源是你们找的，收购价格比正常价格高。签约当时，分公司声明不提供出口证书，你们保证进口许可证由你们自己负责。后来，你们坚持要我们提供出口证书，由于我们配额限制，不能提供，我们无任何责任。"

乙方："你们为什么能给别人出口证书，而不给我们？"

甲方："你们已经知道，商务部只给了我们 50 000 吨配额，都是 12 月或 12 月到 1 月交货的，而你们的货是 2 月到 3 月交货，没办法提供。不是我们不给，是我们的行为能力不足，这是没办法的事。"

乙方："照你们这样说，我们都得认倒霉。好事都是别人的，倒霉的事都是我们的，这合理吗？"

甲方："怎么不合理？当时我们建议你们买近期货，你们坚持买 2 月到 3 月的。我们当然估计不到后来的事，你们也没估计到。这是国家政策变化造成的，我们必须执行，无力扭转，不存在合理不合理的问题。"

乙方："但你们没受到任何损失，而我们已经损失了 18 万美元！"

甲方："我们从未否认你们的实际损失，但是，我们的损失更大。红薯干是你们找的货源，因为你们保证要货，我们才进货。现在不能出口，要内销处理，每吨损失 250 元人民币，15 000 吨共损失 375 万元人民币，约为 101 万美元。你看怎么处理？"

乙方："货源的确是我们找的，但分公司同意后才进的。因为你们没有出口证书，我们才没办法要货。如果你们现在出具出口证书，我们立即派船。"

甲方："你们这就不讲道理了，是你们自己提出不要出口证书的，不用说我们没出口证书，就是有，也不能向你提供。"

乙方："因为我们的 18 万美元押金抽不回来，受到了实际损失！而你们没有。"

甲方："我们怎么没有？我们因降价处理造成的损失，难道就不是损失？"

乙方："因为你们只是在国内的事情，你们赔了，别人赚了，从你们的口袋掏出来，又装进了要货单位的腰包。"

甲方："我们都是各自独立的核算单位，彼此毫不相干，我们赔了，对方也不一定赚。"

乙方："照你们这样说，我们损失的，你们不想补偿！"

甲方："你们错了，我们可以赔偿，但先把条件讲清楚。你们损失押金 18 万美元，我们破例赔你们；我们同你们签的红薯干合同，内蒙古自治区 15 000 吨、河南 15 000 吨、广东 15 000 吨、天津 15 000 吨、大连 5 000 吨，共计 65 000 吨，你们都不能执行，按照国际惯例，你们应赔偿我们合同单价的 3%。合同单价都是 FOB（Free On Board 是价格术语，即装运港船上交货价，简称船上交货价，习惯上称为离岸价格）105 美元，3%就是 3.15 美元，共计 20.475 万美元，约为 20 万美元，20 万减去 18 万等于 2 万美元，你们要给回我们。"

乙方："你们这种算法，我们没话说，但不够正确！"

甲方："怎么不正确？你们拿出正确的算法！"

乙方："我们是因为没有进口许可证才无法执行的，是行为能力问题，属于免赔范围。"

甲方："不确切。不可抗力是免赔的，行为能力只能协商解决，可能不赔，可能要赔。因为你们有言在先，并在合同中注明，卖方不提供出口证书，因此，对我方受的实际损失，你们应赔偿。"

乙方："算了，我们认输了。"

（案例来源：蒋春堂. 经济谈判案例精选评析[M]. 武汉：武汉测绘科技大学出版社，1998. 有改动）

巧妙的拒绝法

广东玻璃厂厂长率团与美国欧文斯公司就引进先进的玻璃生产线一事进行谈判。从我方来说，美方就是顾客。双方在部分引进还是全部引进的问题上陷入了僵局，我方的部分引进方案美方无法接受，我方遭到拒绝。

这时，我方首席代表虽然心急如焚，但还是冷静分析形势，如果我们一个劲儿说下去，就可能会越说越僵。于是他聪明地改变了说话的战术，由直接讨论变成迂回说服。"全世界都知道，欧文斯公司的技术是一流的，设备是一流的，产品是一流的。"我方代表转换了话题，从微笑中开始谈天说地，先进行诚恳而又切实的赞叹，使欧文斯公司由于谈判陷入僵局而产生的抵触情绪得以很大程度的消除。"如果欧文斯公司能够帮助我们广东玻璃厂跃居全中国一流，那么全中国人民很感谢你们。"这里刚离开的话题，很快又转了回来，但由于前面说的那些话，消除了对方心理上的对抗，因此，对方听了这话，似乎也顺耳多了。

"美国方面当然知道，现在，意大利、荷兰等几个国家的代表团，正在我国北方省份的玻璃厂谈判引进生产线事宜。如果我们这次的谈判因为一点点的小事而失败，那么不但是我们广东玻璃厂，而且更重要的是欧文斯公司方面将蒙受重大的损失。"说话中使用"一点点的小事"来轻描淡写，目的是引起对方对分歧的关注。同时，指出谈判万一破裂将给美国方面带来巨大的损失，完全为对方着想，这一点不容对方拒绝。"目前，我们的确有资金方面的困难，不能全部引进，这点务必请你们理解和原谅，而且我们希望在我们困难的时候，你们能伸出友谊之手，为我们将来的合作奠定一个良好的基础。"这段话说到对方心里去了，既通情又达理，不是在做生意，而是朋友间的互相帮助，因此迅速就签订了协议，打破了僵局，问题迎刃而解，为国家节约了大量外汇。

（案例来源：根据网络资料整理）

五、谈判让步案例

商务谈判中的以退为进

有一天，张某访问某公司总经理。

张某拜访客户有一条规则，事前一定会做周密的调查。调查显示，这位总经理是个自高自大型的人，脾气很怪，没有什么嗜好。

这是一般业务员最难对付的人，不过对这类人，张某自有妙计。

张某向前台小姐报上姓名："您好，我是张某，已经跟贵公司的总经理约好了，麻烦你通知一声。"

"好的，请等一下！"

接着，张某被带到总经理室。总经理正背对门坐在椅子上看文件。过了好一会儿，他才转过身，看了张某一眼，然后又转身看他的文件。

就在目光接触的那一瞬间，张某有一种说不出的难受。

忽然，张某大声地说："总经理，您好，我是张某，今天打扰了，改天再来拜访。"

总经理转身愣住了："你说什么？"

"我告辞了，再见！"

总经理显得有点儿惊慌失措。

张某站在门口，转身说："是这样的，刚才我对前台小姐说给我1分钟的时间，让我拜访您并向您请安，如今已完成任务，所以告辞了，谢谢您，改天再来拜访您。再见！"

走出总经理室，张某早已急出一身汗。

第三天，张某又硬着头皮去做第二次拜访。

"嘿，你又来啦，前天怎么一来就走了呢？你这个人蛮有趣的。"

"啊，那一天打扰您了，我早该来向您请教……"

"请坐，不要客气！"

由于张某采用"一来就走"的妙招，吸引了这位"不可一世"的准客户的兴趣。

（案例来源：郭建北. 看故事弄懂顾客心理[M]. 北京：人民邮电出版社，2010. ）

吹毛求疵迫让步

某百货商场的采购员到一家服装厂采购一批冬季服装。采购员看中一款皮夹克，问服装厂经理："多少钱一件？"

"500元一件。"

"400元行不行？"

"不行，我们这是最低售价了，再也不能少。"

"咱们商量商量，总不能要什么价就什么价，一点也不能降吧？"

服装厂经理认为，冬季马上到来，正是皮夹克的销售旺季，不能轻易让步。因此，很干脆地说："不能让价，没什么好商量的。"

采购员见话已说到这个地步，没什么希望了，扭头就走了。

过了两天，另一家百货商场的采购员又来了。他问服装厂经理："多少钱一件？"回答依然是500元。

采购员说："我们会多要你的，采购一批，最低可多少钱一件？"

"我们只批发，不零卖。今年全市批发价都是500元一件。"

这时，采购员不再还价，而是不慌不忙地检查产品。过了一会儿，采购员讲："你们的厂子是个大厂，值得信赖，所以我到你们厂来采购。不过，你的这批皮夹克式样有些过时了。去年这个式样还可以，今年已经不行了。而且颜色也单调，你们只有黑色的，而今年皮夹克的流行色是棕色和天蓝色。"他边说边看其他的产品，突然看到有一件缝制得马虎，口袋有裂缝，马上对经理说："你看，你们的做工也不如其他厂子精细。"他又边说边检查，又发现有件衣服后背的皮子不好，便说："你看，你们这衣服的皮子质量也不好，现在顾客对皮子的质量要求特别讲究，这样的皮子和质量怎么能卖这么高的价钱呢？"

这时，经理沉不住气了，并且自己也对产品的质量产生了怀疑。于是，经理用商量的口气说:"你要真想买,而且要得多的话,价钱可以商量。你给个价吧!"

"这样吧,我们也不能让你们吃亏,我们购50件,400元一件,怎么样?"

"价钱太低,而且你们买的也不多。"

"那好吧,我们再多买点儿,买100件,每件再加30元,行了吧?"

"好,我看你也是个痛快人,就依你的意见办!"于是,双方在微笑中达成了协议。

(案例来源:肖华. 商务谈判实训[M]. 北京:中国劳动社会保障出版社,2006.)

互惠让步得"双赢"

康德公司是一家专业生产和销售饮料的公司,公司的实力不错,目前的主要销售市场是安徽,华东其他各区域也都有零散的销售。公司两年以前就进入了江苏市场,今年决定重新整合江苏市场并建立完整的分销网络,区域经理梁某自告奋勇走马赴任江苏区域经理。在拟定了新的市场推广计划并确定了合理的费用预算后,他开始在各县寻找合适的代理商并签订有把握的目标量。

梁经理按照预先的约定拜访了兴化市的客户之一王老板,王老板以前从康德以现款买到货后就加点利润批发给终端或直接零售,去年共销售康德饮料20万元(其他品牌饮料150万元)。双方寒暄之后立刻进入了主题。梁经理首先对王老板几年来对康德的支持表示感谢,并详细介绍了公司新的发展规划及做好江苏市场的信心。王老板听到后,眼睛一亮,表示希望能成为康德公司兴化市的代理商,于是接下来的话题就围绕着目标量和厂家的条件展开了。

梁经理:"王老板,你以前仅是我们公司在兴化的客户之一,合同也未签,每年可以销售康德饮料20万元。假如我们正式授权你为我公司的代理商,享受代理商供货价,你可以完成多少销售额?"

王老板:"40万元应该没问题,只是担心市场的窜货。"

梁经理:"我们有统一的市场价格和管控体系,不会发生价格混乱。关键看同一地区代理商之间的默契,不能搞恶性竞争。"

王老板:"我希望能成为你们在兴化的独家代理商,这样市场不容易乱。"

梁经理:"我知道你的终端客户很多,但我们公司对独家代理商有很高的要求,像兴化市这样的市场,40万元肯定是不行的;而且成为我们的独家代理商必须主推我们的产品。"

王老板:"那就50万元吧,我是兴化的总代理。"

梁经理:"你去年所有饮料销了170多万元,你认为代理康德产品还有其他哪些因素影响你的销量提升?"

王老板:"由于是现款从你们公司提货,所以不敢多进货,怕卖不完压仓库;但有时容易缺货,而丧失了一些机会。"

梁经理:"假如你不用担心库存风险,你能增加多少销售额?"

王老板:"七八万元应该可以。"

梁经理:"行,你最后一批进货所产生库存的70%我们公司承担,但你必须承担退货的运费。你的销售目标就按70万元算。还有其他阻碍因素吗?"

王老板:"饮料的季节性太强,厂家经常调价,如果降价而厂家不补差价我们就遭受损失了。如果厂家能补差价,我们就无后顾之忧了。"

梁经理:"但你必须增加5万元销量,我承诺100%补差价。其他还有什么能增加你销量的办法?"

王老板:"我个人能力有限,特别是在终端推广方面,如果你们能经常过来指导或帮助我进行终端客户的谈判和管理就好了。"

梁经理:"由于你这里是重点市场,我们今年专门派了一名业务经理负责泰州地区(含兴化市、泰兴市、泰州、靖江市、姜堰市),以帮助代理商开拓和管理终端客户并做好市场推广工作。但同样,你要增加5万元销量!"

王老板:"还有什么优惠条件,都给我吧,最好供货价能再优惠一点。"

梁经理:"我们专门针对你这样有潜力的客户拟定了'大户奖励政策',如果你能销售90万元,年终可以给你返利5 000元,达到100万元的返利10 000元,再往上每增加10万元,增加返利2 000元,上不封顶。"

最终双方以100万元的目标量签订了代理合同,且合同条款规定:"如王老板完不成100万元的销售额,则只能享受80%的代理费(另20%代理差价作为年底完成目标额的返利)。显然,完成100万元的目标,王老板是很有把握了。

(案例来源:根据网络资料整理)

六、成交与签约案例

期限策略促签约

某年11月,国内A厂厂长到国外S公司考察,与S公司谈定引进3台卷簧机、1台双面磨床,总价值260万美元的意向,同时约定S公司派代表到北京与A厂签订正式协议。A厂长回国后,经专家论证,260万美元的价格偏高,但第一轮谈判价格已经确定,很难变动,只能通过第二轮谈判加以挽回。

12月16日,S公司的董事长K和其助手来到北京,与A厂长进行第二轮的谈判。在此之前,A厂长对S公司和K董事长的情况和特点进行了详细的调查。谈判一开始,经验丰富、老练精明的K董事长立即表示:"谢谢主人对我们的欢迎,我们这次来贵厂,完全是带着诚意而来,我们信守以前谈定的意向,希望马上签订协议,我们已经买好明天下午的飞机票,要赶回去过圣诞节。"K董事长气势逼人,一开始就施加压力,希望速战速决。

A厂长不慌不忙地笑着说:"K先生,离圣诞节还有一个星期呢,何必急着回去呢!作为主人,我们很愿意陪同客人到处看看,北京有许多世界著名的风景。另外,我想我们应该将协议仔细、认真地磋商一下,如果匆忙签字,将来出现纠纷就不好了。"

K先生碰了一个软钉子,意识到马上签字是不可能的了。A厂长慢慢地翻阅着协议草稿,笑容满面地说:"K先生,在协议中有一点小问题,我想向您请教一下。在我方向贵公司购买的机械设备中,没有说明是否包括一些附属设备?""不,不包括任何附属设备。"

A厂长立刻严肃地说:"K先生,这恐怕就不太合理了。我们购买设备是使用的,不是放着看的,如果用户购买了一台电视机,怎么会不包括必要的天线、连接导线、遥控器呢?这恐怕不符合商业习惯吧。"K先生一愣,自觉刚才的回答欠妥当:"好吧!那就写上。"他想反正没多少钱,不要因小失大,只要能签订协议,这点损失无所谓。

A厂长接着说道："我方购买的贵公司的3台卷簧机，怎么没有包括必要的配套电子操控平台呢？"一台电子操控平台价值3万美元，3台就总价值9万美元，K董事长一听就急了，"不，不，如果是这样，我们是无法接受的。"推磨似的谈判开始了，直到中午，K先生让步了，他希望能下午签署协议。

　　丰盛的午饭后，A厂长亮出了自己的底牌："我希望K先生能够谅解，按照目前的协议条件，我还是无法签字。我们所购买的这些设备，现在只能生产一般的弹簧，我们同时希望能生产高级专用弹簧，这需要贵公司提供有关技术资料；同时我们还希望贵公司能够派专人来帮助我们安装、调试设备。作为合作诚意的象征，我们将再向你方多订购1台双面磨床。"

　　K董事长一听，非常生气地说道："我听说中国是礼仪之邦，可没想到你们如此没有合作诚意，看来我们无法签订协议了。"K先生欲起身离去。

　　A厂长也义正词严地说道："不是我们没有合作诚意，坦率地告诉你，贵国另一家Y公司正在与我们接洽。他们所提供的价格比你们优惠许多。但我们中国人非常重视与朋友的友谊，希望能够与你方做成这笔生意。当然，不必勉强，实在不行，那就另当别论了。"

　　K先生听后，沉默了一会儿，说："好吧，我们再谈谈。"

　　谈判一直持续到晚上6点，在提供生产高级专用弹簧的技术问题上仍未达成协议，K董事长无论如何也不肯让步。晚上8点，在客人下榻的饭店继续谈判，一直到次日凌晨2点，谈判仍在僵局中。A起身告辞："今天就谈到这里吧！明天我还有很重要的工作，你们也需要休息了。"说完便告退了。

　　次日早晨，又开始谈判，可一上午仍无结果。A厂长遗憾地对K董事长说道："非常遗憾，我们没能达成一致意见。希望以后有机会再合作！下午我们派专车送你们去机场。"

　　午饭时，K先生和他的助手只是低头吃饭，没有做任何表示。

　　午饭后，行李已经搬上停在饭店门口的汽车上了。A厂长与客人握手告别，送上轿车，微笑着对客人挥手："再见，一路顺风！"

　　轿车引擎发动了，突然K先生对A厂长说："厂长先生，你如能上车陪我们，还可以再谈谈！"A厂长无动于衷地说："你们不是下午的飞机吗？恐怕时间不够了。""如果途中谈不好，我们可以把飞机改期为明天。""如果先生真想谈，我可以派人帮你们改期，请你们下车谈。"

　　K先生下车了，不到1个小时，K先生让步了，双方在协议上按A厂长的要求签字了。

　　（案例来源：肖华. 商务谈判实训[M]. 北京：中国劳动社会保障出版社，2006.）

精明夸奖促成交

　　一位老太太去市场买菜，买完菜路过卖水果的摊位时，看到有两个摊位上都有苹果在卖，就走到一个商贩面前问道："苹果怎么样啊？"商贩回答说："你看我的苹果不但个儿大而且还保证甜，特别好吃。"

　　老太太摇了摇头，向第二个摊位走去，又向这个商贩问道："你的苹果怎么样？"

　　第二个商贩答："我这里有两种苹果，请问您要什么样的苹果啊？"

　　"我要买酸一点儿的。"老太太说。

　　"我这边的这些苹果又大又酸，咬一口就能酸得流口水，请问您要多少斤？"

　　"来1斤吧。"老太太买完苹果又继续在市场中逛，好像还要再买一些东西。

这时她又看到一个商贩的摊上有苹果，又大又圆，非常抢眼，便问这个水果摊的商贩："你的苹果怎么样？"

这个商贩说："我的苹果当然好了，请问您想要什么样的苹果啊？"

老太太说："我想要酸一点儿的。"

商贩说："一般人买苹果都想要又大又甜的，您为什么会想要酸的呢？"

老太太说："我儿媳妇怀孕了，想要吃酸苹果。"

商贩说："老太太您对儿媳妇可是真体贴啊，您儿媳妇将来一定能给您生个大胖孙子。前几个月，这附近也有两家要生孩子，总来我这儿买苹果吃，您猜怎么着？结果都生了儿子。"

"您要多少？"

"我再来两斤吧。"老太太被商贩说的高兴得合不拢嘴了，便又买了两斤苹果。

商贩一边称苹果，一边向老太太介绍其他水果："橘子不但酸而且还有多种维生素，特别有营养，尤其适合孕妇。您要给您媳妇买点橘子，她一准儿很高兴。"

"是吗？好，那我就再来两斤橘子吧。"

"您人真好，您儿媳妇摊上了您这样的婆婆，真是有福气。"商贩开始给老太太称橘子，嘴里也不闲着。"我每天都在这摆摊，水果都是当天从水果批发市场批发回来的，保证新鲜，您媳妇要是吃好了，您再来。"

"行。"老太太被商贩夸得高兴，提了水果，一边付账一边应承着。

三个商贩都在贩卖水果，但结果却不同。

（案例来源：由丽丹. 直销实物与案例分析[M]. 北京：清华大学出版社，2009. ）

消除谈判疑心病

张某是广州某大型保险公司的销售员，他的推销业绩在公司连续5年夺冠，这当中的一个秘诀便是他知道怎样对付那些有强烈怀疑态度的客户。

一天，他敲开了某花园小区一位客户的门。张某自我介绍完，刚准备介绍产品，客户就嚷嚷起来："上次那个推销员，没买他的产品之前天天来找我，买了之后人都找不到了！"

张某赶紧回应说："那真是太不像话了！不过，人嘛，总是有好有坏的，不能以偏概全嘛！您看看我，我慈眉善目的，像那种不讲信用的人吗？我叫张某，这是我的名片，您有任何问题，欢迎随时打我的电话……"

客户："上次那个销售员叫我附加个什么医疗保险，说一天可以领很多，结果还领不到1/4，我是没办法再相信你们这些卖保险的了！"

张某见还不行，就又换了个角度："请问您是不是有社保？如果有的话，那就必须先扣除社保支出的部分，再实支实付。不知道您注意这项条款没有？"

客户："这个……"

张某见有了转机，趁热打铁说："这不怪您。我想可能是那位销售员忘记讲了，或者说得不够明白。其实，保险是不会骗人的，我们所订的契约是具有法律效力的，我们一定会按法律行事。有法律做保障，您尽可以放心。"

最后顺理成章，张某成功地向客户售出了保险。

（案例来源：由丽丹. 直销实物与案例分析[M]. 北京：清华大学出版社，2009. ）

耐心解释化解挑剔心

国庆节到了,贾某想趁这个机会到女性活动较多的地方销售公司新出的蚕丝秋衣。贾某想起了女子健身馆,心想:这些爱美的女性应该更能接受这种秋衣。于是她选了个休息的时间来到馆内,在人多的地方推销起她的秋衣来。

贾某:"美女们,过来看看吧,这是我们公司新生产的秋衣,颜色柔和,质感柔软,挡风性也很好。"

一位女客户:"这种衣服洗后会褪色。"

贾某:"不会的,这是一种新型面料,我们以公司的名义担保,绝不褪色,如有褪色我们将无条件全额退款。"

女客户:"这衣服颜色好像不怎么纯正。"

贾某:"小姐,这是因为馆内光线不怎么明亮的缘故。"

女客户:"这不会是假冒伪劣产品吧?"

贾某:"我们公司从不销售假货。"

女客户:"不见得吧?很多假冒伪劣产品也都说得跟真的似的。"

贾某:"请您看一下,这是我们公司的产品合格证,我们的产品是通过了国家质量检验的。"

女客户:"为什么这衣服还没穿就起毛了?"

贾某:"小姐,这不是毛,而是蚕丝,穿在身上很舒服的,要不您试试?如果合适,就送给您了,就当作为我们公司做宣传。"

于是,女客户把秋衣套上身开始试穿。

女客户刚穿上,贾某便对周围的其他客户说:"看看多合适,这位小姐身材好,我们的秋衣像是为她量身定做的一样。"周围的人也啧啧称道。

女客户见此情景,心里很满足,便对贾某说:"这件秋衣我买了。这衣服穿着真的很舒服,大家要不要试试?"于是,大家纷纷试穿购买。

(案例来源:由丽丹. 直销实物与案例分析[M]. 北京:清华大学出版社,2009.)

从众心理促成交

销售员 A 在给一位女士推荐护肤品。

顾客:"这个品牌的护肤品以前没用过,市面上也没有卖的,也不知道效果到底好不好。"

销售员 A:"是啊,选择适合自己皮肤的护肤品的确很重要,正好我们周末有个美容沙龙,大家一起聚聚,聊聊美容护肤方面的话题,相信你会感兴趣的。"

在周末的美容沙龙上,该女士看到参加聚会的女士们个个都打扮得高雅大方,这让她非常羡慕;聚会中聊到的关于护肤的知识也让她获益匪浅。会后,她兴奋地问:"她们都是用的这种护肤品吗?"当女士提出这样的问题时,销售员 A 抓住机会促成了销售,该女士也成了他的一位忠实的客户。

(案例来源:由丽丹. 直销实物与案例分析[M]. 北京:清华大学出版社,2009.)

进攻策略获索赔

某煤炭出口租船合同签订后,因船在装载港等租船方的煤而滞期,瑞士船方要求赔偿滞期费。租方先建议以业务补偿,而不付现金。但因种种原因,业务没有开展起来,补偿落空,时间过去一年,瑞方继续索赔金额达108万美元,加上一年多的拖延造成的利息损失,共计赔偿金120多万美元。经过反复谈判未达成协议,瑞方高级经理来到租方处做进一步努力。租方仅愿赔50万美元,理由是自己受客观因素干扰责任不在己方。船方不同意,认为客观因素不属不可抗力,租方应承担全部责任。作为诚意可以免利息。租方仍不能接受,船方于是提出要诉诸法律并称他来之前"法律行动已开始"。滞期是个简单事实,又有明确合同规定,法律上租方肯定败诉。如果真通过诉讼解决,可能损失更大。于是租方提出新的方案:"同意赔70万美元。"船方看到租方新的姿态,予以肯定,但仍坚持法律压力,并使用"边缘政策",向租方拿出自己的最大让步:"考虑到双方长期合作和租方讲的客观理由,可以再让18万美元,即索赔90万美元。"

面对"边缘政策",租方可能接受全部条件,也可能接受部分条件或不予理睬。船方可能真正实施,也可能仅是说说而已,真启动法律程序,船方要准备时间的代价,租方要准备诉讼的代价。

租方在休会并请船方吃过午饭后,继续谈判,说:"租方是无辜的,煤没运到港是第三者的责任。己方已同意赔偿船方的损失。双方的长期市场更重要,建议在船方最终价上再减10万美元,即80万美元。相当于双方从各自最后立场再共同向前迈一步,并且希望分两个半年支付赔偿金。否则,就只有走法律程序了。"结果,船方接受了租方建议。

(案例来源:根据网络资料整理)

七、跨文化谈判案例

守 信 之 道

20世纪50年代,李嘉诚刚做塑胶花的时候,常去皇后大道。他讲过发生在那时的一件事情:"经常看见一个四五十岁很斯文的外省妇人,虽是乞丐,但她从不伸手要钱。我每次都会拿钱给她。有一次,天很冷,我看见人们都快步走过,并不理会她,我便和她交谈,问她会不会卖报纸。她说她有同乡干这行。于是,我便让她带同乡一起来见我,想帮她做这份小生意,时间约在后天。有一位客户偏偏在同一天提出要到我的工厂参观,客户至上,我也没办法。于是在交谈时,我突然说了声'Excuse me',便匆匆跑开。客人以为我上洗手间,其实我跑出工厂,飞车跑到约定地点。途中,超速和危险驾驶的事都做了,但好在没有失约。见到那妇人和卖报纸的同乡,我问了一些问题后,就把钱交给她。她问我姓名,我没有说,只要她答应我要勤奋工作,不要再让我看见她在香港任何一处伸手向人要钱。事毕,我又飞车回到工厂,客户正着急:'为什么在洗手间找不到你?'我笑一笑,这件事就这么过去了。"此事虽小,但细微之处足见李嘉诚的守信。

李嘉诚说:"信誉和诚实,是我的第二生命,有时候比自己的第一生命还重要。我现在就算再有多 10 倍的资金也不足以应付那么多的生意,而且很多是别人主动找我的,这些都是为人守信的结果。"

(案例来源:毕思勇. 商务谈判[M]. 北京:高等教育出版社,2009.)

文化差异的影响力

生产事务机器工厂的副总裁吉拉德突然中风,第二天,公司派了一位高级主管凯丝琳接替他的职务。凯丝琳此行还身兼另一个重要任务,就是要介绍公司的一项新产品——微电脑与文字处理机,预备在当地制造行销。凯丝琳赶到利雅得,正赶上当地的"斋月",接待她的贝格先生是沙特国籍的高级主管,一位 50 多岁的传统生意人。虽然正值斋月,他还是尽地主之谊,请凯丝琳到他家为她洗尘。因时间紧迫,她一下飞机就直接赴约,当时饥肠辘辘,心想在飞机上没东西吃,等一会儿到了贝格先生家再好好地吃一顿。

见面之后一切还好,虽然是在斋月期间,贝格先生仍为来客准备了吃的东西。凯丝琳觉得菜肴非常合口味,于是大吃起来,然而她发觉主人却一口都不吃,就催促主人和她一起享用。狼吞虎咽期间,她问是否可在饭后到贝格的办公室谈公事。她说:"我对你们的设施很好奇,而且真是迫不及待地想介绍公司的新产品。"虽然凯丝琳是个沉得住气的人,然而因为习惯,偶尔会双腿交叠,上下摇动脚尖。贝格先生一一看在眼里,在她上下摇动脚尖时,他还看到了凯丝琳那双黑皮鞋的鞋底。顿时之间,刚见面时的那股热诚消失得无影无踪。

(案例来源:刘文广. 商务谈判[M]. 北京:高等教育出版社,2004.)

参 考 文 献

[1] 白远. 国际商务谈判：理论案例分析与实践[M]. 2版. 北京：中国人民大学出版社，2008.
[2] 毕思勇，张成山. 商务谈判[M]. 北京：高等教育出版社，2009.
[3] 陈文汉. 商务谈判实务[M]. 北京：电子工业出版社，2005.
[4] 范云峰，等. 谈判高手[M]. 北京：京华出版社，2004.
[5] 何国松. 66招搞定商务谈判[M]. 哈尔滨：黑龙江人民出版社，2004.
[6] 黄卫平. 国际商务谈判[M]. 北京：中国人民大学出版社，2011.
[7] 贾蔚，等. 现代商务谈判理论与实务[M]. 北京：中国经济出版社，2006.
[8] 李旭穗. 商务谈判[M]. 北京：清华大学出版社，2009.
[9] 林逸仙，等. 商务谈判[M]. 上海：上海财经大学出版社，2004.
[10] 刘藏岩. 商务谈判制胜原则的运用[J]. 企业经济，2004（10）.
[11] 刘园，李志群. 国际商务谈判：理论、实务、案例[M]. 北京：中国对外经济贸易出版社，2001.
[12] 刘园. 国际商务谈判[M]. 北京：首都经济贸易大学出版社，2008.
[13] 吕晨钟. 学谈判必读的95个中外案例[M]. 北京：北京工业大学出版社，2005.
[14] 马克态. 商务谈判理论与实务[M]. 北京：中国国际广播出版社，2004.
[15] 马梁. 谈判精英88天特训[M]. 哈尔滨：黑龙江人民出版社，2001.
[16] 庞爱玲，杨杰. 商务谈判[M]. 大连：大连理工大学出版社，2009.
[17] 乔淑英. 商务谈判[M]. 北京：北京师范大学出版社，2007.
[18] 孙健敏. 谈判技能[M]. 北京：企业管理出版社，2004.
[19] 孙绍年. 商务谈判理论与实务[M]. 北京：清华大学出版社，2007.
[20] 汤秀莲. 国际商务谈判[M]. 天津：南开大学出版社，2008.
[21] 肖华. 商务谈判实训[M]. 北京：中国劳动社会保障出版社，2006.
[22] 颜宏裕. 绝佳谈判术[M]. 北京：经济管理出版社，2004.
[23] 杨群祥. 商务谈判[M]. 2版. 大连：东北财经大学出版社，2005.
[24] 易开刚. 现代商务谈判[M]. 上海：上海财经大学出版社，2006.
[25] 袁其刚. 国际商务谈判[M]. 济南：山东人民出版社，2003.
[26] 周琼. 商务谈判与推销技术[M]. 北京：机械工业出版社，2005.
[27] [美]杰弗里·埃德蒙·柯里. 国际谈判：国际商务谈判的筹划与运作[M]. 朱丹，等译. 北京：经济科学出版社，2002.